荊楚文庫

〔同治〕利川縣志

〔清〕何蕙馨　修
〔清〕吴　江　纂

〔光緒〕利川縣志

〔清〕黄世崇　纂修

荊楚文庫編纂出版委員會
湖北人民出版社

荆楚文庫

〔同治〕利川縣志
TONGZHI LICHUAN XIANZHI

〔光緒〕利川縣志
GUANGXU LICHUAN XIANZHI

圖書在版編目（CIP）數據

〔同治〕利川縣志 /〔清〕何蕙馨修；〔清〕吴江纂.

〔光緒〕利川縣志 /〔清〕黄世崇纂修.

武漢：湖北人民出版社，2020.6

ISBN 978-7-216-09834-2

Ⅰ. ①同…②光…

Ⅱ. ①何…②吴…③黄…

Ⅲ. 利川－地方志—清代

Ⅳ. K296.34

中國版本圖書館 CIP 數據核字（2019）第 263973 號

責任編輯：姚德海　陳　典　鄭如琴

整體設計：范漢成　曾顯惠　思　蒙

美術編輯：董　昀

責任校對：范承勇

責任印製：王鐵兵

出版發行：湖北人民出版社（中國・武漢）

地址：武漢市雄楚大道 268 號

電話：(027)87679656　郵政編碼：430070

録排：武漢偉創偉業廣告有限公司

印刷：湖北新華印務有限公司

開本：787mm×1092mm　1/16

印張：21.25

字數：293 千字

版次：2020 年 6 月第 1 版　2020 年 6 月第 1 次印刷

定價：128.00 元

ISBN 978-7-216-09834-2

9 787216 098342 >

出版説明

湖北乃九省通衢，北學南學交會融通之地，文明昌盛，歷代文獻豐厚。守望傳統，編纂荆楚文獻，湖北淵源有自。清同治年間設立官書局，以整理鄉邦文獻爲旨趣。光緒年間張之洞督鄂後，以崇文書局推進典籍集成，湖北鄉賢身體力行之，編纂《湖北文徵》，集元明清三代湖北先哲遺作，收兩千七百餘作者文八千餘篇，洋洋六百萬言。盧氏兄弟輯録湖北先賢之作而成《湖北先正遺書》。至當代，武漢多所大學、圖書館在鄉邦典籍整理方面亦多所用力。爲傳承和弘揚優秀傳統文化，湖北省委、省政府决定編纂大型歷史文獻叢書《荆楚文庫》。

《荆楚文庫》以「搶救、保護、整理、出版」湖北文獻爲宗旨，分三編集藏。

甲、文獻編。收録歷代鄂籍人士著述，長期寓居湖北人士著述，省外人士探究湖北著述。包括傳世文獻、出土文獻和民間文獻。

乙、方志編。收録歷代省志、府縣志等。

丙、研究編。收録今人研究評述荆楚人物、史地、風物的學術著作和工具書及圖册。

文獻編、方志編録籍以一九四九年爲下限。

研究編簡體横排，文獻編繁體横排，方志編影印或點校出版。

《荆楚文庫》編纂出版委員會

二〇一五年十一月

總目録

〔同治〕利川縣志…………一
〔光绪〕利川縣志…………一九五

荆楚文库

〔同治〕利川縣志

〔清〕何蕙馨 修
〔清〕吴 江 纂

《荆楚文庫·方志編》編纂組

組　　長：賀定安　陽海清（執行）

副 組 長：劉傑民（執行）　王　濤　謝春枝　范志毅（執行）

參編人員（按姓氏筆畫排名）：

王　濤　李云超　宋澤宇　范志毅　馬盛南　陳建勛　梅　琳

張文静　張雅俐　陽海清　彭余焕　彭筱溦　賀定安　楊　萍

楊愛華　雷　静　劉傑民　潘　玲　謝春枝

編　　審：周　榮

顧　　問：沈乃文　李國慶　吴　格

前言

《（同治）利川縣志》十卷首一卷，清何蕙馨修，清吳江纂，清同治四年（一八六五）刻本。內封鐫：「同治乙丑歲十月新鐫　利川縣志　板藏學署西偏奎星樓」。

何蕙馨，字仲香，河南息縣人，增貢，同治二年（一八六三）官利川知縣。吳江，字楓橋，利川縣人，貢生。

利川地處鄂西南武陵山區。周屬夔子國地，秦屬黔中郡，漢屬南郡地；隋置清江郡，唐改郡爲縣，宋復置，隸夔州路；元明先後置施南、忠路、忠孝、劍南、沙溪諸土司，屬施州衛。清雍正十三年（一七三五）改土歸流設利川縣，屬施南府。

同治以前，利川縣志未有成書，縣事多附郡志。同治癸亥（一八六三），何蕙馨知縣事，謀創修縣志，「思欲輯成一册，以備掌故」，然兵燹以後，「牒訴倥偬，軍需旁午，不遑及此」。同治四年春，緣下游重修省志而憲檄疊奉，且「除郡志外，向無粉本，蒐羅討輯，經始維艱」，蕙馨乃「爰集紳耆，商榷公舉首事」，念邑之宿學吳江昔有集修郡志之經驗，「徵文考獻，體例悉諳」，遂延其爲主纂。江乃從事編輯，越半載而脱稿，重加正定並付之剞劂。

志分十門五十四目，總約十萬字，有序、志敍、采訪姓氏、例言、目録可考，內容囊括疆域志、建置志、祀典志、食貨志、武備志、官師志、選舉志、人物志、藝文志、雜志。卷首收圖甚廣，有縣治圖、縣境圖、河源圖、八景圖、聖廟圖、學署圖、文昌宮圖、考棚圖、縣署圖、捕署圖、城守圖，內容豐富，是其獨特之處。全書採用綱目體，各門之下詳列細目，眉目清楚，便於查閱。

利邑自改土歸流之後，始爲內地，改土歸流前後制度差異較大，是志相關體制的追溯多參照府志，而府志統紀六屬，載利邑之事甚略，故是志多循府志例，「補闕拾遺，增修過半」。李學勤、吕文郁編《四庫大辭典》（一九九六，吉林大學出版社）稱：「是志雖屬創修，其立綱分目皆以府志爲依據，可稱大體具備。」藝文一門，府志所採，寥寥無幾，是志搜羅較寬，「凡有關風土者，苟吐屬名貴，不乖風雅，亦無論其人志存没，皆節取焉」。緣利邑前代分隸土司，文武職官不能詳悉，改縣之後，「置守令，立學官，增營弁」，有檔案可稽，故於官師志中，凡府志所載皆備録，另增道光丁亥（一八二七）後二十餘人，凡政績可紀者則附以小傳。

據《中國地方志聯合目録》，是志多地有藏。此次影印所據底本爲武漢大學圖書館藏本，該藏本版面清晰、字跡工整，整體書品較好，缺卷三第四十二葉，卷六第十一葉，卷十第十四、十五葉，查湖南、上海、南京、浙江等館藏本，其中卷三第四十二葉、卷六第十一葉俱缺，故疑爲原缺，卷十第十四、十五葉用湖南藏本補配。另有民國抄本，國圖有藏。

（彭余焕）

目録

卷之首 一
利川縣志序 一
徵修利川縣志啟 二
采訪姓氏 三
例言 四
目録 五
各圖 七
卷之一　疆域志 五一
方輿 五一
形勝 五一
分野 五二
歷代沿革 五三
山川 五五
古蹟 六二
卷之二　建置志 六四
城池 六四
關隘 六五
公署 六八
武署 六八
倉庫 六九
鄉里 六九
坊市 六九
津梁 六九
鋪遞 七〇
學校 七二
廟制 七三
學額 七四
考棚 七五
書院義學賓興 七五
卷之三　祀典志 七七
壇廟 七七
儀注 九二

縣治内外寺觀……九七
冢墓……九八
義冢……九八
風俗……九八
恭録新頒……一〇二
卷之四　食貨志……一〇九
户口……一〇九
田賦……一一〇
開採……一一一
雜税……一一二
鹽引……一一二
物産……一一二
卷之五　武備志……一一六
營制……一一六
俸薪餉額……一一七
塘汛……一一七
兵事……一一八
控制……一二〇
卷之六　官師志……一二二
文職……一二二
武職……一二七
世職……一三二
名宦……一三三
卷之七　選舉志……一三六
科貢……一三六
武勳……一三七
卷之八　人物志……一四一
鄉賢……一四一
行誼……一四一
忠義……一四三
孝義……一四四
流寓……一四六

方技……一四七
列女……一四九
卷之九　藝文志……一六一
詩文……一六一
藝文……一七六
卷之十　雜志……一八七
雜記……一八七

文道同風

同治乙丑歲十月新鐫

利川縣志

板藏學署西偏鎣星樓

利川縣志序

昔朱晦翁宰南康下車伊始務未遑先問志書誠以一邑之中疆域之遠近戶口之盈虛風俗之貞淫奢儉與夫山川草木物類賴有志焉然後守其土者得以按册而稽儒者出治必先知其所重也癸亥秋不佞承乏茲土縣志未有成書思欲輯成一册以備掌故奈兵燹後牒訴倥傯軍需旁午不遑及此今年春下游重修省志

憲檄疊奉除郡志外向無粉本蒐羅討輯經始維艱爰集紳耆

商榷公舉首事僉謂邑有宿學吳楓橋明經昔年集修郡志曾與其事徵文攷獻體例悉諳因延請操觚編輯越半載而稟乃脫於是重加正定用付剞劂編帙成書以備

上憲采擇後之官斯土倘有如朱子其人者循其舊而圖其新不下堂而展卷瞭然亦可爲觀風問俗之一助焉夫是以緣起而序之

同治四年乙丑歲冬至前三日

知利川縣事何蕙馨撰

徵修利川縣志啟

蓋聞徵往詔來必資文獻采風問俗端賴友朋窮
鄉僻壤都非易測之情潛德幽光實有難知之處
啟者下遊兵燹重修全省志書
上憲札催欲驗一方風氣羽檄叠經星使頻至堪嘆昔
年設縣未有成書即當此日徵文從無舊稿
仲香大令勞辛秉筆旁午鈔書未鐫梨棗先采芻蕘
諭同人而設局思增闔邑之光命賤子以傳書廣
呼將伯之助諗知某翁閣下望重丁潭情同子野

筆黄百代冠冕一鄉學海狂搜夙窮弱水騷壇雄
硯早據强山華章麗句每膾知已難逢鉅製鴻裁
今幸賞音易遘與其藏之名山何若壽之邑乘著
書苟多抄寄宜罄況夫翠岫丹巖之畔應有芳蹤
靡泉孝水之旁不無畸士一邱一壑是誰氏隱逸
之區某水某山係何人釣遊之地詢林間之白象
青鶯歷刦定多壞刹問原上之金鳬銀鴈前朝不
少殘碑幾斑蒼蘚雯之謂是古歡半叚綠沉識者
欣爲利器玉洞瑶籤概願登之綠笈瑯嬛珠韜亦
宜繪以黄圖其或訪雜碑於戴氏斷碣堪尋摹鳥
篆於蔡家遺文無棄禹步吹龍片長當叙公輸刻
鳳小道可觀雖蟲雕笑壯夫不爲而獺祭亦通儒
弗棄尚其燃脂暝寫弄墨晨書至於淑媛苦貞烈
婦酸感氷霜白髮鐵石丹心寒來暑往閒殘靜女
之花地老天荒塡盡仙娥之石誰撫弱息疇託藐
孤錦非濯而難鮮光不闡而終晦是宜廣報瓊瑶
用編珠貝乃者蒼鵶兆釁青犢呈妖田園鋒火家
山鼓鼙時丁板蕩之艱女切仳離之怨臨危不變

視死如歸或肎及投繯而盡節或斷臂割鼻以全
貞紅顏赴義雄於一劍之師碧血埋寃凛若百夫
之特美若不彰乎繡管艷何以發乎香篋尤當刻
彼茗華光兹泉壤他如田夫野老不少舊聞瓜架
豆棚亦多雜記八十三保未必語盡無徵二百餘
年不皆書缺有間當思郭氏遺經慣話山魈嘯雨
試看虞初小說喜談木客吟風鬼盈睽載大易留
語怪之文神降莘言左癖發輿妖之論刼刼塵壁
齊諧之所莫遣諵諵出出諾臯之所未收都登鳳

緗以填來仰仗鸞箋而寫就更若藺藺寒號蟲蟲熱戲搜討宜富閱歷須賒辨怪哉之氣釋瞿所之名蔬勿遺乎草木學敎葩經考兼及乎蟲魚功期翼雅土產須溯其源頭庶類望添其註脚某等覼同坐井識類面墻體瘦未必才肥囊饑焉能學飽慎覓六鼻之鏡事難周窺倘獲一緗之書功堪速詖君也登山臨水休辭蠟屐之煩我則擁篲掃門早備笋輿之費用是拋磚幸無惜墨辭爲叙意書不宣心

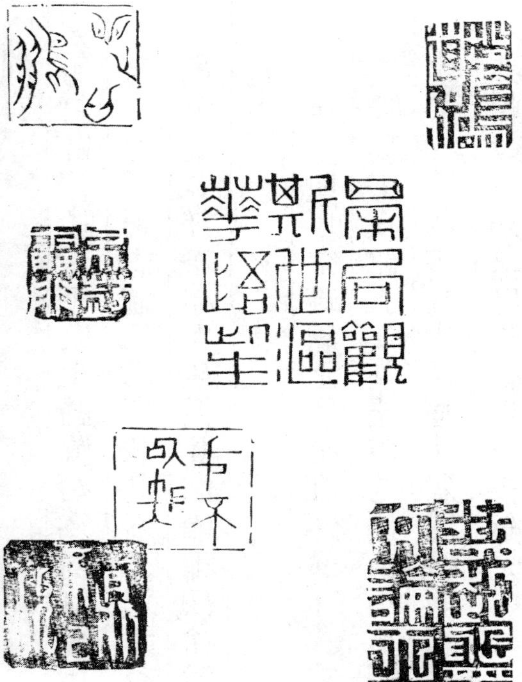

采訪姓氏

張研傭邑少尉　鄭惠人恩貢　冉仁山歲貢
冉一齋歲貢　吳清增貢　郜銘之歲貢
彭師古附貢　吳小鵬歲貢　牟心臣庠生
郭司遷職員　郭靄亭職員　黎敏德職員
吳曉峩監生　李瀛翔職員　牟竹泉職員
陳仁宅庠生　吳子冉　徐震之
鄒景嶧　何海門　吳智若

忠路汛

陳壽田庠生　于克成庠生　張子範職員
黃庭芳庠生　胡國興庠生　向曉監生
何成之職員　吳懋　楊正林

建南汛

夏寅附貢　劉盛芳廩生　夏鼎縣丞分發江西

南坪汛

吳藩歲貢　段振庭庠生　鄧永壽庠生
吳化南廩生　牟東初廩生　吳風平庠生
曾呂大增生

例言

一利邑自乾隆元年改土歸流始爲內地歷代沿革已不可考郡志統紀六屬載利者不過十分之一意向既殊詳略亦異茲循其例而補缺拾遺增修過半

一邑自有明以來雖屬土司介在不華不夷之間近接黔夔去夜郎五溪甚遠省志間有引入者本不欲宗特恐沿襲既久反嗤是篇漏略而終不識其非轉致遺誤無已故仍照府志錄之

一利邑疆域縱橫三百餘里山川古蹟橋梁寺觀入十三保在在指不勝屈春夏之交曾啟徵各保紳耆采訪寄稿來局已至者必爲依次編入未來者仍缺之非掛漏也

一官師選舉兩門擬欲駁正次序詳載名目無躐等之譏有遺賢之憾奈災罹兵燹檔册灰燼稽考無從未敢影響載入

一府志所載選舉一門除科貢外凡茂才耆老暨援例加捐衮衮羣公一概未登品諠聲名胥俟蓋棺論定若其人現在亦不立傳今輯縣志亦遵此例免蹈狥私闌入之譏

一節孝婦女頭白終年汗青無日殊可憫也茲之所編祇要年例相符無論呈請

旌表皆得傳書其姓氏至撫孤成立或係貢衿亦附傳末以彰善人有後

一藝文一門府志原寥寥無幾茲摟羅較寬故一邑之中凡有關風土者苟吐屬名貴不乖風雅亦無論其人之存没皆節取焉以潤邑乘用備輶軒之采至尋常寄興之作於邑之事蹟無涉者雖工不錄

一城池全圖暨衙署廟宇倂繪圖臚列於前以豁觀者之目

一利邑當辛壬之交鋒火頻經災眚之大人所罕覯雜記中摘錄記亂瑣言以誌時艱俾後之良司牧閱茲瑣尾得以重加撫恤

一利邑自髮逆犯境有遇害之忠孝節義於綱常名教攸關者概行編入人物志中以光幽壤且警偷

頭

一利邑改設二百餘年縣志向無成書茫茫墜緒鼓掖無人禮失而求諸野草創綦難今者率爾操觚極知是書集思未廣考核未精促付棗梨不遑詮次閱者鑒原

利川縣志目録

首卷
序文　徵啟　凡例　姓氏　目録　各圖
卷之一
疆域志　方輿　形勢　星野　沿革　山川　古蹟
卷之二
建置志　城池　關隘　公署　倉庫　坊市　津梁　鋪遞　學校　考棚　書院
卷之三
典禮志　壇廟　儀注　祠宇　寺觀　冢墓　義塚　風俗
卷之四
食貨志　戸口　田賦　開采　鹽引　雜稅　賦役　祭銀　廉俸　工役　土產
卷之五
武備志　營制　俸薪　餉額　塘汛　兵事　控制
卷之六
官師志　文職　武職　世職　名宦
卷之七
選舉志　科貢　武勳
卷之八

人物志　鄉賢　行誼　忠義　孝友　流寓
方技　列女
卷之九
藝文志　詩　文
卷之十
雜志　〔□〕記　祥告

利川縣志

各圖

乙丑歲大雪前三日

荷衣外史繪

利川縣志
縣治
北
巖洞坡
乳泉洞
井
麻楊溝
東
東門
張爷庙
戎捕府
城隍庙
武庙
寿佛宫
馬王庙
麻衣庙
半边街
曾家堰塘
先農壇
井
井
麻柳堰
沙洲
木梳山
南
大橋

縣治圖

官山
龍洞坳
普濟院
北門
北壇
小校場
城守街
營街
禹王
天后
帝主宮
魯班庿
小西門
井
西門
軒轅庙
捕署
縣署
万寿宫
聖庙
文庙
後街
李署
南華宫
十字街
万天宫
井
財神庙
猪市街
罗祖庙
南門
西
大橋
馬鞍山
校場
院
團包山
大河

十三

利川縣志
縣境分
小青丫卡
廿五里
黃蓮溪卡
距縣八十里
石板頂卡
恩施交界
馬鬃嶺卡
距縣八十里交界恩施
距縣一百廿里

縣境圖
建南汛
軟兎脛卡
南坪汛
忠路汛
利川縣
巖門頭卡距縣一百八十里
羊角腦卡
距縣三百八十里
距縣二百一十里
張高卡

利川縣志
河源
卷之首
北
東
南
官山
落水洞
利川縣
小河
小河

之圖　卷之首　十五

利川縣志　八景　金字凌雲

金字凌雲

鍾靈疊翠

十七

乾溪積雪

川

之圖　卷之首

十八

滴水鳴絃
滴水巖
觀音寺

利川縣志 之圖 卷之首

十九

星巖夕照

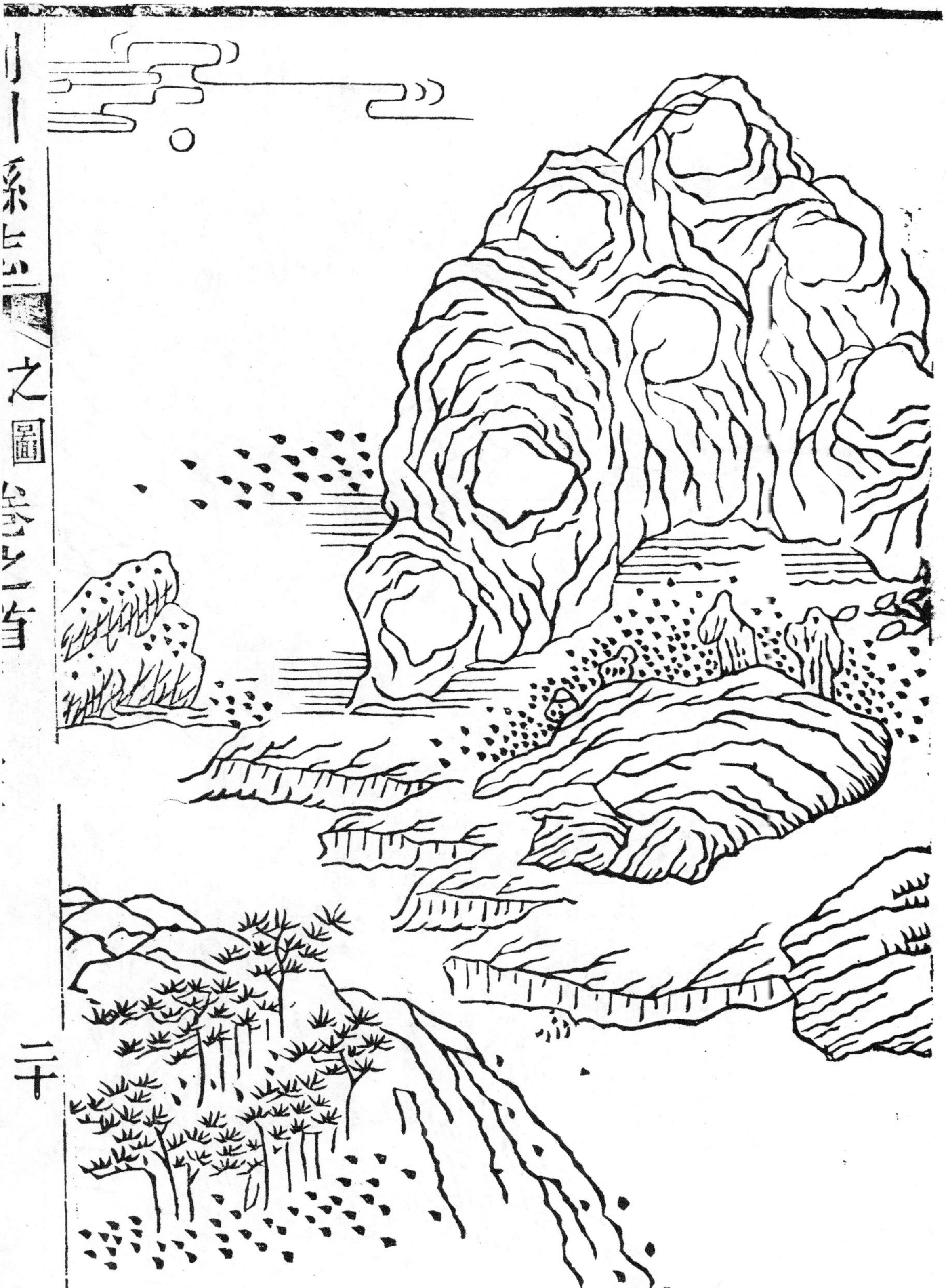
之圖
卷之首
二十

歸源晚鐘
歸源寺

川縣志　之圖　卷之首　二十

小谷春流

縣志　之圖　卷之首

二十二

川縣志　八景　卷之首　柳橋烟雨

之圖　卷之首　二十三

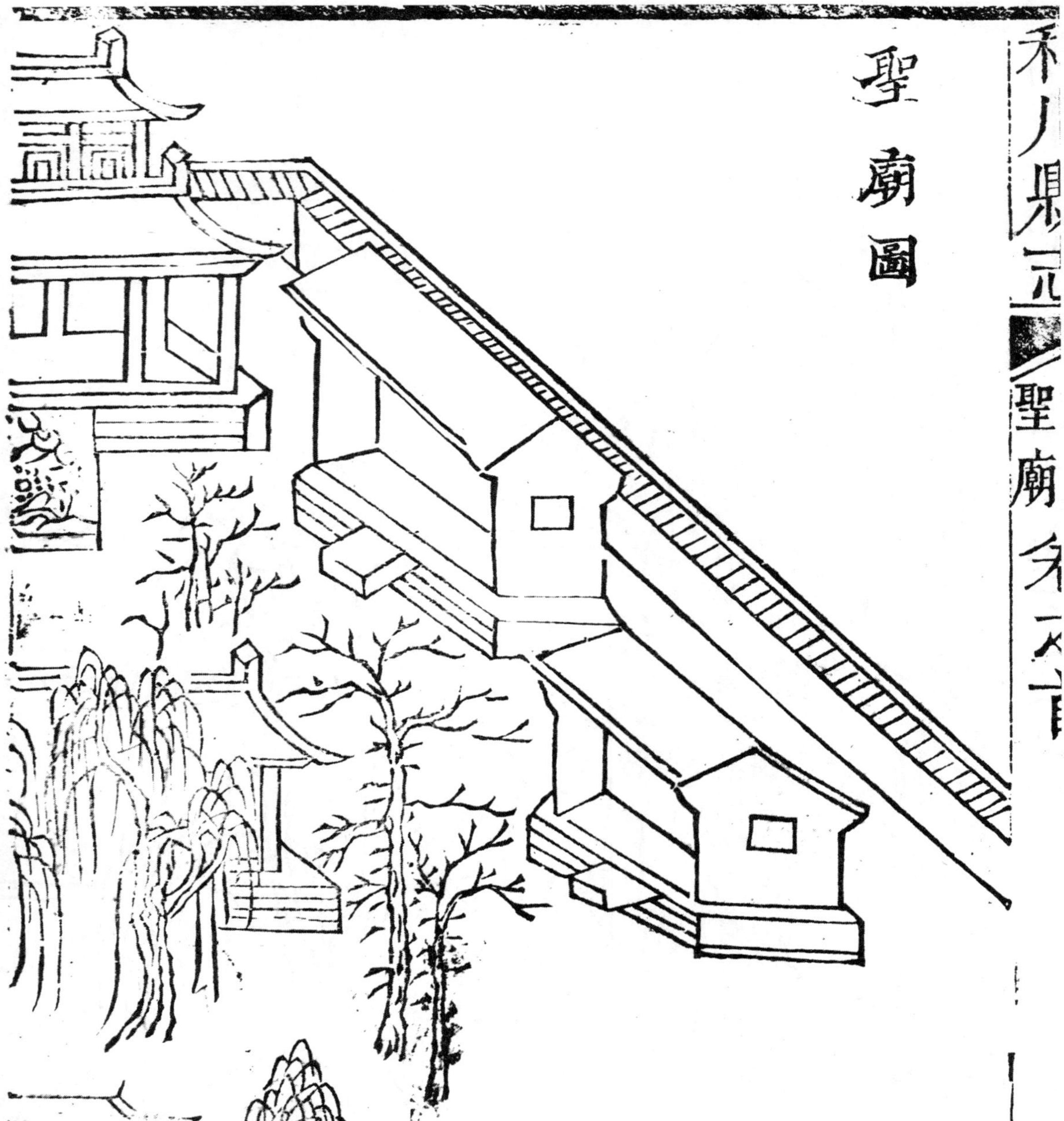
聖廟圖

學署

文昌宮

考棚

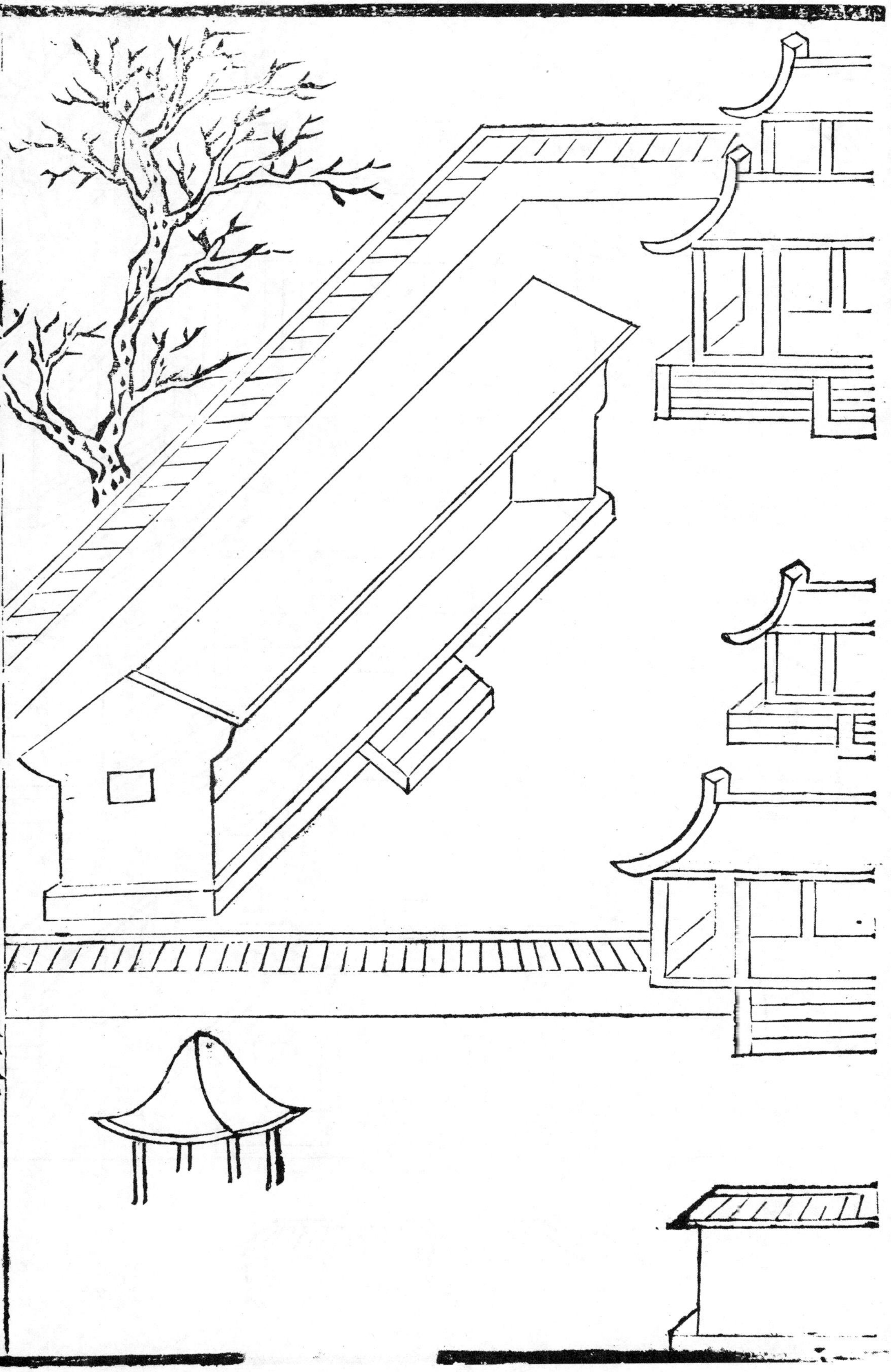

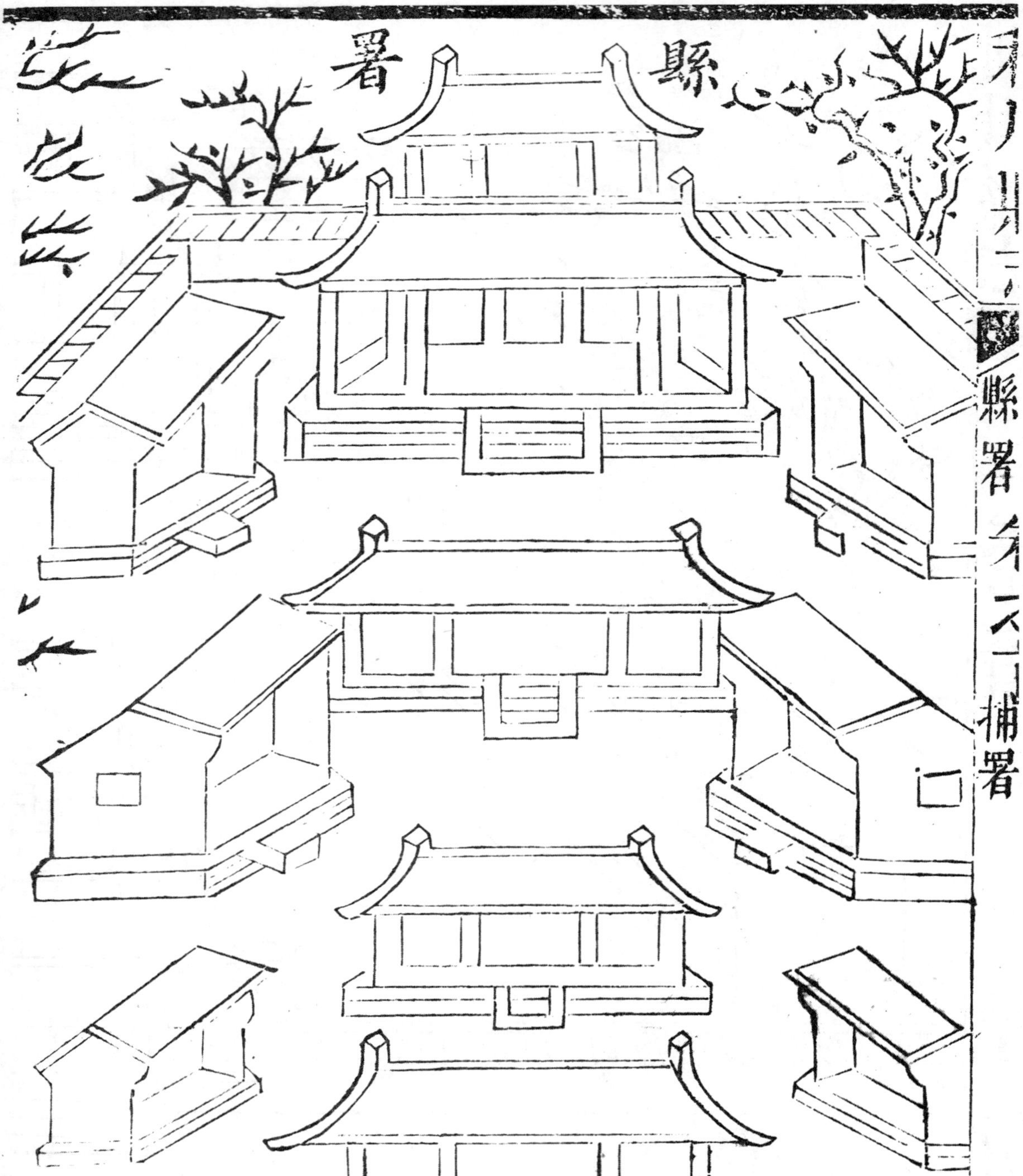
縣署
縣署
捕署

捕署

城守署

利川縣志 卷之首

利川縣志稿卷之一

知利川縣事何蕙馨監修

疆域志

方輿

利邑本楚地翼軫分野前代或隸荆或隸夔或隣建平或屬清江而楚地楚星則不易志疆域郎著星野而備考歷代之沿革焉

利川縣隸湖北施南府在府之西一百八十里在省西南一千一百八十里至京師三千八百八十里

東至石板頂與恩施縣梨兒坡交界距縣一百零五里

東南至金東坡與咸豐縣小水坪交界距縣一百三十里

南至天望坡與咸豐縣東鄉交界距縣一百六十里

西南至後鄉塘與四川彭水縣交界距縣二百五十里

西至掛子山與四川石砫廳梔杆壩交界距縣一百二十五里

西北至七曜山與四川磨刀溪交界距縣一百二十里府志誤作與銅鑼關交界

北至支羅與四川萬縣龍駒壩交界距縣一百四十里

東北至窖金堆與四川奉節縣栢楊壩交界距縣七十里

東西距三百二十八里

南北距三百里

周圍九百零八十里

形勝

利川西北入巴郡魚腹朐腮東入南郡之佷山南入牂牁之夜郎節錄圖經

東臨荆湖西抵巴蜀近瞰巫峽遠控夜郎湖北通志

龍泉西峙金山東盤府志

利川處萬山之中脈從七曜山來由北而奔南一路崇㠁自南坪十字路石板水小箐塘弔水壩鐵

爐寨重岡疊巘起伏聯絡袤延七十里至官山趺落平陽若大屏幕以作城垣從鐵爐寨分幹龍一枝由巖洞坡以拱護其左又分幹龍一枝由龍洞坳後復結一山如斧形以環抱其右大河由西而南而東三面纏繞面城遥望如穎架者鍾靈山也東西若屏障若蟠龍者則金字山乾溪山也天然結構亦退荒僻壤中一小都會也自辛壬之交髮逆犯境焚掠一空復遭兵燹風水樹木砍伐殆盡剩水殘山大似江南撫兹形勢令人浩嘆是所望

於後之良司牧大有造於利邑者

亦南居士又本陰陽家言曰利邑自七嶽山發脈金龍入首以佛寶山爲太祖左自老屋基繼長壩板料溪右自汪家營五坊村凉霧山兩路廻環夾出至西方乾溪山結成金星重岡起伏綿亘二十餘里發出北方一帶水星高低蜿蜒至官山而龍住前人因於山麓建修城垣兩邊護山奔騰直下環而至東有金字山拔地千尋凌雲直上體似木星面南有鍾靈山對城聳峙傍有無數尖峯如火燄天是爲火星城垣後枕官山前面鍾靈左有木梳山右有馬鞍山以作龍虎護砂面城一山臨河而止其形蘊藉其頂平衍爲城治之案則圍包山也是爲土星環而視之西有乾溪金星東有金字木星南有鍾靈火星北有官山水星中有圍包土星五行相生誠五星歸垣地也又河水發源由七嶽山泱漭來利自城西而南而東灣環十餘里折入落水洞或隱或見同滙南郡之水出宜都入大江源遠流長水法尤佳則邑雖遠設邊鄙而山明

水秀亦有可觀者矣以上二說並錄存条以俟明眼人折衷之

分野

翼二十八星　凡十八度

軫四星　凡十七度

施州衛在禹貢荆梁二州之域天文翼軫分野明一統志

按永順施東境也翼軫分野夔巫施西境也翼軫分野施介其中利爲施屬接壤甚近分野與施相同明矣唐書天文志地理志已有明文不得與地

接梁益遂疑分野之有異而紛紛聚訟也

天文之義遠哉徵矣休咎之徵必執分野以求其說似近於鑿然舍是以占休咎又涉於泛渺蓋自黃帝以來周髀宣夜渾天玉衡之制作而後世言天文者得祖焉周官太史氏登靈臺書雲物以察禨祥下逮列國如梓愼游吉向戌之徒覘星分野吉凶占驗合如符節此最彰明較著者也顧星術之義有理有數有順有逆有遲留有隱見其災祥休咎之徵有驗有弗驗者且有遲之又久而後驗

者則又未可專主分野之端也余不解天文而心竊好之閒嘗握管以窺矣猶能撮指其大旨之所存考唐書地理志稱施叙棼夷爲鶉尾分荆州府志云由施州溯瞿唐諸衛其地跨梁益屬巴郡參入度井鬼相接之鄉而荆其餘分夔州府志云厥宿翼軫厥次鶉首厥星熒惑厥斗衡皆其分野宋氏府志稿云地固楚星亦楚謂翼分野則可惟以巴東爲入翼十度則施郡分野不明諸說紛紜迄無一定今以七政經緯攷之翼初度在巳宮之二十一度翼十六度入辰宮之八度軫初度至十二度均屬辰宮至二十一度而已交於角矣洪都分野星屬翼正當辰巳之交南嶽正當午位施州均在南嶽以西而謂其分星位占辰巳非確論也說者又謂鶉首之次其辰未者卽屬井鬼攷鬼初度巳入午宮三度與未無涉惟荆州府志謂度占參八度井鬼相接之鄉其說近是然謂參井相接則可謂井鬼相接又不可蓋井度最長井初度在未三度井十三度入午三度施一郡分野勢不能跨

井鬼四十餘度之長況踰辰巳之位乎附質臆見於此以俟博雅君子一教正焉　龍溪雜志

歷代沿革

利川縣在上古爲廩君國所屬

禹貢屬荆梁二州之域

周屬夔子國地

春秋屬巴子國地

戰國屬楚巫郡地

秦屬黔中郡地

漢屬南郡地
三國吳屬荆州地
晉因之
宋屬建平郡
梁屬宜都郡
後周於此置亭州都亭山以此得名
隋初郡廢州存仍屬亭州地
大業初屬庸州地
開元間屬清江郡地

天寶初屬清化郡地
乾元初復屬施州地
宋屬四川夔州路地
元屬清江縣地
明洪武初先屬夔州後屬施州衛地
國朝乾隆元年改利川縣
乾隆四年湖北巡撫陳輝祖題請改縣以忠路忠孝沙溪三司支羅南坪官渡壩等處共設一縣周圍九百零八十里縣治卽與官渡壩相接

忠路司故在利之西北界明一統志隸施南宣撫司宋屬龍渠縣爲施州屬明玉珍置宣撫司洪武四年歸明改安撫二十三年廢永樂五年復宣德三年令領劍南長官五年省編戸一里舊司在施城南二龍壩因隣侵改衛北至縣一百二十里
國朝因之自洪武四年覃世望始 明史係覃英

忠孝司故明一統志隸施南宣撫司宋爲西高州元置大奴勾管峝長官司至正十一年七月改忠孝軍民府十五年四月改軍民安撫司明玉珍改

宣撫司洪武四年改安撫司二十三年廢永樂五年復至縣三十里自洪武四年田罣施始 明史載田大英 永樂四年置

沙溪司故國初隸衛在縣南天望坡之下仍十八土司之一至縣一百六十里

支羅故在衙門坪距縣一百六十里舊隸龍潭司嘉靖四十四年因峝長黃中叛討平遂割半置所立屯以百戸二員鎮之

夾壁府志載西有前江發源七藥山西南流與後

江合入四川彭水云云按夾壁與忠路相接所云
前後江河皆在忠路水實由郁山鎮出彭水夾臘
音相近府志似訛
利川向屬土司在前代設施州衛一以一衛控諸
土司從前修衛志者於衛事已不能詳遑問土司
之沿革袁山松之言曰事傳鴻古難以明徵茲詳
稽省郡兩志得其大畧並録原文惟期信而有徵
後有作者更能博考旁叅則溯委尋源此亦爲嚆
矢也可

山川

楚爲澤國而施地多山利邑尤甚葢施居楚之
上游而利邑又高於施接壤黔蜀故環境皆山
清江之水自利發源山志其明水志其秀凡采
訪所周表而出之以標一邑勝概志山川

都亭山在城東九十里與恩施界相連通典載清江
縣有都亭山方輿覽勝云後周置亭州因此山爲
名與金字山相望卽今之道東坪箐口一帶是也
蠻王塚在其上商賓意有詩載藝文志

金字山在城東四十里一峰特立高插雲表獨冠羣
山足敵華山半部與都亭山相望上有古刹三層
獨闢靈境某年謝蕭二姓重建殿宇煇煌相傳前
明某僧道行高潔開山結茅苦於得水爲艱未幾
有黑虎導僧於山門下不數武跑地得泉四時不
竭迄今前殿有黑虎塑像猶存泉內出魚形類龍
有足四旱地能行朝山者伺便取之至半路卽不
見亦異事也按岫雲居士昔年游山見廟內楹聯
遍額皆出庸手擬欲一概改正爰亂後不果今岫

雲遠客峩嵋恐久後遺忘特附此以待有力者易之其山門楹聯三付曰結衆生香火因緣人天歡喜有四面烟雲供養顧視清高拔地千尋看草井烟濃清江水繞仰天一笑正夔門月朗楚塞風來萬法皆空兩頭有路通仙佛一峯獨秀四面無山可弟兄額係俯視一切四字又一覽衆山小五字其大殿楹聯一付曰我佛有靈每樂爲忠孝人用空山無伴要等箇遲鈍漢來額係空諸所有四字其禪房長聯曰富貴亦何常哉看閒雲野鶴四大皆空說甚麼萬貫纏腰千鍾適口仙佛要有緣也飽淡飯粗茶一身獨健更何須三山訪道五嶽叅禪

團寶山在城東六十里山頂蟠有生成石龍全形畢肖爰建梵宮就石龍砌以天井因名石龍寺下有集鎮人烟湊密前有培風塔通南郡大道鎮亦以此得名 餘載藝文志

道東平山絶高迤邐不絶與都亭山相連在城東九十里交恩施界

滴水岩在城東七里岩前峭壁屹立下有洞水從岩上滴下冬夏不竭涓涓若鳴琴洞口建有觀音閣盛暑遊人多所題咏見藝文志

落水洞距城東二十里洞口寬廣數丈大河之水悉入其中右有乾洞左有風洞後有鱔魚洞河水伏流十里復一洞但聞水聲潺潺名响水洞再過觀彩峽又伏流三十里下雪照河

雪照河距縣東五十里其源乃落水洞之水至此湧出河中皆亂石激湍不可揭亦不可厲兩岸皆崇山峻嶺峭壁層巖僅見天光一線巖腰多古洞人跡罕到壬戌遠近避亂者咸爭赴之土人呼爲小桃源云 以上東鄉

木梳山在城南一里山有巒頭二一如梳一如螺髻當曉風殘月宛然烟鬟霧鬢土人呼爲木梳螺髻亦幽閒地也山麓有廟前植杉樹八株並峙左右大可合抱條暢碩茂高欲叅天根相盤結枝葉交互遥望之狀如寶塔同治初湖南兵勇駐利欲强伐之旋風雷大作衆皆昏仆遂止杉亦靈異哉

鐘靈山在城南二十里爲縣治面山遥望如驟馬奔騰神龍夭矯中峯有古刹一明末飛來一鐘故名鐘靈 有詩載藝文志

青岩在城南九十里兩岸峭壁青蒼中有巨溪蜿蜒十餘里路卽沿溪而下往來鳳永定長沙大道境極幽邃

應山高僅丈餘在夾壁距縣治一百里凡山於窄狹深甕處呼之應者所在多有未若兹於平衍田疇之陽僅離數丈許或歌詩一首或誦書數句或故相詈罵要俟人聲歇後一一答之宛肖口吻且呼之之處寬廣僅八尺餘踰其界卽不應莫測其異

龍洞在城南九十里與接龍橋相近不時潮湧出歲旱禱雨輙應

金塘在城南九十里俗傳順治間土人掘金處左右有獅頭崖象鼻嶺爲風水關鍵

百家寨在城南一百里咸豐十一年里人避兵於此

通天洞在城南一百一十里亦里人避兵處

太極關在城南一百一十里溪水環繞山勢宛如太極

獅子崖在南城一百一十五里山石峻嶒形肖其名

鳳鳴崗在城南一百二十里形勢東向宛若鳳跱

人和寨在城南一百三十里

星斗山在城南一百四十里與恩咸交界山頂有廟明時建

雲頭山在城南一百五十里通彭黔大道咸豐十一年余星垣陳察安帶勇戍此

二龍山在城南一百四十里勢如二龍相對以上南鄉

馬鞍山在城西門外兩山如釜相連形似馬鞍嘉慶二年奉節賊匪楊秀灘等竄入利境副將樊繼祖駐扎行營於此遺跡尙存

大洞山在城西二里許太極河側山腰有洞莫測幽深每當天變時白雲翕翕然自洞中出傾刻遍野

乾溪山在城西三十里山勢嵯峨綿亘數十里西抵陳家灣東連官屋基上有石峰寺明銕筆和尚於此啓叢林後遭兵燹濃冬積雪來春二三月始消

故乾谿積雪爲利川八景之一詩載藝文志

龍泉山在城西三十里上有龍泉寺自鍾山發脉三渡水旋繞其下

一品山在城西四十里通長堰塘大道上有古刹郎僧清遠披剃處後行脚京師爲龍泉寺主持戒行森嚴善演西方教象名動日下張船山有詩見方技志

佛寶山周圍數十里巋巍嶙囷大氣磅礴方駕七嶽領袖羣峰青烏家謂乾溪鍾靈皆其發脉爲城治

之太祖山似非無據前明有廟乾隆癸卯年重修

髦曹俗呼爲茅曹距縣西一百里介兩山之中其地多風每當春夏之交狂風屢作秋冬尤烈日者謂其地形如船無風不能利涉雖多風而地之肥磽歲之豐歉與他處無異故民皆奠厥攸居焉

插旗山距髦曹五六里許高約數十丈如浮屠刺天亭亭獨立

中和山距縣西六十里哭兀崢嶸翠聳層霄踞頂一覽衆山皆小陳茂才壽田於髮逆犯境後聯絡紳耆因其地利憑險作寨結廬而居處常則爲講學之區遇變卽爲團練之所亦世外仙源也

白玉山與中和山對峙兩峯高並其山石白如玉天朗則倍明天陰則暗土人以之占晴雨焉

激雪溪卽繼長壩之水口山下皆石穴觱泉流激搏若噴雪然水聲清濁亦可以卜晴雨與白玉山之石互驗不差

仙女洞在中和山之西寬約數丈莫測其深淺有泉甘而冽相傳昔有貞女不字父母欲奪其志遂匿此

洞中餐霞煉氣後莫知所終惟晦明風雨之夕土人時聞絲竹之聲洞因以得名

鳳皇山在中和山之麓其形頗肖其名

烏雲山距縣百餘里高約百丈四面如削成頂平似掌時有雲覆其上作懶態風吹不散旁有石屹立遥望如人形出沒雲中

龍洞在建南九保交界處有水自下湧上每遇天旱祈雨輒應

七星岩在城西八十里老屋基在其下石壁千仞上

有天生七星當斜陽返照望之熒熒名星岩夕照
詩載藝文志
寨公寨母在城西一百里山勢平遠蘊藉上有石人
二高數丈遥望之酷似兩人並立
獅子堡在老屋基場後其形似之
青龍嘴自七星岩蜿蜒而下直至老屋基場左始住
其首昂然與獅子堡環繞左右
龍現臺距老屋基十五里上有塘廣延數畝昔有龍
現於此故名

兩會河其源一出中道河一出獅子壩至老屋基兩
水相會
八鄉水即老屋基河蓋以馬向覃田孫冉陳黄八姓
土家故名八鄉
龍頭山在忠路東南形似名
燕子岩忠路之南叠石而成上有巨石寛數丈每春
社後燕作巢於岩中多至數千
天生橋在忠路西北兩山拱立溪水中流生成石橋
鳳凰池在忠路西南其池寛四十丈水四季清潔

瑞獅岩在後江河左岸峭壁千尺天生石門其下若
盆盂然上懸石乳水漿滴成獅形無不宛肖
青龍山在忠路南形似名
馬鹿池在忠路北杉木園上
古琴寨其形似琴三面懸巖一徑可通能容萬戶
太陽門在忠路東兩山壁立宛若門太陽出其中
城池壩在忠路南雙江塔下即古龍渠縣舊基
烏東坡在忠路土人遍種茶樹其葉清香堅實最經
久泡逈異他處名烏東茶亦地氣使然也

馬鞍山在縣西二百里府志實一百六十里
官營山在縣西二百里咸豐十一年髮逆竄甯黔何
成之設卡於此
飛水岩在縣西二百里府志實一百六十里馬鞍山
下
星寨在縣西一百六十里其形如塔明時土人避賊
處
石龍堡在縣西一百六十里蜿蜒如龍長二三里下
爲廢土司治

香爐峯在縣西一百七十里石形酷肖頂生楠木一株望之如蓋

靈台山在縣西一百七十里上有古寺今圮

大寶山在縣西一百八十里山高二十里四面峭壁腰有岩丁寬四丈長二里許一徑攀援而上可容數千人

沙溪在縣西二百六十里府志實一百六十里源出咸邑二仙岩下對河郎天望坡雁坎山有洞亦可避難

龍嘴河在縣西一百三十五里府志實一百八十里源出大沙溪堰水苹井溪忠路溪會於峽口至龍橋與忠路水合流四十里歷白龍潭會沙溪水又十里下龍嘴渡會咸邑活龍司水

石馮泉在縣西一百七十里多洋魚不拘時出

桂花潭在縣西一百二十里府志實一百八十里天望坡下上爲龜背潭又里許爲龍身潭其上爲方塘

皇采槽在縣西一百八十里崇禎時工部差官何金枝在此采辦皇木鑿山開道木由此下河

江口渡在縣西一百八十里何明常田茂朝募設義渡

方塘渡在縣西一百八十里向係官渡近因沙平水淺裁

黃州渡在縣西一百二十五里監生何友于捐設

天橋在縣西一百八十里俗名陽橋兩山壁立中生石梁虛懸數十仞居人譚成古培補端正種樹掩映可通車馬

觀音山在忠路十八保小東坪左有筆架山右有轎頂山一峯特立四面排空其上有廟有亭有洞有池松竹繁蔭境極幽雅不類人世遊人題詠頗多惜志稿付梓不及備載以上西鄉

乳泉洞在城北里許幽闃邃曼不可具狀有詩見藝文志

鐵爐寨山在城北三里許四壁如斧削成若鐵爐然屹立直上五百餘級頂稍平明初土人避赤眉之亂作寨於頂後改建梵刹香火特甚有鐵爐寨歌

載入藝文志

火燄山在南坪場龍神祠後

望龍坡在南坪武署後

硯池山在七藥山麓

筆架山三峯聳立在硯山左

簑筒山在硯池山右

透骨泉在火燄山下夏凉冬温飲之令人澈骨

齊嶽山在城西北隅八十里高與雲齊長數百里上連石砫下接巫夔外則襟帶支羅忠路內則都會南坪縣治昔漢蠻分界處相傳昔有道人采藥苦於難齊至此山皆備又名齊藥一說結頂處覘北斗倍明又明齊曜山餘見方技志

船山在支羅屯距縣一百五十里形若船長千餘丈寬減半頂平如掌從古墾作田船舷皆峭壁千尺僅前後小徑可升明時黃中亂據此稱雄立僞署討平後衙門遺基尚存故土人呼爲衙門坪

七孔子距縣一百九十里明時土人於岩際鑿孔七用以避難至今猶存

臥牛潭在柏楊渡上流三里許潭邊有石如牛故名

繫水口在柏楊渡西有石屹立河中如鎖水流至此激撞有聲若鍾磬然

石板灘在柏楊渡西二十里有石板平鋪水流其上爲楚蜀交界處

四方山在建南署南三里許其山幽秀方正故名

帽盒山距縣一百八十里崇崗峭壁聳插雲端山頂狀如帽盒

倉庫山距縣一百七十里兩山並峙富麗葱蘢

貓兒山距縣二百里其形如貓捕鼠起伏幽邃秀障一隅

白龍潭距縣西二百里貓兒山下

鯉魚洲長半里農人種稻於上旱澇無患

鬬口距一百六十里與石穿山相連層巒叠嶂鳥道崎嶇

石穿山距縣一百六十五里鬬口左側其山崢嶸峭拔聳入天表巖際穿大石穴一望之如圓月昔張三丰過此曾題詩於壁載方技志

柏楊渡距縣二百里其水發源於榆錢口西流二十里至石板灘交四川界

老鴉石在柏楊渡河中其形如鴉

飛水岩高數十仞四時有飛瀑不息

烏龜石在柏楊渡每值水漲舟子以石之出沒驗渡之可否形似龜故名

檬子樹在柏楊渡北去十餘里有檬樹二株亭亭直上亦楚蜀交界處

掛子山在縣西北與四川酆都交界改土後兩省民爭界控部咨湖北巡撫會同兩省委員查勘定界立有界石碑記見藝文志以上北鄉

問嘗閱康對山陸清獻武功靈壽二志其中山水毗連疆域區別要皆星羅碁布形勢盡在目前誠鉅觀也今輯縣志初欲學步前規擬將四正四隅聯成一片俾見者瞭然無如開局徵取所獲采訪不過三分之一尚有五十餘保並無片紙來局勢難一綫串珠故山水一門頗多間隔脫漏閱者諒之

利川縣河源考

源出齊藥山下大魚泉小魚泉龍洞溝循譚家壩下洗家河犂溪湊成至汪家營場後東行十餘里許經白龍灘會龍洞坪之水又會三步街三渡屯之水下新場三渡峽達羊子嶺復東行數里至龍潭横過西門大礄而乾溪山九渡塘杉木堰諸水滙焉復南行至木站屯又東流歷南門之中渡口與鍾靈山諸水滙焉又東流遶東門大礄金字山圓包嘴帶井溝向家壩諸水又滙焉又東流經小河溝折入七丫口二十里許直下落水洞伏流三十里出雪照河滙恩施沐撫之水同赴清江出宜都縣入大江

古蹟

地志之列古蹟所以資考鏡也利邑前代爲夏夷雜處勝蹟奇蹤大半銷沉於荒烟蔓草中荒砦廢壘網而收之亦足爲博涉者之一助志古蹟

銀山廢縣在衛城西一百八十里明一統志銀亦作佷

按衛城即府治所載里數一百八十由西而計之實利境也

廢劍南長官司在縣境明宣德三年隸忠路安撫司今裁

廢忠路土司在縣境洪武四年置安撫司隸施南宣撫司國初爲忠路土司隸施州衛雍正十三年裁 湖北通志

廢忠孝安撫司元置明洪武四年置長官司尋復改二十年廢永樂五年復置隸施南宣撫司今裁

詹狀元故里府志云在登龍橋建始志云在銅鑼壩其實在利川城西十五里地名楊家溝有詹公故冢自乾谿山發脈中間出一幹龍迤邐委宛而下層疊過峽左右迎送形勢宛然塚正壟鄰頭俗呼爲龍泉出匣碑墓尚存誠牛眠也道光年間有某姓塟其親於腰間覓一穴拙井未數仞見地暈如環並黃蛇五強瘞之詹公無後裔外人亦無他議且前有敦農橋石隣銅鑼壩不遠恩施建始得無詹公舉博學鴻詞艷稱其事故紛紛爭訟云

陳家灣有陳世凱軍門祖塋及軍門墓

下馬溪里許地名偏嶺子通南郡大路路旁石壁高聳上有生成牛肝馬肺貼壁上望之如真前有溪溪上有古墓相傳係石砫冉姓祖塋

牟大寅居縣治西六七里許地名大塘鳳衛侯牟文綬築有土城至今俱廢爲田惟有城基敗堵二三丈尚存

老司城田土司撫苗民處至今衙署砌石及門外石照壁俱在

都亭山後周置亭州隋併爲庸州乾隆初城基尚存今廢 見明一統志

蠻王藏在縣治西四十里

忠路城前後有河環境皆山即宋時龍渠縣洪武初土司覃英招撫苗民衙署尚存

夾壁四圍皆山森列無際中間田連阡陌河遶其前有龍鳳兩山爲水口關鍵田大旺昔有土司城今毀

石峯寺在乾溪山絕頂即鐵箏和尚打包處今廢

惟斷碣石臼基址尚存惜字跡磨滅

團包山在書院側山頂平衍相傳前明上建古剎下臨大河回首全城在目舊基斷礎猶存

廻龍寺在夾壁建自前明寺內有石柱三十二高丈許乾隆二十五年縣令金祖昌題廻龍寺三字畫壁有詩見藝文志

建置志卷之二

知利川縣事何惠馨監修

城池

利自前代爲土司爲州縣廢置不常治所亦屢遷難攷及我　朝土司呈請歸流同爲內地亦黔屬咽喉隱然上游一重鎮矣志城池而關隘附焉

設縣時勘定城基周三里三分嗣因僻在山區未建城垣嘉慶元年教匪滋擾邑令陳春波倡築土城道光元年邑令王星榆重修今仍圮惟城樓郎四方額垣尚在道光二十八年粵西賊犯湖南邑尊常鏡峰商畧岫雲山人欲修石城山人著修城芻言一册以答之令頗然其說將興工動土無何令調漢陽遂中止

關隘

易曰王公設險以守其國則完要害謹關梁慎固守封亦有國者所宜亟講也利邑爲川湖兩省門戸爲黔夔七縣通衢使前此當路者輿圖形勝親履確勘不致鹵莽迷離則盤詰奸宄絶諜探窺伺之原整飭關防杜流寇入侵之漸又何有辛壬之慘殺也今

上憲熟籌要務致誠諄諄敢不勉相儆惕細勘八道申畫郊圻繪圖以進志關隘

石板頂卡　由縣治東行至此一百零五里交恩施縣羅針田界其山雙峯逼峙一徑高懸陡下八百餘級前令陳春波修理完繕有鳥道千尋盤峻嶺螺峰兩面夾雄關之句使控制有術守隘得人真能一夫當關萬騎却走也允爲利邑東道第一隘口

馬鬃嶺卡　由縣治東南行至此九十里交恩施縣見天壩界其山形雖與石板頂小異而巍峩巑岏不亞九折之坂客有王遵至此亦難叱馭

大茅坡卡　青巖卡　麻園卡　夾壁卡　張高卡

由縣治南行至此一百二十里交咸豐縣黑洞界此五卡皆在縣南自大茅坡以下重重關鍵疊疊咽喉天挺其秀地峙其雄處處皆丸泥可封也

羊角腦卡　麂子峽卡　由縣治西南行至此三百八十里交四川石砫彭水界其山形由是南來諸峯未脫煞炁如劍戟森羅龍蛇宛委襟帶西南生成鐵甕劍閣瞿塘何多讓焉

關口卡　石門坎卡　由縣治西行自近及遠交石

砫界距城三百六十里其卡雖不若西南形勝而內有七嶽山之綿延外有建南汛之坐鎮表裏山河亦足保障西北半壁

小箐了卡　由縣北行三十里交四川奉節縣柏楊壩界　軟耳箐卡　由縣治西北行交萬縣磨刀溪界此二卡形勢迤邐路乏羊腸山多龜背似無隘口可憑然偪陽纍卵攻也實難鼓邑彈丸克之不易衆志成城北門鎖鑰又不專恃地利也

黃連溪卡　由縣治東北行至此九十里交恩施縣

金洞坡界其山猿愁壁峭鳥憚巖懸其下有峰如筆頴寫天有河如水荇牽帶不但扼要亦可攬勝探奇

以上關隘皆與隣封接壤重地雖未能窮極筆力盡乎卡隘之曲折而大致不差至於境內諸卡若冉家營魚箜口巖門頭喜勝坡黃土池獅子堡河湧塘其某處至某處若干里數已於舖遞門內詳載明悉按圖而稽瞭然如掌故不絮絮

研備少尉張符德於前歲本縣設防堵時曾擬保

甲團練守卡事宜一論剴切詳明切中時弊特備録之以資釆擇論曰保甲以清內奸團練以禦外侮保甲與團練固相輔以行者也然馭之不得其人行之不得其法則有害而無利蓋愚民難於慮始而官吏習於偷安州縣造册往往視爲具文就令實力舉行亦不過牧令倚之士民士民托之鄉保彼此觀望遞相推委苟非親身單騎徧歷鄉村必不行也又暫異治事勢各殊此縣不與彼縣同此鄉不與彼鄉同山川之險易道路之廣袤風氣之剛柔按籍而求無從遥制苟非親民之官久於其任盡心民事周知民隱必不行也不教而用不信而勞官與士士與民難以固結而成不解之勢無以服其心卽無以策其力安在其信義相孚患難相恤哉故士心之向背民心之聚散以官心之誠僞决之則雖有親上死長之民而無省刑薄斂之政必不行也知所不行夫然後無不行矣保甲之法以十家爲一牌設牌首一人十牌爲一甲設甲長一人十甲爲一保設保正一人如烟戸零星

散處不足十家一牌相距窵遠不足十甲一保隨時酌量多寡而附益之挨戸塡給門牌註明某戸男女大小若干作何生理有無恒產係何糧柱仍隨地選派公正紳耆統屬其事俾將議定一切條教開導鄉愚使各遵循如一牌之人並無違犯每月終共具互結一紙倘一家有犯九家互結二家有犯八家互結改則復之其有品行端方爲衆所推服者則於名上註公保二字以旌異之遇有聚衆結黨作奸犯科一切不法匪類許同牌之人立

卽協同保甲紳耆稟縣拿究方免連坐勿得遲延至月終僅以不與互結了局又牌戶之中有生故遷徙者亦隨時報明以備查核務期編聯無遺漏之虞比閭有勸勉之風詰奸絕枉縱之弊於是保甲行而團練之基立矣有因地勢以行之者縣境幅幀遼濶蹠步皆山丁壯無幾團練甚屬非易玆保甲既清內奸似可無虞所慮者特外侮之至耳幸四境環山均有要隘可守與本省恩施咸豐交界者東有石板頂石板頂之左有大埡右有小埡東

之北有黃連溪東之南有馬鬃嶺南有黑洞雖在咸豐界內亦可資爲屏蔽西北各處則與川省各廳縣接壤與黔江交界者有巖門頭與彭水交界者有羊角腦與酆都石砫交界者則有麂子峽石門坎無非要隘之區其地勢畧爲平坦防守較難者則萬縣交界之軟耳箐奉節交界之小箐了二處而已皆酌量形勢以定守卡人數務使有餘勿令不足卽高山峻嶺之上凡樵徑可通之處皆設立卡栅以備瞭望而防不虞並將所製鎗炮編列

字號各就隘口演放分十度以定遠近之則立暗表以識其處團首書之於册司鎗炮者卽識於鎗炮之上庶臨時擊賊隨其所在以定鎗炮之高低發無不中而有從容不迫之致也復於道之夷者險之徑之濶者狹之成城之志建瓴之形是在因其地審其勢以制其勝而已有畫界限以專責成者附卡練勇各以該卡爲信地倘人數不敷以稍遠者足之再遠者分作次班以備輪替而節勞逸一聞警報卽便荷戈赴卡勿待臨時調遣假如縣

南有警縣北之卡一律戒嚴以防聲東擊西賊撲鄰卡勢雖危急可遣下班之勇以救援之而守卡之人不必妄動本卡有警下班之勇一齊上卡而卡左卡右分巡之勇仍各守信地勿許擅離平時取具切結倘有貽誤從重究治並將所耗口糧責令賠償庶守卡之人各有忌憚以治待亂以靜待譁以邇待遠以佚待勞務使呼吸運掉聲勢聯絡以期有備而無患有分勞逸以籌經費者既屬同縣之民均有守卡之責挨團抽丁誰曰非宜但遠

方遼濶東西南北各數百里旬日之間猝難湊集臨時調遣庸有濟乎微論跋涉之勞民所不堪而形勢路徑均不熟悉亦難期其得力今既以附卡之民專意守卡其餘各捐貲財以備要需除製器械之外仍存於四方殷實之家官爲取結立案勿許書吏經手微論何項公事不准挪移一有緊急隨時調用較之臨時周章者不稍愈乎設此項動用過半卽須照舊攤派以足其數直待承平之後方可挪用如義學賓興一切善舉無不可爲矣此三者團練之大畧也集小費以成大事盡死力以全生命於是團練之法行而保甲之效益著矣

公署

利邑以土司室爲公署者其剏建已殊蓋綱紀所存固不能因陋就簡也志公署而倉庫附焉至於本俗安民則鄉里坊市爲要今皆迥異舊規而木拔道通則津梁鋪遞亦四達弗礙故皆次於後

利川縣文署

知縣署在南門正街乾隆五年建

同知署在小河距利一百六十里嘉慶元年傾圮前朱炘置行署於縣治東門內

訓導署在學宮旁乾隆四十二年訓導戴廷杞修

縣丞署在南距縣一百三十里忠路鋪

巡檢署一在縣西一百八十里建南鎮

巡檢署一在縣北六十里南坪堡

典史署在縣署旁

武署

城守千總署在縣北門內

把捴署二一在建南鎮一在南坪堡
右營守備署在忠路
外委署

倉庫

常平庫在縣署儀門左共積穀四千石
庫在大堂西側有庫丁四名
社倉分積各里共二十五處積穀三千一百一十四石三斗一升八合一勺縣令吳人彦建半遭兵燹

鄉里

中汛三　市郭　都亭　講讓
忠路二　懷德　興仁
南坪一　都里
建南一　向化

防市

中汛十八
李子坳場　黃泥坡場　團包寺場　野猪坪場
長歎塘　箐口場　偏岸場　冷水坪場
紅椿溝場　青岩場　茅埧場　太和場
大塘場　豐樂場　新場　三步街場
興隆場　土墻埧場
共三十保
忠路十一
忠路汛　大沙溪場　椒園場　沙溪司場
十字路場　雙峰場　岩門頭場　亦名樂利
長灘埧場　黃土池場　老屋基場
共二十八保
南坪五

南坪汛　野茶埧場　長堰塘場　汪家營場
七里溝場
共十五保
建南八
建南汛　蘿蔔店場　太平鎮場　興隆場
箭竹溪場　魚泉口場　白楊塘場　小河場
共十保

津梁

挽瀾橋　三星橋　官渡橋　福壽橋

木站高磡　大塘嵩磡　九渡塘磡　新場大磡
堰水龍磡　鴉雀磡　毛壩石磡　白龍灘磡
楊柳磡　天生磡　桂花磡　龍門磡

鋪遞

一総鋪鋪司三名　火鋪塘鋪司三名自総鋪東行至此三十里　下馬溪鋪鋪司三名自火鋪塘至此三十里長岤鋪鋪司三名自下馬溪鋪至此三十里自此三十里連恩施縣羅針田鋪

一三渡水鋪鋪司二名自総鋪西行至此三十八里

一纔長壩鋪鋪司二名自三渡水鋪西行至此三十八里

一譚丈溝鋪鋪司二名纔長壩至此三十里

一孫家塘鋪鋪司二名自譚丈溝鋪至此二十里

一忠路鋪鋪司二名自孫家塘鋪至此二十里

一下道子鋪鋪司一名自忠路鋪至此五十里

一沙溪鋪鋪司一名自下道子至此三十里自此四十里連咸豐縣活龍坪鋪

一小箐塘鋪鋪司二名自総鋪北行至此二十里

一南坪鋪鋪司二名自小箐塘鋪至此三十里

一石灰窑鋪鋪司二名自南坪鋪至此四十里

一白楊塘鋪鋪司一名自石灰窑至此三十里

一楊坡地鋪鋪司二名自白楊塘至此三十里

一水田壩鋪鋪司二名自楊坡地鋪至此四十里

一建南鋪鋪司二名自水田壩鋪至此三十里自此七十里連四川龍駒壩八十里連四川石砫廳

共十八鋪設鋪司三十七名俱係永充

添設健足章程附

乾隆三十年八月准宜昌府移據巴東縣詳據馬夫等稟差使煩多馬夫額設無幾勢難分身兼顧且馬夫遞施南公文路途崎嶇內有楊柳荒三十餘里深林密箐並無居民店鋪每積雪凝氷與春夏雨發泥深尺許滑溜難行更有箐口沿途荒山甚多而虎豹熊豺之類時常出沒請飭令各鋪兵若值夜晚遇公文馳遞到鋪即持火把護送庶公文得以迅速詳奉藩臬批飭仰宜昌府會同施南府即速妥議詳奪並准宜昌府飭據巴東縣議詳

將建始縣屬箐口塘撥設健足一二名專司接遞巴東縣馬夫遞回之公文彼此尚覺適中等因移請會稿據詳飭令建始縣選撥健足二名縣給鈐印發號庻責有攸歸並飭該邑遵辦各等情詳奉批准在案

三十九年五月因接到省中各件公文破爛遲誤請倣照荆宜二府於郡城召募健足數名將府縣文禀按五日一次徑送省城甚屬便捷施郡距省更遠應請倣照設立健足六名在郡輪流差送六

邑公文飭交恩邑總鋪同府發申每逢一六日差健足一名送文交江夏總鋪折封分投其省中遞日行府及六邑一切公文亦交回施健足收投往返以二十六日為限其健足六名每名公食六兩每次脚價銀二兩四錢每月六次閏月六邑輪派一次無須另差專役較之從前轉覺省便當經詳奉批准在案四十年據恩邑詳請各縣按月輪次派撥其工食銀兩自行給發嘉慶二十年因各健足盤費不敷多有遲悞府飭各屬加添銀一兩四

錢共銀四兩四錢現在遵照辦理

學校

人才之聚在
朝廷而人才之生則在鄉邑其陶而成之端賴學校也顧利自改土歸流既已設縣立學生其地者宜何如砥礪以圖上報故以廟制學額之源流共著於篇而考棚書院義學亦以類從焉

欽依刋立臥碑 順治九年頒乾隆四十三年知府汪獻琛札飭勒石

御書萬世師表題額 康熙二十三年

御製訓飭士子文 康熙四十一年

上諭加封孔氏五代改啟聖祠爲崇聖祠 雍正元年

御製
聖諭廣訓 雍正二年頒

御書生民未有題額 雍正三年

上諭避孔子聖諱 雍正四年

奉
旨頒發平定青海告成太學碑文 雍正六年

御書與天地參題額 乾隆元年

欽定樂用六佾設樂舞生四十名免縣府試 乾隆五年

欽頒祭祀樂章 乾隆九年

奉
旨頒發平定金川告成太學碑文 乾隆十四年

奉
旨頒發平定準噶告成太學碑文 乾隆二十年

奉
旨頒發平定回部告成太學碑文 乾隆二十四年

奉
旨頒發平定兩金川告成太學碑文 乾隆四十一年

乾隆六十年加廣學額二名

嘉慶元年加廣學額三名

御書聖集大成題額 嘉慶四年

嘉慶四年加廣學額三名

御書平定三省紀畧 嘉慶四年

嘉慶二十五年加廣學額三名

御書聖協時中題額 道光元年

道光元年加廣學額三名

御書德齊覆幬題額加廣學額三名 咸豐元年

頒發學宮經籍

日講四書

周易折衷

書經傳說彙纂

詩經傳說彙纂

春秋傳說彙纂

三禮義疏

孝經註

性理精義

十三經註疏

二十一史

明史

朱子全書

通鑑綱目

資治通鑑綱目三編

唐宋文醇

淵鑑古文

四書文

廟制

學宮在城南

大成殿高三丈餘殿前月臺高三尺甃以石

東西兩廡俱三間內供　先賢　先儒各神牌及

龕座

大成門三間門前石級九

泮池在大成門前上有石橋環池甃以石

櫺星門在泮池後以石為坊左右各有黌門

東書德配天地西書道冠古今八字前有紅墻

名宦祠在大成門左

鄉賢祠在大成門右

崇聖祠在

大成殿後

明倫堂在東

學署在明倫堂後乾隆五年建節孝祠在學署左

縣學存貯樂器

琴六張並架　瑟四張並架　敔一座並權　圉一座並筅

鎛鐘一口並架　應鼓一面並架

縣學存貯祭器

木登三件　木鉶三十二件　木簠五十八件
木簋五十八件　竹籩三百三十四件　木豆二
百三十四件　爵杯二百三十六箇　登一箇
鉶一箇　香爐大小二十座　蠟臺大小二十二箇

學額

文學四名　武學二名　廩生八名　增生四名

乾隆元年惟恩施建始舊有學制利川生童俱由
恩施遠赴宜昌考試三十六年知府張應熹詳請
按縣設學在案據各縣生童以附宜昌考試路遠
費艱願於本府城內建修考棚四十一年告竣四
十五年題請學政按臨四十六年學使吳省欽始
按臨考試而利邑始不赴宜昌

利川自改土歸流後於乾隆四年議准另編新字
號考試酌進童生一二名暫歸恩施縣學管轄並
未置學繼後因人文充盛始設學額取進四名以
歸州訓導撥改利川縣學專司訓廸

乾隆三十九年部議利川縣學自三十六年已設
學額所有舊附恩施考試諸生業經撥回本學管
轄但未設有廩增額數查利川人文較盛撥回之
生已有六十餘名內實廩八名候廩三名將恩施
原額廩增各二十名俱減爲十二名以八名撥入
利川縣即以撥回之現廩八名補實遇有缺出以

候廩三名收補增八名除將候補實補外餘以撥
回之生照考案序補又於府學八名內分撥二名
以昭平允本府志

學署屋租

縣西門文昌閣舊基租

學署前餘屋租

考棚

利川山縣向無考棚每屆考試係就府衙署門校士角藝者既鮮几席之安校試者亦乏關防之密咸豐六年邑令高示諭四鄉紳耆殷實舖戶募修就署左箭道餘基建修考棚一所頭門三間儀門三間兩邊校士長廊十一間大堂三間官房三間廚房三間二面圍屋六間號棹號櫈共計八十八座堂號共計八座俱用石條爲腳鑿齒牝合梨木爲板厚二寸許周匝磚墻高一丈四尺長七十弓横寬

十三弓周圍共計一百六十六弓照墻一面鼓樓二間

書院義學賓興

鍾靈書院在南門外一里許縣令張兆棨勸捐置買蔣姓田宅以作講堂齋舍義民牟承煇承熙承煌承文天松捐田產三處以助膏火首事李光北賀伯厚江通選等勸捐錢壹仟三百千置買田產每年租穀出入經費由縣學遴派首人經理嗣後

又捐有田產若干附後

城內義學一所縣令李恂捐廉一百千設立首事掌放每年墊師修銀十六兩

忠路樂利場義學一所縣丞謬廷濉勸捐首事翁懋等捐置田產延師訓課

忠路長潭壩義學一所　黃土池義學一所

南坪義學一所名如膏書院乾隆五十八年巡檢王霖勸捐置產每年首事范泰來段大登等輪流掌管延師訓課

詳載利邑賓興契據錢數名目

汪本墉捐冷水坪買約一契價錢七十三千文

蕭永高捐瓦窑壩買約一契價錢四十五千文

吳啟新捐瓦窑壩當約一張價錢三十二千文

韓學宗捐黃家村買約二契價錢九十二千二百文

新買黃德佑黃家村買約二契價錢一百三十二千文

董艮杞捐桃子園當約一紙價錢二百六十六千文

劉永耀捐偏巖子陸地一股

曾元學捐小明巖陸地一股復經姚秀坤捐約一
張價錢十八千文

王勝祿捐牛滾壩當約一紙價錢一百三十千文
得買楊宗奇已出當王勝祿之業紅契一紙價錢
一百六十六千文

溫開玉捐高橋紅契一紙價錢五百千文賣主葉
姓揭出分關當約共九張
溫開玉領賓興錢四十千文領字一紙

買官渡壩吳清可業一契價錢二百四十千文

陳朝學捐椰元亮等當借字七紙李茂紅票一張
載錢五十八千八百文
朱華捐朱啟美大壩當約一紙價錢三十千文
佛寶山捐水杉壩田業一分

詳載書院契據錢數名目　老帳簿一本
買蔣春山團凸山紅約一契價錢一千二百六十
千文

買牟承熙徐家壩紅契二紙價錢四百零二千文
又領字二紙
牟介侯捐楊家溝紅契一紙價銀七十四兩
蜂桶巖業一分老簿載價錢八百三十千文贖當

去錢二百十六千文外牟介侯老約一綈價銀
三百六十兩

得買藍家溝即濫溝老簿載價錢五十八千文

覃聲波捐毛針壩業一分
買冉永福土魚河業一分價錢六十千文
買程正衡大興齋房屋一契價錢三百三十八千
文當價二百千文未贖
麻布園捐業一契

利川縣志卷之三

知利川縣事何蕙馨監修

祀典志

壇廟儀注

易觀之象曰聖人以神道設教解者曰神虛無泛渺之謂聖人特借以儆惕人心已爾抑知虛無之境神明所棲詩曰明明在上又曰神之格思不可度思萃之象曰立廟渙之象曰假廟萃聚也假至也聖人聚至誠以嚴祀事而散者立

應焉故詩曰奏假無言然則祀典之設先王所以通神明而光四海者禮至大也義至精也我
朝世德作求典章燦備悉本大中自
郊壇大祀而外下逮各邑凡有功德於民者胥登祀典守茲土者宜何如恪恭以將事與志祀典

社稷壇在縣城東門外
社右稷左異位同壇皆北向
通禮歲以春秋仲月上戊日致祭知縣主之在城文武官丞史把總皆與既割牲省齍盛以丞若史

各一人糾儀以訓導一人執事用掾吏贊相禮儀
均於學弟子員內選充
儀注主祭官暨陪祭官執事人各於公廨致齋三
日掃除
壇壝內外具祝版備器陳祭之前夕飭掌饌備品物置
案於
神厨設香燭眡割牲官公服詣案前上香行三叩禮
畢宰人牽牲告腯遂割牲以豆取毛血瘞於坎及
祭日雞初鳴執事人人設案一於

壇上正中北向陳鉶二實和羹簠二實稻粱簋二實黍
稷籩四實形鹽棗栗鹿脯豆四實菁菹鹿醢芹菹
兎醢若不能備就土所有以其類充案前設俎陳
羊一豕一又前設香案一陳祝文香盤鑪鐙左設
一案東向陳篚一實帛二尊一爵六又設福胙於
尊爵之次司祝一人司香帛二人司爵二人位案
西東面階下之東設洗當階為主祭官拜位其後
為陪祭官拜位文東武西通贊二人位階下左右
糾儀官二人分位陪祭官左右均東西面漏未盡

主祭官及陪祭官朝服畢集
壇外引贊二人引省盥官入
壇徧眡牲器酒齊饌者告潔退左右引班二人引陪祭
官入東西序立東班西面西班東面引贊二人引
主祭官入至階下盥手通贊贊執事者各司其事
贊就位引贊引主祭官引班引陪祭官咸就拜位
立贊迎
神引主祭官升詣香案前跪司香跪奉香主祭官三上
香興贊復位引主祭官降階復位立贊跪叩興主
祭官暨陪祭官行三跪九叩禮贊初獻引主祭官

升詣
神位前跪司帛跪奉篚主祭官受篚恭獻仍授司帛興
奠於案司爵跪奉爵主祭官受爵恭獻仍授司爵
興分詣
社
稷位前各奠正中皆退贊讀祝引主祭官詣香案前跪
陪祭官皆跪司祝三叩興奉祝文跪於右讀曰維
某年某月某日某官致祭於

社
稷之神曰維
神奠安九土粒食萬邦分五色以表封圻育三農而蕃
稼穡恭承守土肅展明禋時屆仲春秋敬修祀典庶
丸丸松栢鞏盤石於無疆翼翼黍苗佐神倉於不
匱尚
饗讀畢三叩興以祝文復於案退贊叩興主祭官暨
陪祭官三叩興贊復位引主祭官降階復位立贊
亞獻引主祭官升詣

神位前獻爵於左贊終獻獻爵於右均如初獻儀贊
賜福胙引主祭官升詣香案前跪司爵跪進福酒於右
主祭官受爵拱舉司爵接爵與司饌跪進豆內於
左主祭官受豆拱舉司饌接豆興各退贊叩興主
祭官三叩興贊復位引主祭官復位立贊送
神贊跪叩興主祭官暨陪祭官行三跪九叩禮贊徹饌
執事官徹饌贊瘞祝帛執事官奉祝次香次帛次
饌詣瘞所禮畢各退
先農壇在縣城東門外
建自乾隆　年有田四畝九分每年出穀六石二
斗易銀以作祭祀費用
通禮歲以仲春亥日致祭（或用季春）知縣主之文武官
及各執事人均如祭
社
稷之禮先二日主祭陪祭執事各官致齋公所掃除
壇上下祭日雞初鳴執事人入設
先農神案於
壇正中南向陳鉶一簠一簋二籩豆各四案前設俎

陳羊一豕一又前設香案一陳祝文香盤鑪鐙左
設一案東向陳帛一尊一爵三陳福酒胙肉於尊
爵之次設洗於階下之東
儀注質明引班引陪祭官入引贊引主祭官入通
贊贊執事者各司其事贊就位引主祭官至階下
盥手畢就拜位立陪祭官按班就東西拜位立均
北面迎
神上香讀祝行三獻禮祝辭曰維某年月日某官某致
祭於

先農之神曰惟
神肇興稼穡立我烝民頌思文之德克配
彼天念率育之功陳常時夏茲當東作咸服先疇洪惟
九五之尊歲舉
三推之典共膺守土敢忘勞民謹奉彝章聿修祀事惟
願五風十雨嘉祥恒沐
神庥庶幾九穗雙歧上瑞頻書大有尚
饗餘儀與祭
社稷同祭畢率屬行耕藉禮

藉田在
先農壇前有事
先農之日知縣率在城文官耕藉賦土宜備穀種青箱
朱鞭耒服耜黝牛及他農器耕器豫陳耕所耆老
率農夫披蓑戴笠竢於田間通贊學弟子分立田
首又向
闕張畫屏設香案一南向通贊立香案之南引班訓
導立通贊之南皆西面致祭
先農禮畢各官易蟒袍詣藉田通贊贊行藉田禮各就
耕所執事者授耒耜與鞭皆右秉耒左執鞭進耕
以丞一人執種箱史一人播種耆老一人牽牛農
夫二人扶犁九推九返畢釋鞭耒以次序立田首
西向北上農夫遂終畝告畢事各官補服望
闕立通贊贊齊班引班分引各官至香案前按班序
立重行北面耆老農夫稍遠列行北面隨立贊跪
叩興行三跪九叩禮興各退
文廟在縣城內南門
崇聖祠在大成殿後

大成殿內
至聖先師正位南向
復聖顏子
述聖子思子東位北上西向
宗聖曾子
亞聖孟子西位北上東向
東序
先賢閔子損冉子雍端木子賜仲子由卜子商有子
若皆北上西向

西序

先賢冉子耕宰子予冉子求言子偃顓孫子師朱子熹皆北上東向

東廡

先賢蘧瑗澹臺滅明原憲南宮适商瞿漆雕開司馬耕梁鱣冉孺伯虔冉季漆雕徒父漆雕哆公西赤任不齊公良孺公肩定鄡單罕父黑榮旂左人郢鄭國原亢廉潔叔仲會公西輿如邽巽陳亢琴張步叔乘秦非顏噲顏何縣亶樂正克萬章周敦頤程

顥邵雍

先儒公羊高伏勝董仲舒后蒼杜子春諸葛亮王通陸贄范仲淹歐陽修楊時羅從彥李侗呂祖謙蔡沈陳淳魏了翁王栢趙復許謙吳澄胡居仁王守仁羅欽順黃道周湯斌均北上西向

西廡

先賢林放宓不齊公冶長公晳哀高柴樊須商澤巫馬施顏辛曹卹公孫龍秦商顏高壤駟赤石作蜀公夏首后處奚容葴顏祖句井疆秦祖縣成公祖句茲燕伋樂欬狄黑孔忠公西葴顏之僕施之常申棖左卭明秦冉牧皮公都子公孫丑張載程頤

先儒穀梁赤高堂生孔安國毛萇鄭康成范甯韓愈胡瑗司馬光尹焞胡安國張栻陸九淵黃榦真德秀何基陳澔金履祥許衡薛瑄陳獻章蔡清呂坤劉宗周孫奇逢陸隴其均北上東向

通禮歲以春秋仲月上丁行釋奠禮正獻知縣主之兩序兩廡以教職分獻眡割牲省齍醆以佐貳糾儀以教職司祝司香司帛司饌引贊通贊引班

以學弟子員嫻禮儀者執事在城文武官咸與祭前期致齋三日祭前一日飭廟戶潔掃廟宇內外眡割牲官公服詣神厨眡割牲如儀正獻官率執事人入學習儀禮生十四名

教官率樂舞生入學習舞習吹佾舞生三十六名樂工五十二名

夜分具器陳

先師位前牛一羊一豕一登一鉶二簠二簋二籩十豆十鑪十鐙二

四配位前各羊一豕一鉶二簠二簋二籩八豆八鑪

一鐙二
十二哲位前鉶一簠一簋一籩四豆四東西各羊一
豕一鑪一鐙二殿中設一案少西北向供祝版其
東南設一案西向陳禮神制帛九色白香盤四尊三
爵二十有七西設一案東向陳禮神制帛八香盤
三尊二爵二十有四凡牲陳於俎凡帛正位四配
異篚十二哲東西共篚凡尊實酒承以舟疏布冪
勺具東廡二位同案每位爵一實酒每案簠一簋
一籩四豆四

先賢位前羊二豕二香案一鑪一鐙二
先儒案前羊一豕一香案一鑪一鐙二設案一於南
北向陳禮神制帛二香盤二尊三虛爵六俎篚冪
勺具東西兩廡陳設同設洗於階下之東
通禮樂器陳設兩階編鐘在東編磬在西皆十有
六懸以簴業東應鼓一柷一麾一西敔一東西分
列琴六瑟四簫六邃六篪四排簫二塤二笙六搏
拊二旌二羽籥三十有六
儀注祭之日雞初鳴各官豫集於明倫堂均朝服

昧爽贊禮生二人引承祭官由大成左側門入又
禮生八人分引兩序兩廡分獻官隨入至階下之
東盥手畢引至階下拜位前立引班引陪祭官由
左右側門入各就拜位序立典儀唱樂舞生登歌
執事者各司其事文舞六佾進贊禮生贊就位承
祭官分獻官陪祭官各就位立典儀贊迎
神司樂贊舉迎
神樂奏昭平之章樂作贊禮生贊就上香位引承祭
官升東階入殿左門贊詣

先師香案前跪承祭官跪行一叩禮興贊上香司香跪
奉香承祭官上炷香三上瓣香跪行一叩禮興不贊
以次詣
四配位前跪上香儀同贊復位引承祭官退降階復
位初迎
神時贊禮生分引東西序分獻官各一人升東西階
入殿左右門詣
十二哲位前跪上香退降階復位引兩廡分獻官東
西各二人分詣

先賢
先儒位前跪上香退復位均如前儀贊禮生贊跪叩
興亞祭官分獻官暨陪祭官均行二跪九叩禮興
樂止典儀贊奠帛爵行初獻禮贊奏宣平之章舞
羽籥之舞樂作贊禮生引亞祭官升階贊詣
先師位前贊跪亞祭官跪行一叩禮興司帛跪奉篚亞
祭官受篚拱舉奠於案司爵跪奉爵亞祭官受爵
拱舉奠於墊中跪行一叩禮興不贊贊禮生贊就讀
祝位引亞祭官至殿中拜位立贊跪亞祭官分獻

官暨陪祭官皆跪贊讀祝司祝跪讀祝辭曰維某
年月日某官某致祭於
至聖先師孔子曰惟
先師德隆千聖道冠百王揭日月以常行自生民所未
有屬
文教昌明之會正禮和樂節之時辟雍鐘鼓咸恪薦
於馨香泮水膠庠益致嚴於籩豆茲當仲春秋祗率
彝章肅展微忱聿將祀典以
復聖顏子
宗聖曾子
述聖子思子
亞聖孟子配尚
饗讀畢奉祝版跪安
先師位前篚內三叩興退樂作贊跪叩興亞祭官分獻
官暨陪祭官均行三叩禮贊禮生引亞祭官以次詣
四配位前跪奠帛獻爵儀同退降階復位退由殿左門出降階
復位見舊通禮贊禮生分引兩序分獻官詣
十二哲位前跪奠帛獻爵降階復位均如儀引兩廡

分獻官詣
先賢
先儒位前奠帛獻爵復位儀同樂止亞獻奏秩平之
章舞同初獻樂作贊禮生引亞祭官升階贊詣
先師位暨
四配位前奠爵於左如初兩序兩廡隨分獻畢均復
位樂止終獻奏敘平之章舞同亞獻樂作引亞祭官升
階奠爵於右如亞獻儀兩序兩廡分獻畢均復位
樂止文德之舞退典儀贊飲福受胙贊禮生贊詣

受福胙位引承祭官至殿中拜位立奉福胙二人
自東案捧福胙至
先師位前拱舉退立於承祭官之右接福胙二人自西
案進立於左贊禮生贊跪承祭官跪贊飲福酒右
一人跪遞福酒承祭官受爵拱舉以授於左接以
興次受胙如飲福酒之儀贊叩興承祭官三叩興
贊復位引承祭官退降階復位贊跪叩興承祭官
分獻官暨陪祭官均行三跪九叩禮興典儀贊徹
饌奏懿平之章樂作徹畢樂止贊送

神奏德平之章樂作贊禮生贊跪叩興承祭官分獻
官暨陪祭官行三跪九叩禮興樂止典儀贊奉祝
帛饌送燎有司各奉祝帛香饌恭送燎所如儀承
祭官避立拜位西旁俟過復位樂作贊禮生引承
祭官詣燎所視燎畢仍引由左側門出樂止陪祀
各官皆退

崇聖祠殿內

肇聖王木金父正中
裕聖王祈父左
詒聖王防父右
昌聖王伯夏次左
啟聖王叔梁紇次右皆南向
先賢顏無繇孔鯉東位西向
先賢曾點孟孫氏西位東向均北上

東廡

先儒周輔成程珦蔡元定西向

西廡

先儒張廸朱松東向均北上

通禮

正位前各羊一豕一鉶二簠簋各二籩豆各八鑪一鐙
二
配位前簠一簋一籩四豆四東西羊豕各一鑪一鐙
二中設一案少西供祝版東設一案陳禮神制帛
五白香盤六尊四爵十有五西設一案陳禮神制
帛四香盤四尊三爵十有二兩廡東二案西一案
每位爵一實酒每案陳設簠簋籩豆牛羊鑪鐙如
配位之數各南設一案陳禮神制帛一香盤一尊一

盧爵三俎篚冪勺皆具設洗於階下之東儀注上
丁同時致祭正獻以教官兩廡分獻以食餼弟子
員各一人贊禮生引承祭官入祠垣左門引分獻
官隨入承祭官詣階下盥手典儀贊執事者各司
其事贊禮生贊就位承祭官分獻官就位立典儀
贊迎
神司香奉香盤就各案前立贊禮生贊就上香位引
承祭官升東階入殿左門贊詣
肇聖王位前跪承祭官跪行一叩禮興贊上香司香跪

奉香承祭官上炷香三上瓣香跪行一叩禮興不贊
次詣左右正位前跪上香儀同降階復位贊禮生
引分獻官升東西階入殿左右門分詣四配兩廡
位前跪上香如儀降階復位贊禮生贊跪叩興承
祭官分獻官行三跪九叩禮興典儀贊奠帛爵行
初獻禮贊禮生引承祭官升階贊詣
中案前跪承祭官行一叩禮興司帛跪奉篚承祭官受
篚拱舉奠於案司爵跪奉爵承祭官受爵拱舉奠
於墊中跪行一叩禮不贊以次詣左右正位案前跪

奠帛獻爵儀同贊禮生贊就讀祝位引承祭官詣
殿中拜位立司祝至祝案前跪三叩奉祝版跪案
左贊跪承祭官分獻官皆跪贊讀祝司祝讀祝辭
曰維某年月日某官某致祭於
肇聖王
裕聖王
詒聖王
昌聖王
啟聖王曰惟

王奕葉鍾祥光開聖緒成德之後積久彌昌凡聲教所
覃敷率循源而溯本宜肅明禋之典用申守土之
忱茲届仲春秋聿修祀事配以
先賢顏氏
先賢曾氏
先賢孔氏
先賢孟孫氏尚
饗讀畢興奉祝版跪安
肇聖王位前篚內三叩興退贊禮生贊跪叩興承祭官

分獻官行三叩禮興贊復位引承祭官出降階復
位贊禮生引正殿分獻官升東西階入殿左右門
詣配位前引兩廡分獻官分詣兩廡位前跪奠帛
獻爵興復位均如正獻儀亞獻各獻爵於左終獻
各獻爵於右均如初儀典儀贊徹饌有司徹饌畢
贊送
神贊禮生贊跪叩興承祭官分獻官行三跪九叩禮
興典儀贊奉祝帛饌送燎司祝司帛司香司爵各
奉祝帛香饌以次恭送燎所如儀承祭官避立西

旁俟過復位贊禮生引詣燎所視燎贊禮畢仍引
由祠垣左門出各退
通禮月朔釋菜望日上香學官行禮
節孝祠在學署東隔壁
忠義孝弟祠未建
名宦祠在　文廟戟門之左
鄉賢祠在　文廟戟門之右
通禮春秋釋奠禮畢教職一人公服詣四祠致祭
引贊贊跪主祭官跪讀祝辭曰維某年月日某官
某致祭於
忠義孝弟之靈曰惟
靈稟賦貞純躬行篤實忠誠奮發貫金石而不渝
義問宣昭表鄉閭而共式祇事懋彝倫之大性摯
莪蒿克恭念天顯之親情殷棣蕚模楷咸推夫懿
德
綸恩時闡其幽光祠宇維隆歲時式祀用陳尊簋來格
几筵尚
饗讀畢以祝文復於案退主祭官俯伏興執事者酌

酒獻於左又酌酒獻於右退引贊二跪叩興主祭
官跪三叩興執事者以竹帛送燎引贊引主祭官
出執事者徹皆退各祠致祭儀同
通禮節孝祠跪讀祝詞跪維某年月日某官某致
祭於
節孝之靈曰惟
靈純心皎潔令德柔嘉矢志完貞全閨中之亮節
竭誠致敬彰閫內之芳型茹冰蘗而彌堅清操自
勵奉盤匜而匪懈篤孝傳徽

絲綸特沛乎殊恩祠宇昭垂於令典祇循歲祀式薦尊
醪尚
饗餘儀同
謹按通禮名宦鄉賢二祠祝文各省州縣異辭不悉載
神祇壇在縣北門外
通禮歲春秋仲月諏吉致祭知縣主之在城文武
各官皆與設案一於壇正中南向
雲雨風雷之神位居中
利川縣境內山川之神位左

利川縣城隍之神位右案陳鉶一簠二簋二籩豆各
四案前設俎陳羊一豕一又前設香案一陳祝文
香盤鑪鐙西設一案陳帛七尊一爵二十有一福
酒胙肉於尊俎之次
儀注祭日有司供具執事人預入序立引班引陪
祭官入引贊引主祭官入通贊贊執事者各司其
事贊就位引主祭官至階下盥手就拜位立陪祭
官按班就東西拜位立均北面迎神上香讀祝行
三獻禮祝辭曰維某年月日某官某致祭於
雲雨風雷
利川境內山川之神
利川城隍之神曰惟
神贊襄天澤福佑蒼黎佐靈化以流行生成永賴乘氣
機而鼓盪溫肅攸宜磅礴高深長保安貞之吉憑
依鞏固實資捍禦之功幸民俗之殷盈仰
神明之庇護恭修歲祀正值良辰敬潔豆籩祇陳牲
幣尚
饗餘儀節與祭
社稷同

歲孟夏後諏吉雩祭陳設儀注同前若間不雨及
潦諏宜祀之辰具祝文隨時撰擬備牲牢籩豆香帛尊
爵鑪鐙守土縣官率屬素服虔禱爲民請命行禮
儀節與常祀同既應而報陳設供具朝服行報祀
禮儀節與祈祀同
關帝廟在縣東門內嘉慶三年　知縣陳春波重修
通禮歲以春秋仲月及五月旬有三日致祭知縣
主之後殿以丞史執事以禮生是日昧爽廟祝潔

掃殿宇內外具祝版備器陳
神位前牛一羊一豕一登一鉶二簠簋各二籩豆各十
鑪一鐙二殿中設一案少西北向供祝版東設一
案陳禮神制帛一色白香盤一尊一爵三牲陳於俎
帛實於篚尊實酒冪勺具設樂於西階上設洗於
東階上承祭官拜位在殿內正中
儀注質明承祭官朝服詣廟贊禮生二人引承祭
官由廟左門入至東階上盥手畢進殿東門詣拜
位前立典儀贊執事者各司其事贊禮生贊就位

引承祭官就位立典儀贊迎
神樂作贊禮生贊詣上香位引承祭官就香案前立贊
上香司香跪奉香承祭官上炷香三上瓣香畢贊
復位引承祭官復位立贊跪叩興承祭官行三跪
九叩禮興典儀贊奠帛爵行初獻禮有司揭尊冪
勺挹酒實爵樂作司帛奉篚司爵奉爵各進至
神位前司帛跪奠篚如案三叩興司爵立獻爵於案正
中各退司祝詣祝案前跪三叩興奉祝版跪案左
樂暫止贊禮生贊跪承祭官跪典儀贊讀祝司祝

讀祝辭曰維某年月日某致於
忠義神武靈祐仁勇威顯關聖大帝之神曰惟
帝浩氣凌霄丹心貫日扶正統而彰信義威震九州完
大節以篤忠貞名高三國
神明如在徧祠宇於寰區靈應丕昭薦馨香於歷代屢
徵異蹟顯祐羣生恭值仲春秋嘉辰遵行祀典筵陳
籩豆几奠牲醪尚
饗讀畢以祝版跪安於篚內叩如初興退贊禮生贊
叩興承祭官行三叩禮興典儀贊行亞獻禮樂作

司爵獻爵於左如初獻儀典儀贊行終獻禮樂作
司爵獻爵於右如亞獻儀典儀贊徹饌樂作有司
徹畢贊送
神贊禮生贊跪叩興承祭官行三跪九叩首禮興樂止
典儀贊奉祝帛饌送燎有司奉祝帛香饌以次送
燎如儀贊望燎贊禮生引承祭官詣燎位眡燎禮
畢樂止各官皆退
通禮同日祭後殿府縣均以丞史將事
光昭王位中

裕昌王左
成忠王右均南向位各異案每案羊一豕一鉶一簠簋
各二籩豆各八鑪二鐙二殿中設案少西北向供
祝版東西各設一案分陳禮神制帛三色白香盤三
爵九尊三俎篚冪勺具設洗於後垣門內甬道東
承祭官位殿檐下正中執事人各以其職爲位如
常儀質明承祭官由前左門入後垣中門盥手升
階就位迎
神引詣正位前上香畢以次詣左右位前上香復位行

二跪六叩禮初獻讀祝如儀祝辭曰維某年月日
某官某致祭於
關帝之
曾祖光昭王
祖裕昌王
父成忠王曰惟
王世澤貽庥靈源積慶德能昌後篤生神武之英善則
歸親宜享尊崇之報列上公之封爵
錫命攸隆合三世之肇禋典章明備恭逢仲春秋諏吉祗

事薦香尙
饗凡儀節皆與前殿同
通禮五月十三致祭
關帝廟前殿
神位前陳牛一羊一豕一果實五盤鑪鐙具陳設及行
禮儀節與春秋祭同祝辭曰惟某年月日某官某
致祭於
忠義神武靈佑仁勇威顯關聖大帝之神曰惟
神純心取義亮節成仁允文允武乃聖乃神功高當世

澤被生民兩儀正氣歷代明禋英靈丕著封號聿
新欽修歲祀顯佑千春尙
饗
通禮同日致祭後殿每案羊一豕一果實五盤典
儀不贊徹饌司爵以執事生餘陳設及行禮儀節
與春秋祭同祝辭曰維某年月日某官某致祭於
關帝之
曾祖光昭王
祖裕昌王

文成忠王曰禮隆報祀誼重推恩當崧生嶽降之期溯
　木本水源之始輝煌棟宇憑依已妥於上公修潔
　豆籩將饗告虔於仲夏惟
神昭鑒尚其格歆
文昌宮原在東乾隆二年建祠移於西門外嘉慶八年
訓導張定模勸捐復移於學署右嘉慶二十五年
復建于雲亭一所
　通禮歲以二月三日暨仲秋月諏吉致祭具祝版
　備器陳設洗辨位設樂均與祭

關帝廟同
　儀注祭日昧爽廟祝潔掃殿宇內外具祝版備器
　陳
神位前陳牛一羊一豕一鐙一鉶二簠簋各二籩豆
各十鑪一鐙二殿中設一案少西北向供祝版東
設案一陳禮神制帛一白色香盤一尊一爵三凡牲
陳於俎帛實於篚尊實酒冪勺具設樂於西階設
洗於東階上承祭官拜位在殿內正中執事各以
其職為位質明承祭官朝服詣廟贊禮生二人引

承祭官由廟左門入至東階上盥手畢進殿東門
詣拜位前立典儀贊執事者各司其事贊禮生贊
就位引承祭官就位立典儀贊迎
神樂作贊禮生贊詣上香位引承祭官就香案前立贊
上香司香跪捧香承祭官上炷香三上瓣香畢贊
復位引承祭官復位立贊跪叩興承祭官行三跪
九叩禮興典儀贊奠帛爵行初獻禮有司揭尊冪
勺挹酒實爵司帛捧篚司爵捧爵進至
神位前司帛跪奠篚三叩興司爵立獻爵於案中正各
退司祝詣祝案前跪三叩興捧祝版跪案左樂暫
止贊禮生贊跪承祭官跪典儀贊讀祝司祝讀祝
辭曰維某年月日某官某致祭於

文昌帝君曰惟
神蹟著西潼樞環北極六匡麗曜協昌運之光華累代
垂靈為人文之主宰扶正久彰夫感應薦馨宜致
其尊崇茲屆仲春秋用昭時祀尚其歆格鑒此精虔
尚
饗讀畢興以祝版安於篚叩如初興退贊禮生贊跪

叩興承祭官行三叩禮興典儀贊行亞獻禮司爵
獻爵於左贊行終獻禮司爵獻爵於右均如初獻
儀典儀贊徹饌有司徹畢贊送
神贊禮生贊跪叩興承祭官行三跪九叩禮興樂止典
儀贊捧祝帛饌送燎有司捧祝帛香饌以次送燎
贊望燎贊禮生引承祭官詣燎位視燎禮畢樂止
承祭官及執事者皆退
通禮同日祭後殿
文昌帝君先代神位前設一案陳羊一豕一鉶一簠簋

各二籩豆各八鑪一鐙二承祭官行二跪六叩禮
祝辭曰維某年月日某官某致祭於
文昌帝君之
前代曰祭引先河之義禮崇反本之思矧夫世德彌光
延賞斯及祥鍾累代炯列宿之精靈化被千秋爲
人文之主宰是尊後殿用答前庥兹值仲春秋肅將
時事用申告潔
神其格歆尚
饗餘陳設器數及行禮儀節均與祭

關帝廟後殿同
龍神祠在縣南門內
通禮歲以春秋仲月辰日致祭前期有司具祝文
餙廟戸潔掃祠宇拂拭神案備執事人具器陳羊
一豕一簠簋各二籩豆各十鑪一鐙二陳祝文於
案左陳帛一香盤一壺一爵三於案右
儀注主祭官朝服詣祠贊禮生二人引入拜位前
立典儀贊迎
神樂作贊禮生贊就上香位引主祭官就香案前立司

香自右奉香盤進主祭官上炷香三上瓣香訖贊
復位引主祭官復位贊跪叩興主祭官行三跪九
叩禮興典儀贊奠帛爵行初獻禮司帛跪奠篚獻
帛於案三叩興司爵酌酒實爵獻於正中皆退司
祝詣祝案前跪三叩興奉祝版跪案左樂暫止典
儀贊讀祝引贊贊跪主祭官暨各官皆跪祝辭曰
維某年月日某官某致祭於
龍王之神曰惟
神德洋寰海澤潤蒼生永襄水土之平經流順軌廣濟

泉源之用膏雨及時績奏安瀾占大川之利涉功
資育物欣庶類之蕃昌仰藉
神庥宜隆報享謹修祀典式協良辰敬布几筵肅陳牲
幣尚
饗（祝辭本湖北通志）讀畢興奉祝版安於篚叩如初贊禮生
贊跪叩興主祭官及各官行三叩禮興典儀贊行
亞獻禮司爵酌酒獻於左典儀贊行三獻禮司爵
酌酒獻於右退迺徹饌送
神引贊贊跪叩興主祭官行三跪九叩禮興執事者以

祝帛送燎禮畢各退

厲壇　在縣城北門外

通禮歲三月寒食節七月朢十月朔祭厲壇於城
北郊
儀注前期守土官飭所司具香燭公服詣
神祇壇以祭厲告
本境城隍之神上香跪三叩興退至日所司陳羊三豕
三米飯三石樽酒棉帛於祭所設燎鑪於壇南贊
明贊禮生二人引守土官公服詣
神位前贊跪守土官跪贊上香守土官三上香贊叩興
守土官三叩興退執事者焚棉帛守土官詣燎鑪
前祭酒三爵退禮生仍奉
城隍神位還
神祇壇退

迎
詔

通禮有司豫於公廨設屏南向屏前設
詔案又前設香案案東設臺階下爲文武官拜位文東

武西重行異等如朝賀儀紳士班於文官之末耆
老軍民集於武官之末皆北面宣詔官一人展詔
官二人立臺下西面通贊者立香案左右引禮生
立百官班位左右皆東西面
儀注
詔及郊守土官備龍亭旗仗出迎使者承
詔書以架奉陳龍亭內乘馬後隨鼓樂前導文武官朝
服出迎道右跪候過輿先至公廨門外序立紳士
耆老軍民畢會

詔至門跪迎如初禮使者下馬從龍亭入衆隨入使者
奉
詔書陳於案退立案東西面引禮生引羣官就位北面
立通贊贊跪叩興衆行三跪九叩禮贊宣
詔使者奉
詔授宣詔官復位立宣詔官跪接登臺展詔二人從升
均西面展
詔書宣讀訖復於案皆降衆聽贊復行三跪九叩禮如
初退

宣講
聖諭
通禮月朔望縣令飭所部民齊集公所選醇謹者
老一人爲約正有司公服涖恭宣
世祖章皇帝欽定六諭
聖祖仁皇帝聖諭十六條
世宗憲皇帝聖諭廣訓兵民圜聽宣畢各退鄉堡均擇
適中地爲鄉約所選老成公正一人爲約正樸實
謹守者三四人在月按期集所部民宣講
聖諭擇律文內民俗易犯者咸宣示之守土官實力董
率教職隨時巡行宣導

迎春
通禮先立春日縣於東郊造芒神土牛立春在十
二月望後芒神執策當牛肩在正月朔後當牛腹
在正月望後當牛膝示民農事早晚
儀注屆立春日吏設案於芒神春牛前陳香燭菓
酒之屬案前布拜席通贊執事者於席左右立知
縣率在城文武官朝服畢詣東郊立春時至通贊

贊行禮正官一人在前餘以序列行就拜位贊跪
叩興衆行一跪三叩禮執事者舉壺爵跪於正官
之左正官受爵酌酒酹酒三授爵於執事者復行
三叩禮衆隨行禮興迺舁芒神土牛鼓樂前導各
官後從迎入城置於公所各官執采杖環立樂工
擊鼓擊土牛三迺各退

鄉飲酒禮
通禮歲孟春望日孟冬朔日舉行鄉飲酒之禮於
學宮以縣令爲主人以鄉之年高六十以上有德

行者一人爲賓其次一人爲介又其次爲衆賓以教官一人爲司正學弟子習禮者二人司爵二人贊禮二人引禮一人讀律令僚佐皆與前期戒賓賓禮辭許戒介亦如之（右戒賓介）先一日司正率執事者詣講堂肄儀設監禮席次於庭東北面布賓席於堂西北南向主人席於堂東南西向介席於堂西南東向衆賓之長三人席於賓西南向東上皆專席不屬衆賓於西序東向僚佐席於東序西向皆北土司正席於主人之東北向（如有鄉大夫來觀禮者坐於東北三品以上席南向五品以上席西向無則闕之）設律令案一於主介閒正中東西肆設尊案一於東序端南北肆設案於西階下如儀（右陳設布席）

儀注屆日質明執事者入具饌設尊於案實酒於尊加冪勺觶爵在尊北讀律令者奉律令陳於中案監禮者朝服詣學宮主人率司正及僚屬咸朝服入迺使人速賓介屆時賓介盛服至庠立於庠門外之右介居賓南衆賓居介南皆東面北上執事以賓至告於主人主人出迎賓西面揖賓介以

下東面答揖主人入門左賓揖介介揖衆賓以次入門右當階主人揖及階揖賓皆答揖主人與賓讓升三讓賓三辭主人升賓迺升主人東階上賓西階上贊者贊拜主人西面再拜賓東面答拜興即席主人降延介一讓升介升拜如賓禮就位主人迺延衆賓衆賓以次皆升主人揖賓長皆答揖衆賓即席主人率僚佐以下皆即席（右迎賓介贊）

贊者贊揚觶執事者引司正由東階升詣堂中賓介皆起立贊揖司正揖賓介以下答揖司爵詣酒尊所舉冪酌酒於觶進授司正司正揚觶而語曰

恭惟

朝廷率由舊章敦崇禮教舉行鄉飲非爲飲食凡我長幼各相勸勉爲臣盡忠爲子盡孝長幼有序兄友弟恭內睦宗族外和鄉黨無或廢墜以忝所生讀畢贊者贊司正飲酒司正立飲畢以觶授執事者反於案贊揖司正揖賓介以下皆揖司正復位賓介以下皆坐（右揚觶）贊讀律令執事者舉律令案於中堂引禮引讀律令者就案前北面立賓介主

人以下聽贊咸起立旅揖如司正揚觶禮迺讀律令曰律令凡鄉飲酒序長幼論賢良高年有德者居上其次序齒列坐有過犯者不得干與違者罪以違制失儀則揚觶者以禮責之讀畢復位賓介以下皆坐右讀律令贊者贊供饌執事者舉饌案於賓前次介次主人衆賓以下徧舉訖贊獻賓主人起離席北面立司爵詣酒尊所酌酒實爵授主人主人受爵詣賓席奠於案稍退賓避席立於主人之左贊拜主人再拜賓答拜皆復位立贊賓酢

主人賓離席司爵酌酒授賓賓受爵介從詣主人席前拜送爵主人答拜如前儀復位主人起獻介介酢主人如前儀皆坐執事者徧獻三賓衆賓爵訖右獻賓賓酢主人酒數行上升歌周詩鹿鳴三章卒歌笙奏

御製補南陔詩辭曰我逝南陔言陟其岵昔我行役瞻望有父欲養無由風木何補我逝南陔言陟其屺今我行役瞻望有毋毋也倚閭歸則寧止南陔有筍籜實勺之孱孱孩提孰噢咻之慎爾溫凊潔爾旨餚兮爾不養日月其慆

御製補白華詩辭曰有白者華不污纖塵咨爾士兮宜修其身不修其身乃貽羞於二人有白者華婉兹静好咨爾女兮宜修婦道不羞婦道乃貽羞於二老白華匪玉湼而不淄白華匪蘭芬乃勝之我擷白華載詠載思白華匪玉質玉之令白華匪蘭臭蘭之淨我擷白華載思載詠

御製補華黍詩辭曰瞻彼阪田厥黍始華胝足胼手嗟我農夫瞻彼阪田黍華以秀胼手胝足惟勤斯蒇

華有不秀矣秀有不實矣其雨其雨矣杲杲日出矣愁予愁之恤矣間歌周詩魚麗南有嘉魚南山有臺三章笙奏

御製補由庚詩辭曰王庚便便東西朔南六府調爕八風節宣王庚容容朔南西東維敬與勤百王道同王庚廓廓東西南朔先憂而憂後樂而樂王庚恢恢南朔東西皇極孰建惟德之依

御製補崇邱詩辭曰澗松童童蛙黽鄉兮邱草萋萋蕩青雲兮凡百君子慎乃託身兮澗松童童瀰則卑

兮邱艸萋萋邱則崎矣凡百君子審乃所依兮有祟者邱物無不遂有卓者道愚無不智資生育德永植勿替

御製補由儀詩辭曰在上曰天在下曰地君君臣臣父父子子在下曰地在上曰天父父子子君君臣臣由其儀矣物則熙矣儀其由矣物則休矣廼合樂歌周南關雎三章召南鵲巢三章卒歌工告備出執事者行酒主賓以下飲無算爵右樂賓贊禮贊徹饌衆起離席主人率僚屬在東西上賓介在西

東上皆北面贊拜主人再拜賓介以下皆再拜賓降西階出介及衆賓從立庠門外之右東面北上主人降東階出僚屬從送賓於庠門外之左西面旅揖賓介退禮卒無惩監禮者出主人率僚屬送於庠門外皆退

日月食救護

通禮知縣遇日月食按欽天監推定時刻分秒隨時救護於公署以正官一人領班行禮正貳教職二人糾儀學弟子員二人通贊引班陰陽官一人報時至日設香案於露臺上爐檠具早晚隨日月爲向糾儀通贊引班分列於香案左右布各官拜席於香案陳金鼓於儀門外樂舞生二人奉小鼓於露臺下各官素服陰陽官報日月初虧通贊贊齊班引班引各官至拜位前立重行異等少進贊跪叩興衆行三跪九叩禮興贊上香班首官進至香案前三上香畢復位贊跪皆跪贊伐鼓樂舞生奉鼓進跪於左正官伐鼓三聲儀門外金鼓振作乃按班更番上香祗跪糾儀二人更番祗立並如

前儀陰陽官報日月復圓金鼓聲止通贊贊齊班衆官至拜位前立聽贊行禮如初畢各退

旗纛神致祭之禮

通禮每歲秋季霜降日申令本標弁卒校閱於演武場前一日營將弁肅隊伍赴校場豫立軍幕届日黎明軍士擐甲列陣中軍建大纛於場正中闔帥以牲醴致祭行二跪六叩禮中軍以下將士均隨行禮畢軍門鼓吹節鉞前導闔帥偏閱行陣還登將臺升帳儀衛左右分列諸將擐甲傳臺下中

軍上行陣圖請命合操

縣治內外寺觀

東門

武聖宮　觀音閣　城隍廟　壽佛宮

桓侯廟　麻衣廟　馬王廟　先農壇

南門

聖　廟　文昌閣　財神廟　贛府廟

萬壽宮　火神廟　羅祖廟

西門

軒轅廟　萬天宮　巧聖宮

北門

天后宮　禹王宮　帝主宮　南華宮

四鄉寺觀

巖洞寺　把水寺　雙溪寺　毛坪寺

雙峯寺　金字山寺　滴水巖寺　團包寺

鍾靈山寺　廻龍寺　歸源寺　核桃寺

金沙寺　翔鳳寺　報國寺　鐵爐塞寺

朝陽寺　石岩寺　觀音寺　潮音寺

五龍寺　楚藩寺　興隆寺　福田寺

冢墓

巴蔓子墓在城東六十里都亭山實事詳人物志

蠻王藏去聲在城西六十里與土地坡接壤

詹狀元墓在城西十五里楊家溝詳山川志

汪公墓在城東六十里本衛經歷汪澤墓詳名宦志

陳公墓在城西三十里陳家灣卽敏襄公世凱墓後卽乾谿山發脈朝山係穿一洞天生佳城

康熙三十一年

諭葬

牟公墓在城東十五里牟家墳亦佳城也子孫衆多碑碣林立實事見人物志

萬曆墳在城東官渡壩殘碑斷碣已不可考

義冢

義冢一處在北門外官山周圍十里高三十丈有奇下有土坑一區嘉慶二年教匪入境死者積尸無算良惡不分悉委坑內後爲土人墾種道光九年典史章模長州幕友吳錦契買還其故塚其上新舊坟塋纍纍松栢芃芃同治元年長毛賊自來鳳竄入殺人盈野坑內積尸愈多厥後湖南兵勇數千駐扎城內數月官山喬木斫伐一空向之芃芃今皆濯濯矣

西門外義塚一處監生彭視盛捐置周圍七百二十丈立碑定界

南門外義塚一處岸隣大河地名黃州公山凡黃州客籍流寓無歸者沒後悉葬其地

風俗

修教齊政不易其俗方志所以必記風俗也然與

化移易今固不盡如古所云也利自改土以來治法既殊民風一變則郡志所紀有難信於今者故未概從舊稿

地僻山深民雜夷獠俗尚簡畧猶近華風府志

水旱田地不分頃畝但就穀種數計之家產以此分厚薄契券以此定價値葢沿習久莫能驟改矣

利邑田分里屯二籍里田多客籍屯田多土著俗尚儉樸男女雜作土著之民鄉間多作火鋪飲斯食斯嫁娶重親迎禮喪葬遵文公禮臨春賽社各

具雞豚終歲祈年亦多羊豕民籍皆明末國初謫
撥各省官軍之家或流寓行商而江西黃州武昌
及四川貴州爲多言語服食各從本貫子弟必讀
書女習針黹紳衿不干預詞訟婦人不踏靑謁廟
郡志載各邑風俗皆緣土司舊地習尚樸陋自改
土歸流人遠麇至民勤耕稼士習詩書舊俗漸易與
郡城大率相同
歲時令節元旦焚香拜祝祖先依喜神方出行至
各神廟焚香親族交相拜賀春酒彼此招飲上九

夜龍燈獅燈索室驅疫燈火花爆相競至元宵止
淸明祭墓標以綵錢祭畢合族男女墳前聚飲端
午角黍蒲觴餽遺招飲六月六日晒衣服書畫中
元封包綵錢上書先祖名諱供於中庭三日乃焚
出嫁之女此日亦必迎歸飲福中秋賞月親戚具
餅互相餽遺是夜凡無子嗣者隣里偷瓜相送鼓
樂喧闐閧飲輒夜重陽載酒登高冬至官紳交賀
小除日以麵作餅供竈親友衣冠辭歲各具禮物
餽送年節除夕祭先祖五祀家家燈火達旦士人

家凡祭詩剪綵打糞堆給兒童押歲錢賣癡呆閨
中簇五辛盤飲屠蘇酒守歲不異名郡惟城中服
食漸趨華侈亦流俗之所宜力挽者
承平日久生齒日繁雖幽巖邃谷亦築室其下峻
嶺高原亦耕種其上可謂地無遺利人無遺力矣
地無遺利人無遺力故貧家小戶生男則喜生女
則悲以其慮後日之遣嫁也以故至今溺女者比
比此風終莫能挽金臺勝士有救溺女行簡易法
一則可以勸世故特編入無辜溺死言之莫不酸

心有術回生勸者何妨苦口嘗見通都大邑救溺
女者或設養堂或僱乳母或刻善書繪惡報亦既
種種調護而溺女之風何終難盡救也間嘗深思
而得其故蓋生女之時或山川悠遠抱子爲艱或
貧賤驕人負氣不與惺惺非不自惜又恐嫁日之
賠奩呱呱亦有人憐轉慮遣家之作賤加之丈夫
盛怒以待穩婆附和隨聲產婦張皇私泣無主遂
激而成痛心之事斯時也命在須臾救之則生不
救則死有心人若不預爲防範動之以利聯之以

情雖有他法無濟也余於癸亥秋避難多暇偶閱救生文一則語不長而心重因廣其意編成短幅用以勸世其法簡易在一鄉救一鄉酌泒首士勸導殷實無論錢穀田土就地取財積公掌放祇要每年出息可了此一鄉救生之費即出告白知會鄉人其式曰具告白某鄉首人等爲救濟溺女事竊以化勝殘之風莫先去殺廣求仁之量不外救生藐茲諸孤愧吾儕庇之夏屋登彼仁壽願孺子共躋春臺凡我同鄉倘有家貧無力養女者請於

生女時來告首人查明是實在育嬰會上領取乳哺錢若干米若干升三朝給半滿月全交一月之後撫養嫺抱聽其自便領此錢者莫嫌些微聊當洗兒之費愼勿顢頇免結産母之冤謹告由斯以談又進一解夫充四端而惻隱皆有過十室而忠信豈無我勸世人照式行之倡首者不過啟口之勞生女者亦得然眉之濟況息錢即堪買命便與抛磚婦相也有宜男不皆弄瓦是則一鄉之解囊有限終歲之設帨無多其事簡其用約其功大不幾於救生外另開一方便門耶嗟乎人生在世做好事也須用錢天地之大德曰生用此錢不出大生之外父母之深恩未報用此錢更在報恩之先減異日之浮費勝於補路修橋積現在之陰功不必求神許願好生之德洽民心行看人人雀躍積善之家有餘慶自然代代鴻厖願有力者仿而行之

賸士又著有從減戒殺文一篇亦切中時徼並附錄之雞豚養老聖王弗禁乃世人食肉輒曰分所

當然相習成風遂無故枉殺漫無節制平空造孽而不自知今特約舉七條以爲不知從減者戒

父母壽終停柩在堂朝暮奠儀祭品固不敢簿待其親乃近有無知孝姓借此爲由揚言開弔牖傘祭軸絺紮裝潢冠蓋輿馬充塞道路封靈日是幾十席家奠日又是幾十席或幾百席廣邀親戚豬羊奠儀孝子貪利畜命遭殃我勸世人既當大事不接情不開弔祇要哀慟有餘何妨筵席不是明眼人自能諒之一也

自已生日愈宜從減殺生哀哀父母生我劬勞我生之日須念母苦之辰當減此浮費廣行好事以延遐齡乃世俗當此頓忘母難張揚做生折簡邀客希圖廣搏壽儀治酒辦席多傷畜命是爲我做生之故禍及雞豚於心安乎我勸世人不做生全活多少性命以此存心天必降爾遐福二也

人家生男育女是喜事亦是常事乃世俗與做三朝做滿月做週歲治酒燕客於雞鴨豬羊之類大爲烹宰全不體上天好生之德賜汝以子汝偏逆

天行事戕害許多生靈是天賜一生靈反傷無數生靈爲汝做酒之故替兒結無限寃孽安望其易養成人耶我勸世人不做三朝滿月週歲等酒兒自長命富貴三也

男婚女嫁高親過門勢必不能從減盡戒乃世俗自行聘以至成婚殺生不知其幾而又招搖整酒前三日請客若干席俗曰鋪堂其名是請幇忙飯其實是請人送情到期又是若干席總而計之要傷生命多少我勸世人不做酒不受賀儀必定早生貴子四也

迎年過節祀先祖供老年其不能從減者未必盡戒遡來世俗以敬神養老爲名恣意烹宰其實祖宗未必寔寔來享父母何曾頓頓有葷合盤筭來不過爲自已口腹計耳我勸世人除祀先娛老外從減戒殺免傷畜命自然年豐人壽五也

迎賓待客宜從減殺生近有輕薄傖父稍有家私便攀高結貴以撐門面或請春酒或揖上賓預備庖人燒烤薰蒸充斥厨下雞豚魚鼈狠籍不吝鵞

掌鴨臛窮極肥甘主人鳴敬於盤中寃魂悲號於砧上因一席而傷數命仁者不忍也我勸世人器質而潔食約而精好客到門家常飯別饒雅人深致知禮者必不以口腹責人六也

人生爲衣食計何事不可謀生乃近有一種人不務正經或打禽獸或毒魚蝦或捕鰍鱔甚至殺豬宰牛刲羊屠狗種種作孽我觀世上人不業此者亦在穿衣喫飯以殺謀生十有九窮以殺昌後百無一人賺人間造孽之錢遺子孫無窮之害我勸

世人盡不別求生理放下屠刀回頭卽是道岸七
也
昔武陵洪公著有戒殺文七條是爲上乘人說法
塵世曷克仰體萬難盡戒王道本乎人情故特寬
其途創爲從減之論以引人作善之機倘奢侈之
風可挽漸改嗜殺之心再踐洪公之戒則神聖仙
佛皆可企也有厚望焉

恭錄新頒
關帝廟春秋二祭樂章　咸豐四年春月製譜
春祭樂章　春夾鍾清均　倍應鍾起調　簫伬
除仜亿　笛伏除伍仜
迎神　格平之章
變宮商角徵羽　伬仉伏仜仩
懿鑠兮焜煌
徵羽宮徵羽宮羽　伍仩伬伍仩伬仩　伏仉伍伏仉伏伬仩伍伬伍仩仩伍
神威靈兮赫八方偉烈昭兮県禋祀事明兮永光達精

仉伏仉伏伬仩仉伏仩伏仉伬
誠兮黍稷馨香儼如在兮洋洋
奠帛初獻　翊平之章
伬仉伏伍
英風颯兮
伍伍仩仉伬仩伍仉伏仉伬仩伍伍仩伏仉伍伏伬伏
神格思紛綺葢兮龍旗軒桂醑兮盈卮香始升兮明粢
伍仩伬伍伬仩仉伬仩伍伏仉伬
惟降鑒兮在茲流景祚兮翊昌時

亞獻　㤤平之章
伬仉伩伍伬伍仉伩伍仩仉伍伩仩伍伬仩伍仩
觴再酌兮告虔舞干戚兮合宮懸歆苾芬兮潔蠲
仉伬仩伍仩
扇巍顯翼兮
伩仉伬
神功宣

終獻　靖平之章
伬仉伩伍伍伬伬仩伍仉伩伬伍伍伩仉伩伍

鬱鬯兮三申羅籩簋兮畢陳儀卒度兮肅明禋
伍伬仩伍仉伩仉伬
神降福兮宜民宜人

徹饌　彝平之章
伬仉伍伩仉伩伍仩伍伬仩
物惟備兮咸有明德惟馨兮
仉伍伩伬仩伍伍仩伬仉伬仩伍伍伩仉伬
神其受告徹兮禮終罔告佑我家邦兮孔厚

送神　康平之章　其一
伬仉伩伍仩
幢葆葳蕤兮
伍伍仩伬伍仉伩伍仉伩伬仩伍仩伍伬仩仉伬仩伍
神聿歸馭鳳軫兮驂虬騑陰烟煴兮餘裔霏顧冋靈盼
仩仉伩仉伬
兮德洽明威

望燎　康平之章　其一
伬仉伩伍仉伩伍
焄蒿烈兮燎有輝

伍仩伍伬仩仉伍伩伬伍仉伩仉伩伍仩仉伬仩伬伍
神光遥爥兮祥雲霏綷受福兮茂典無違庥揚駿烈兮
仉伩仉伬
永奠靈畿

秋祭樂章　秋南呂清均　仲呂起調　簫伩除
亿伍　笛仩除伍伬

迎神　格平之章
角徵羽宮羽
伩亿仩伬仩
懿鑠兮焜煌

宮商角宮商角商 仩仉伏伬仉伏仉 仩亿伬仩亿仩伏仉伬伏伬仉仉伬

神威靈兮赫八方偉烈照兮累禩祀事明兮永光達精

亿仩亿仩伏仉亿仩仉仩亿伏

誠兮黍稷馨香儼如在兮洋洋

奠帛初獻　翊平之章

伏亿仩伬

英風颯兮

伬伬仉亿伏仉伬亿仩亿伏仉伬伬仉仩亿伬仩亿仩

神格思紛綺蓋兮龍旗斛桂醑兮盈卮香始升兮明粢

伬仉伏伬伏仉亿伏仉伬仩仉伏

惟降鑒兮在茲流景祚兮翊昌時

亞獻　怌平之章

伏亿仩伬伏伬亿仩伬仉亿伬仩仉伬伏仉伬仉

觴再酌兮告虔舞干戚兮合宮懸歆苾芬兮潔蠲

亿伏仉伬仉

扇巍顯翼兮

仩亿伏

神功宣

終獻　靖平之章

伏亿仩伬伬伏伏仉伬亿仩伏伬伬仩亿仩伬

鬱鬯兮三申羅籩篕兮畢陳儀卒度兮肅明禋

伬伏仉伬亿仩亿伏

神降福兮宜民宜人

徹饌　彝平之章

伏亿伬仩亿仩伬仉伬伏仉

物惟備兮咸有明德惟馨兮

亿伬仩伏仉伬伬仉伏亿伏仉伬伬仩亿伏

神其受告徹兮禮終罔告佑我家邦兮孔厚

送神　康平之章　其一

伏亿仩伬仉

幢葆葳蕤兮

伬伬仉伏伬亿仩伬亿仩伏仉伬仉伬伏仉亿伏仉伬

神輦歸馭鳳軫兮驂虬騑降烟熅兮餘馚馡顧回靈盼

仉亿仩亿伏

兮德洽明威

望燎　康平之章　其二

仸亿仩伬亿仩伬

熹蒿烈兮燎有輝

伬仉伬仸仉亿伬仩仸伬亿仩亿仩伬仉亿仸仉仸伬

神光遥燭兮祥雲霏祭受福兮茂典無違庶揚駿烈兮

亿仩亿仸

永奠畺識

太常寺協律

禮部祠祭司掌印郎中兼管樂部和聲署署正

吳世驥敬刊

利川縣志 典禮 卷之三 樂章 五十七

恭録新頌

關聖帝君廟春秋二祭祝文 咸豐五年正月奉文

維某年月日某官致祭於

忠義神武靈佑仁勇威顯護國保民關聖大帝之神曰

惟

神星日英靈乾坤正氣允文允武紹聖學於千秋至大至剛顯神威於六合仰聲靈之赫濯崇典禮於馨香茲當仲春秋用昭時饗惟祈

昭格克鑒精虔尚

饗

關聖帝君廟後殿三王告祭祝文 咸豐六年六月奉文並行三跪九叩首禮

維某年月日某官致祭於

光昭王

裕昌王

成忠王曰惟

王世澤覃庥令儀裕後靈鍾河嶽篤生神武之英誠溯淵源宜切尊崇之報班爵超躬桓而上升香肅俎豆之陳茲際仲春秋爰脩祀事尚祈

利川縣志 典禮 卷之三 樂章 五十八

昭鑒式此苾芬尚

饗

恭録新頌

關聖帝君廟五月十三日告祭祝文

惟

神九宇承庥兩儀合撰崧生嶽降溯誕聖之靈辰日午天中屆帨台之令序聰明正直一者也千秋徵肸蠁之隆盛德大業至矣哉六幕肅馨香之薦爰循懋典式展明禋苾芬時陳精誠

鑒格尙

饗

關聖帝君廟五月十三日後殿三王祝文

惟

王廸德承家累仁昌後嶽生嶽降識毓聖之有基木本水源宜推恩之及遠封爵特超於五等馨香永薦於千秋際仲夏之屆時命禮官而將事惟祈昭格鑒此精虔

文昌帝君廟樂章

丕平之章迎神

秉氣兮靈躔翊文運兮赫中天蜺旌兮戾止雕俎兮告虔迓

神庥兮于萬斯年

俶平之章　奠帛　初獻

神之來兮邃簋式陳

神之格兮几筵式親極昭彰兮靈貺致蠲潔兮明禋升香兮伊始居歆兮佑我人民

換平之章　亞獻

再酌兮瑶觴燦爛兮庭燎之光申虔禱兮

神座儼降兮

帝旁粢醴潔兮齋邀將綏景運兮靈長

煜平之章　終獻

禮成三獻兮樂奏三終覃敷元化兮緊

神功馨香達兮肸蠁通歆明德兮昭查寅衷

懿平之章　徹饌

俻物兮惟時告徹兮終禮儀

神悅懌兮鑒在茲垂鴻佑兮粲洽重熈

蔚平之章送神奏其一　望燎奏其二

雲駢駕兮風旂招

神之歸兮天路遥瞻翠葆兮企丹霄願廻靈眷兮福我朝其一　烟熅降兮元氣和

神光燭兮梓潼之阿化成耆定兮橐弓戢戈文治光兮受福則那其一

文昌帝君廟春秋二祭祝文

維

神功闡苞符性敦孝友並行並育德侔天地以同流乃

聖乃神教炳日星而大顯仰鑒觀之有赫示明德
之維馨茲當仲春秋用昭時享惟祈
歆格克鑒精虔

文昌帝君廟二月初三日告祭祝文

維
神功參槖籥撰合乾坤溯誕降之靈辰三台紀瑞度中
和之令節九宇承暉若日月之有光明闡大文於
孝友如天地無不覆載咸至治於馨香爰舉上儀
敬陳芳薦精禋罔斁

神鑒式臨尚
饗

文昌帝君廟後殿告祭祝文

維
文昌帝君道脩中和神超亭毒稟貽謀而允紹欽毓聖
之有基雲漢昭回際嶽降崧生之會馨香感格與
水源木本之思式肇明禋用光
彝典尚祈
神鑒享此清芬

文昌帝君升入中祀告祭文

教嚴彰癉敷經天緯地之文典重揄揚顯福國佑
民之化俎豆聿隆於往昔聲靈並著於寰區爰命
秩宗特崇祀享

維
神天資孝友灝氣仁慈統四德而稱元贊三才而立極
闡化啟天人之奧正教宏開黜邪昭日月之暉文
人蔚起溯尊崇之告脩禮以明虔惟
神聖之垂庥道皆同揆敬稽茂　載陟明禋彰文治於

重光肅升香於中祀　日奏六成之樂聲協鸞
調風陳萬舞之儀誠通肸蠁潔苾芬而式中薦饗
徃以維虔於戲功蕩蕩乎無名聲教久乎於六幕
神洋洋其如在馨香用報以千秋敬舉上儀尚祈
昭格

文昌帝君升入中祀後殿告祭文

教詒式穀垂抑邪扶正之規禮重升馨著崇德報
功之典載稽譜牒祗肅苾芬惟
文昌帝君學格本原道參位育緬馨香之至治久極尊

崇申報享之隆文宣昭誠敬聿升中祀式舉上儀
於戲德廸前光十七世仁恩普洽慶餘積善億萬
年文運長新敬布明禋侑祈
昭鑒

文昌廟樂章 春夾鍾清均 倍應鍾起調 秋南呂清均 仲呂起調

迎神
秉彝兮靈鑾 翊文運兮赫中天
伬仉伏伍仩 仉伏伍仩伍仉仩
蜺旌兮戾止 雕俎兮告虔

伏仉伏仉伏 伬仩伍伍仩
迓神庥兮千萬斯年
仉伏仩伍仉伏仉伬

奠帛初獻 俶平
神之來兮籩篚式陳 神之格兮几筵式覲
伬仉伍伏伍伍仉伏 伍仩伬伍仉伏仩伍
極昭彰兮靈貺 致觸潔兮明禋
仉伬仩伍仉伏 仉伏伍仩仉伏
升香兮伊始 居歆兮佑我人民
伬仩伍伬伏 伬仩伍伍仉仉伬

亞獻 換平
再酌兮瑤觴 燦爛兮庭燎之光
伬仉伏伍仩 仩仉伏仉伏伍仩
申虔禱兮神座 儼陟降兮帝旁
伬伏仩伍仉伏 伍仩伬伍仉伏
粢醴潔兮齋遨將 緩京運兮靈長
伏仉伏伍仩仉伏 伬仩伍伏仉伬

終獻 熤平

禮成三獻兮樂奏三終 覃敷元化兮緊神功
伬仉伏伍仩仉伏伍仩 仉伏伬仩伍仉伏伍
馨香達兮胖蠁逼 歆明德兮昭查寅衷
伬仉伍仩仉伏伍 仩伍伬仩仉伏仉伬

徹饌 懿平
脩物兮惟時 告徹兮終禮儀
伬仉伏伍仩 伬仩伍伏仉伏
神悅懌兮鑒在茲 垂鴻佑兮累洽熏熙
仉伏伍仩仉伬伍 仩伍仉伏仉伏仉伬

送神　蔚平

雲騈駕兮風旂招　神之歸兮天路遥

伬仉伕伍仩仉伕　伍仩仉伍伕仉伕

瞻翠葆兮企丹霄　願廻靈眷兮福我朝

仩伬伍仩伍伬仩　仉伬仩伍仩伕仉伬

望燎

炯煴降兮元氣和　神光孎兮梓橦之阿

伬仉伍伕伍仉伕　仉仩伍仩仉伕伍伕

化定者定兮櫜弓戢戈　文治光兮受福則那

仉伕伬仩伍仉伕伍仩　仩伍伬仩仉伕仉伬

食貨志卷之四

知利川縣事何蕙馨監修

戶口

利在前代戶口之豐耗不能悉登於版圖又爲明季流寇所虔劉生齒凋敝極矣自改土歸流二百餘年生養休息學校農桑同乎內地戶口之滋生物產之蕃殖已駸駸日上志戶口而物產附焉

漢以前戶口無可考晉宋隋唐宋元利邑分隸不常

明朝統紀湖廣戶口之數不詳各縣

國朝利屬施南歷屆編審原數若干統著六縣亦未分晰道光十二年奉文編查保甲清理戶口共計三萬八千七百九十五戶一十九萬二千一百二十三丁口

現經編查共計三萬三千零三十八戶男婦大小共一十九萬三千四百四十三丁口

田賦

利在前代分隸不常田賦之入司農者無稽焉國

初土流間治自設縣以來計其徵輸之入按以俸

工兵餉之支仰給藩庫且什九焉

朝廷不惜捐金以拯此一方不令獨抱向隅之憾茲斯

土者尙其体此加意撫字志田賦而俸廉工役祀

典附焉兵餉別見軍政志

乾隆三年正月奉

上諭湖北忠峝等土司改土歸流增設施南統轄六縣

該土司向未輸納秋糧今不計田地多寡每年統

計止納銀七十三兩六錢四分

又乾隆四十三年至五十三年陸續墾成熟地共

徵銀九十六兩三錢九釐閤縣實徵原額民秋糧

銀三百四十六兩二錢八分二釐

原額並續加正力人丁共一百一十丁五斗內正

丁八十九丁五斗每丁徵銀九錢七分力丁二十

一丁每丁徵銀三錢共該銀九十三兩一錢一分

五釐內除逃故正力人丁六十三丁無徵丁銀六

十四兩四錢四分共徵銀三十二兩六錢七分五

釐又原報屯丁十名每名徵銀二錢該銀二兩共

徵銀三十四兩六錢七分五釐歸入閤省糧銀攤

徵計減銀二十五兩四錢二分二釐實徵丁銀九

兩二錢五分三釐又續墾攤增丁銀十七兩三銀

七分七釐二共實徵銀二十六兩六錢三分內除

撥歸川省地畝開除丁銀二分四釐外實徵丁錢

二十六兩六錢六分零六釐又原額民屯並勘出

成熟水旱田地四百四十一頃八十畝七釐派徵

丁銀十二兩九錢六分三釐不科糧外實徵民屯

各科則不等額糧一千零三十九石五斗六升四

勺該銀四百三十二兩七錢八分八釐內除荒糧

五百五十一石七斗四升五合六勺荒糧二百四

十八兩二錢八分六釐成熟糧四百八十七石八

斗一升五合實徵銀一百八十四兩三錢一分五

釐又開墾額外田地一百四十一頃六十畝八分

四釐內除開墾改土地方水旱田地一百零六頃

七十七畝八分徵銀五兩一錢九分一釐開墾民

地三十四頃八十三畝四釐該糧六十九石六斗六升八勺該徵銀二十兩八錢九分八釐二共銀二十六兩零八分九釐

以上民屯丁銀並秋糧共徵銀五百八十四兩三錢三分三釐內除逃故人丁無徵丁銀六十兩四錢四分三釐又閤省均攤人丁應減銀二十五兩四錢二分二釐又餘荒糧無徵銀二百四十八兩二錢六分六釐並撥歸川省地畝糧銀一錢八分八釐丁銀二分四釐外實徵銀二百四十九兩九

錢七分三釐又乾隆四十三年至五十三年陸續陞墾成熟田地共徵銀九十六兩三錢九釐閤縣實徵原額民秋糧銀三百四十六兩二錢八分二釐府志

開採

乾隆五十年總督勒成額巡撫吳坦題湖北各營及銀匠需用硝觔向購自河南湖南二省因施州土硝尙堪采用奏明開採以供營匠之需督商勘明開采五十四年總督畢沅巡撫惠齡又招商開采利川歲辦常額硝二千斤以正月開篆日起限定四個月內解繳省局掣批賫府核驗逾限短少查取承辦知縣職名照例議處

雜稅

利川縣並無牙行惟關廟火神廟設有斗市每斗取行用二合以供廟內香火其餘歸公積貯用備荒年各場亦然

鹽引

利川縣額行四川萬縣水陸引三百二十七張

祭祀銀

文廟春秋祭祀銀四十兩

崇聖祠春秋祭祀銀七兩

名宦鄉賢春秋祭祀銀七兩

武廟春秋祭祀銀三十五兩七錢四分六釐

文昌廟祭祀銀與　武廟同

山川壇春秋祭祀銀十兩

先農壇祭祀銀五兩

霜降祭旗銀二兩香燭米折銀一兩零五錢

邑厲壇祭銀十兩米折銀一兩二錢二分

俸養工食廩糧鄉飲經費

利川縣知縣俸銀四十五兩養廉銀一千兩門庫壯捕皂傘轎禁忤作倉鋪渡夫共役一百一十名共工銀六百六十兩

訓導一員俸銀四十兩齋馬門斗共銀三十三兩廩生八名共銀二十一兩八錢六分四釐

縣丞一員俸銀四十兩養廉銀一百兩役十四名共工銀八十四兩器械銀八兩

南坪巡檢一員　建南巡檢一員俸銀三十一兩五錢二分養廉銀七十五兩兵皂民壯二十名共

工銀一百二十兩器械銀八兩

典史一員俸銀三十一兩五錢二分養廉銀七十五兩門皂馬六名共工銀三十六兩

鄉飲銀六兩

物產

穀類

香秔稻　三顆寸　泡桐糯　貴陽粘

二黃早　龍鬚早　玉蜀黍　大小麥

六楞麥　青皮豆　羊眼豆　紅飯豆

巴山豆　八月黃　小米　鵝掌

蕎麥　高粱　黑豆　綠豆

蘓麻　燕麥　洋芋　蕨粉

紅著

蔬類

山藥　毬白菜　萊菔　冬瓜

菘菜　蕓苔　油菜　芥菜

芹菜　莧菜　王瓜　落蘇

豇豆　萵苣　蛾眉豆　刀豆

葫蘆　薑　葱　蒜

韭　菠菜　百合　藕

藜蒿　茼蒿　洋合　茭筍

黃花　蹲鴟　香菰　苦瓜

瓠瓜　胡蘿蔔　凍菌　羊肚菌

菓類

香水梨　胡桃　銀杏　栗

柿　木瓜　枇杷　石榴

杏子　枳椇　柑　葡萄

紅棗　梅子　桃子　李子

櫻桃

花類

蘭　艷山紅　木筆花　山茶

水仙　鳳仙　剪春羅　芍藥

玉簪　薔薇　黃葵　槐花

桂花　雞冠　酴醾　棟花

菊花　蓮花　桃花　梅花

梔子　海棠　山丹　臘梅

瑞香花　牡丹　芙蓉　合歡

榴花　玫瑰

木類

樟木　楠木　檀木　梧桐

松　柏　杉　椿

柳　槐　桑　楓

黃楊　櫟　柞　冬青

苦桃　棕樹　白楊

竹類

紫竹　斑竹　荆竹　水竹
風竹　慈竹　南竹　油竹
鳳尾竹　龍頭竹

藥類

黨參　黃連　何首烏　厚朴
五加皮　沙參　天冬　桑寄生
苡芒　勾藤　天花粉　百部
半夏　南星　五倍子　牛膝
葛根　升麻　前胡　防風

玉竹　牛蒡子　羌活　獨活
紫蘇　荆芥　白芍　紅花
香薷　續斷　黃芩　黃柏
通草　木通　車前　黃精
香附　茴香　蒲公英　射干
貫衆　穀精　馬勃　土茯苓
女貞子　苦楝子　金櫻子　花椒
吳萸　粉丹　芒硝　禹餘糧
白石英　無名異　石灰　礆
斑蝥

禽獸類

雉雞　錦鷄　信天翁　杜鵑
百舌　啄木　鸜鵒　鳩
鷗　黃鸝　鷺鷥　翡翠
鳧　畫眉　竹鷄　鷄
鴨　鵝　麞　麂
兎　猿　狐狸　馬
牛　羊　刁翎

雜產

漆　蜂蜜　黃蠟　桐油
茶　皮紙　陰沉木　煤炭
鋼炭

按明史土司列傳巡撫劉慤條議言施州延袤頗廣物產最饒衛官朘削致民逃夷地云云蓋土廣人稀荒山未闢暢茂蕃殖自爾豐饒也自改土以來流人槩至窮巖邃谷盡行耕墾砂石之區土薄水淺數十年後山水衝塌半類石田尙何物產之有詢之故老言從前此地亦產棉花今則絕無其種衣裳之資亦市之外地山險水惡運負維艱地力之窮則亦無如之何也近日廣植苧麻尙可以此易彼而不知者顧病其多占穀土欲從禁制亦

利川縣志　物產　卷之四　十二

可謂不達物情矣至於伍伯市魁或抽私稅暴吏蠹役或派差徭此尤病民之大者仁慈之長所宜密查嚴禁庶可以少甦窮黎乎　本府志

附錄種樹一策原夫山川毓秀爭翹楚以呈材庶物芸生賴人官而利用是以南國之棠名伯所茇周道之杜君子來游降之子路治蒲林木表道國僑相鄭桃李垂街古君子念切民瘼無不辨土物之宜而廣種植之術也後世人情安於所忽不思爲備一旦卒遇凶荒茫然無措非盡民之不力也特上無以倡之耳自洪範周官以及漢魏代有實喆著書於本富墾田之外兼謀種植即我利邑樟楠楸杉素擅多材歷朝相沿資用不匱近日賊竄兵駐沿山之大木砍伐殆盡而岡巒之濯濯更難嘗矣幸邇來逆氛退舍邊隅靖安其地東界恩施南接咸來西連雲萬石砫北通巫夔處萬山之中羣溪外環高原十之九卑下十之一重岡疊巘嘉木蔥蘢可悅除木棉檳榔佛手榕榆荔枝橄欖外在在皆宜自改土以來土地開闢前人於力田之

利川縣志　物產　卷之四　十三

餘相其土宜種樹尤繁雖年計不足而世計有餘得以財足用饒旱潦有補不意地利之廢與人事之代謝不數年而風氣一變近來惟尚其利於漆茶罌粟黃連外其餘一切可種者概置弗講今試即物之與土宜者言之向之薏苡若明珠也今弗種焉向之香秔充玉粒也今弗種焉而且樟楠含沉檀之香栝柏稱棟樑之選菁茅竹箭之朋生也不減作貢之年癭木黃楊之輩出也可備雕鏤之用而今皆弗種也然此特舉其尤著者他如木瓜

可敵宣城香梨酷似哀家以至普舍含情楓入成瘤令又絶不聞矣百姓日用而不知必待洞悉民隱者出以預防之計用於一變之後有司作審其忌宜辨其燥濕授以種植之法遞相教誘計丁分畝親臨督勸蠲其雜派差徭務令地無遺利民有餘財終歲之後復派保甲分按各處巡行點視驗其勤惰賞多罰少除枯補新俾屋角墻下不使有缺未種者責在保甲三年之後必成矣蔭將見良材鬱勃可供斧斤矣實離陸可充口食縱遇

凶荒不無小補是則以十年之計足一方之財以百里之官剏千秋之利民不勞而惠溥功易立而難壞矣昔韋孝寬植槐代堠周文帝聞之曰是豈得一州獨爾當令天下同之可見無處不當樹木也爰舉土物之宜以俟觀風者擇焉

武備志卷之五

知利川縣事何蕙馨監修

營制

文德誕敷土著歸誠要害無庸堵防武備似不必詳載然營哨因時損益之制塘汛往返遞送之程宜悉也志武備而塘汛附其後

康熙四年以荆州鎮前營遊擊移駐施州衛雍正十三年改協轄左右二營乾隆十年以右營守備一員駐利川忠路

千總一員駐縣城

把總二員一駐建南一駐南坪堡

外委千把總二員一駐忠路一駐官渡

額外外委一員駐

以上本湖北通志

施南協右營營制本府志載入

分防右營守備一員存城外委把總一員駐忠路額兵一百零八名又分防五塘兵三十五名

駐防建南汎把總額兵四十六名

協防官渡汛外委額兵四十名
駐防南坪堡汛把總額兵六十九名
駐防利川縣城千總額兵七十名
以上右營所屬四汛三十五塘共兵三百六十八名

俸薪餉額

守備每年俸銀十八兩七錢六釐薪銀四十八兩蔬菜燭炭銀一十二兩養廉銀二百兩心紅紙張銀一十二兩坐馬四匹共銀四十兩零八錢計銀三百三十一兩五錢八釐

千總每年俸銀一十四兩九錢六分四釐八毫薪銀三十三兩三分五釐二毫養廉銀一百二十兩坐馬二匹共銀二十兩零八錢計銀一百八十八兩零八錢

把總每年俸銀一十二兩四錢七分一釐薪銀二十三兩五錢二分九釐養廉銀九十兩坐馬二匹共銀二十兩零八錢計銀一百四十六兩零八錢

外委每年養廉銀十八兩馬占餉二十四兩米三斗六升共銀二兩五錢二分馬乹十兩二錢計銀五十四兩七錢二分

額外外委每年支領馬占餉二十四兩米三斗六升共銀二兩五錢二分馬乹十兩零二錢計銀三十六兩七錢二分

馬兵每年每名支領馬占餉二十四兩米三斗六升共銀二兩五錢二分馬乹十兩零二錢計銀三十六兩七錢二分

戰兵每年每名銀一十八兩米三斗六升共銀二兩五錢二分計銀二十兩零五錢二分

守兵每年每名銀十二兩米三斗六升共銀二兩五錢二分計銀十四兩五錢二分

塘汛

駐劄利川縣城守千總一員　分防八塘
火舖塘　長炎塘　石板頂塘　高穴口塘
九渡屯塘　三渡屯塘　大小箐塘　大坡壋塘
駐劄忠路營守備一員汛兵三十五名分防一汛七塘
乾溪壩塘　堰水塘　沙溪塘　陽坡地塘
石灰窰塘　水田壩塘

駐防南坪堡汛把總一員汛兵十七名分防九塘
孫家塘　潭弍溝塘　繼長壩塘　張家村塘
爛井壩塘　磁尚溝塘　瑪瑙寺塘　老支羅塘
大坪屯塘
駐防建南汛把總一員汛兵十七名分防一汛十二塘
關渡汛 汛兵九名 臼楊塘　清灘溪塘　後鄉塘
仙女凫塘　馬槽壩塘　下道子塘　大木峯塘
小谷溪塘　回子坡塘　黑溪塘　沙子溪塘

兵事

兵事之設王者所以資捍衛也利川在前代爲徼外改土後治同內地明末姚黃十三家之亂嘉慶初叉被教匪闌入一時官弁率領士民兵丁勦捕淨盡義勇之節是可志也志兵事而歷代控制蠻疆之路即附於後

嘉靖中支羅土寇黃中叛楚撫谷虛中奉命征討檄叅政曹三陽督偏副使吳邦彥紀功副使王紹元監軍叅政洪逵督哨指揮湯世傑沔陽指揮王楹辰州衛指揮楊某等領永順五寨及本衛官軍攻勦黃中聽撫解院磔於市餘黨悉平

萬曆四十年忠路土官覃寅化覇佔民田仇殺撫夷章守愚檄指揮唐符勘明伏辜立土漢界碑

國初闖獻餘孽率十三家餘燼入衛地肆屠掠與土司戰於城南大破之移營容美戊子轉屯施南司賴有朱經略招撫之後有與山王觀興者賊黨三家之一僞荆國公其弟昌僞襄陽侯初駐巴東隨遣其僞總兵劉太倉鎮衛殘酷百端會觀興至

衛衛人哭訴乃撤駐南坪民間謂之劉營己丑獻賊餘羹李來亨高必正姚黃等迭至擄人口索金錢贖之辛卯劉體純綽號二虎者至擄無所得盡剥男女衣赤身放歸鳳衛侯牟文綬家居詐賊秦王檄檄之去癸巳孫可望兵自貴州至大索乙未二虎忿文綬欺己刼牟村時文綬已没洗其家丙申正月覲興已逐劉兵屯南坪老營衛民謂之王營而旋屯馬寨村丁酉復屯衛戊戌屯戎角村施東境也己亥復至衛城驅士民於戎角偏伍派役

遍摉山谷謂之打糧川湖兩督幾次招安不聽殺其使甲辰夔府巴東諸賊蕩平賊始懼欲降又爲僞黎謀蔣尚膺所阻衛舊指揮陶啟唐等與士庶暗結投誠盡爲覲興截殺毅然亦决策投誠矣乙巳正月出山大驅民同出壯威民扶老携幼踐踏棄捐死者過半至巴東壓衛人於船底而地方了無人跡始覲興於諸賊爲稍有恩繼怒衛背已故脅之出至荆州賴湖督張親臨撫慰給票糧遣傒尚謀送回籍五月抵衛城中屋僅數椽遣官靳宗臣同衛舊弁朱純捧檄招安各土司七月設遊擊千把領兵防守餙巴東民及塘兵運米接濟時康熙四年也尚謀專主民事披荆棘教耕種哀鴻漸集其留荆者十二三焉順治五年譚毅譚宏余大海等不時出没殺掠無算十月王光興及其弟昌率羣賊駐南坪光興招集難民約束軍旅大江以南頼以少安十三年光興以官兵漸逼遁於施州衛康熙三年仍降按光興即覲興

順治十四年流賊劉二虎復入施州百戸陳世凱

率鄉勇敗賊於堰水康熙三年王光興盤踞施州總督李蔭祖檄諸土司擊之殺光興子戎旗光興降

順治十六年川陝總督李國英遣將分兵平忠路賊寇

嘉慶元年內閣奉

上諭汪新奏利川賊匪全行撲滅一摺覽奏欣悅此項川省奉節賊匪竄入楚北利川境內經汪新派令副將樊繼祖統兵堵截並令恩施利川二縣約會

奉節縣曉諭居民同心併力會合奮勦旋經各該縣尹英圖陳春波周景福會同千總外委等共相激勸督率三縣士民於利川縣長堰塘樓子壩等地方殺死賊匪一千數百餘名生擒賊頭目四十餘名又因賊分兩股奔竄兵勇亦分兩路追勦殺賊二千餘名生擒二百二十餘名地方賊匪全行撲滅所辦實屬可嘉除汪新等已另加優賚外該省錢糧前已有旨普行寬免此次恩利二縣鄉勇士民均能齊心奮力同聲敵愾著再加恩將應徵錢糧再行蠲免一年以示獎義推恩無已至意

欽此

嘉慶二年九月二十三日奉

上諭奉節賊匪楊秀漋湯永禮等兩股合併擾至利川地方賊眾共有萬餘距施南郡城僅有百餘里距利川僅四十里該縣又無城垣雖經汪新派令副將樊繼祖帶兵前往堵勦又續派叅將朱廷荃等馳赴該處但軍力無多不敷勦捕之用現在額勒登保等所勦竄匪林之華覃加耀竄至巴東距利川甚近境接毗連不過幾站之路額勒登保等如此時已將林之華等拏獲即就近移師往勦毋使再有蔓延勾合

按利川爲明末流寇所虔劉凋殘特甚迨乎王師南下斯民始慶更生重以吳逆之變茲地復經騷擾至於武功奮伐芟蘗悉除士舍歸城穴竄息爭澤鴻漸集涵濡生息已百有餘年生齒之繁同乎內土比及嘉慶初年教匪闌入利川復被其毒迨兵勇勦捕又復奔逸四出延至六七年之久大兵四合始就蕩平其時官紳士庶效忠義勇之

風昭乎遠近永宜詳載以示來茲第事關全省各邑冊檔未全傳聞異辭殊難傳信惟節年捷音奏

報

諭旨宣昭謹按年恭載其間同澤之歌

恩綸褒美

卹典優隆具見武勳忠義諸志焉

控制

嘉靖七年忠孝安撫司把事田方者數十人稱亂

貢僞造關文騷擾驛傳應天廵撫以聞兵部議土
司違例入貢且所過横索恐有他虞宜嚴禁諭
三十三年龍潭安撫黄俊素貪暴據支羅洞寨以
踞䟦殺人繫獄會白草番反俊子中請立功爲父
贖罪又自求爲副指揮賄當事者許之俊出益驕
洒與中及羣盜李仲實等恣行於雲陽奉節間副
使熊逵等計擒俊與仲實俊死於獄中自縛出降
執餘黨譚景雷等自贖帝命追戮俊梟首仲實等
論斬中謫戍而賞有功者

乾隆元年忠路安撫覃大宝一日奏五事上語多
不實請究治
鄒均方輿纂要云施州衛外蔽夔峽内遶山溪道
至險阻蠻獠錯雜自巴蜀而瞰荆州者咸以此爲
出奇之道又云諸夷皆由地名七藥山南坪出没
重夔地方刼掠爲患又云彼蜀於該地方設有南
坪等二十四堡亦不能禦止之又云隨查南坪堡
迺諸路之衝要各堡之總會也其公署墻垣經畫
規制視各堡爲雄壯完固合將制瞿守備移鎮南
坪則諸夷憚重職之尊嚴畏官軍之衆盛自將消
其刼掠之奸而不敢任情出没矣其守堡軍糧就
將近堡坪上三屯並馬橋壩牟站二屯輸納施州
倉屯糧照數扣貯支給

官師志卷之六

知利川縣事何蕙馨監修

文職

利川雖越在邊鄙而報稱之難同於大邑前代分隸土司已不能詳改土後置守令立學官增營弁有檔案可稽者代不乏人其文章政事皆卓卓可述惜向來邑乘缺如湮没無傳兹就郡志所載暨丁亥後又增入二十餘人其治績可紀舊有小傳者因之志官師

利川縣知縣

李行修	山東歷城舉人	乾隆元年
湯應求	廣東臨川舉人	乾隆四年
龔師勝	直隸盧龍舉人	乾隆七年
莊熊芝	江蘇陽湖進士	乾隆十四年
鄭鵬	福建霞浦舉人	乾隆十七年
馮湛	直隸南宫舉人	乾隆十八年
徐泓	順天大興舉人	乾隆十九年
金祖昌	江蘇吳縣進士	乾隆二十五年
程瑄	江南儀徵進士	乾隆二十八年
李常吉	浙江海塩舉人	乾隆三十三年
彭同祖	江西溧陽舉人	乾隆三十六年
王蒿高	江蘇寶應舉人	乾隆三十八年
湯廷芳	浙江仁和廩貢	乾隆四十一年
李延渭	山西安邑舉人	乾隆四十三年
陳象渭	江西高安進士	乾隆四十六年
管應祥	浙江海寧舉人	乾隆五十二年
張宗孔	山西鳳臺舉人	乾隆五十四年

陳春波	福建侯官進士	乾隆五十七年
程鼎	安徽休寧舉人	嘉慶八年
達清阿	滿州進士	嘉慶十一年
韓厥田	山東淄川進士	嘉慶十六年
張兆棨	順天寶坻舉人	嘉慶二十一年
王星榆	安徽合肥進士	嘉慶二十五年
齊廷芳	直隸寶坻舉人	道光二年
黄照	廣東東莞舉人	道光五年
姒朝琯	四川瀘州舉人	道光八年

王汝彲 河南信陽監生 道光九年
李㣧 安徽鳳陽舉人 道光十二年
李彥昭 福建侯官舉人 道光十六年
段旭 江西都昌舉人 道光十八年
王本立 河南羅山進士 道光十九年
金寶樹 江蘇元和進士 道光二十一年
彭惠疇 江西新昌進士 道光二十一年
吳人彥 安徽涇縣監生 道光二十二年
袁景暉 河南光山舉人 道光二十八年

常懿麟 山西鳳臺增貢 道光二十八年
徐文灼 順天宛平增貢 咸豐元年
祁垛 山西高平廩生 咸豐二年
趙廣恩 河南洛陽舉人 咸豐四年
張積祺 山東濱州監生 咸豐四年
陳文灼 四川華陽吏員 咸豐六年
高炳臨 福建光澤舉人 咸豐七年
文桂 滿州舉人 咸豐八年
陳文炤 浙江山陰監生 咸豐十年

楊宗時 順天涿州供事 咸豐十年
黃調佑 安徽合肥舉人 同治元年
何蕙馨 河南息縣增貢 同治二年

利川縣訓導

戴廷杞　蒲圻舉人　乾隆十七年
石世守　咸寍歲貢　乾隆五十二年
衛大章　南漳廩貢　乾隆五十四年
張定模　當陽歲貢　乾隆五十九年
王三儁　宜昌廩貢　嘉慶十年
李世傑　當陽歲貢　嘉慶十八年
石懷逵　黄梅舉人　嘉慶二十四年
郭文琇　蘄水歲貢　道光三年

楊文焯　江夏優貢　道光六年
廖昇　黄州舉人　道光十六年
李泰齊　安陸廩生　咸豐六年
楊必昌　襄陽廩生　咸豐八年
危逡漢　德安增貢　同治三年
徐崇文　黄州附貢　同治四年

利川忠路縣丞

任應辰　山西汾陽捐貢　乾隆元年
何讜　順天宛平監生　乾隆九年
高世俊　江蘇陽湖監生　乾隆十四年
葉道傳　江南無錫監生　乾隆三十年
劉永誠　江西南豐舉人　乾隆三十四年
景啟昌　順天宛平生員　乾隆三十八年
武凌霄　山西汾陽監生　乾隆四十二年
李寶第　山東惠明監生　乾隆四十五年

楊界　漢軍正黄旗監生　乾隆五十一年
王三錫　湖南泌陽拔貢　乾隆五十三年
何澤葳　福建光澤拔貢　嘉慶三年
鈕鈞鰲　江蘇武進供事　嘉慶九年
杜瀛　福建龍巖監生　嘉慶十七年
繆廷瀘　江蘇江陰監生　道光七年
賀槃　山東歷城議敘　道光十九年
郭翰京　山西介休監生　道光十九年
沈松齡　浙江仁和監生　道光二十年

龍栢齡　廣東順德監生　道光二十四年
楊鎮邦　廣東香山監生　咸豐二年
蕭汝鵬　江西平鄉經歷　咸豐五年
高拱辰　安徽貴池議叙　同治三年

利川南坪堡建南鎮巡檢

南坪　俞世發　順天大興供事　乾隆元年
建南　關繼宗　直隸安肅吏員　乾隆元年
南坪　徐猷鐸　湖南巴陵吏員　乾隆七年
建南　樊鎰　浙江山陰供事　乾隆九年
南坪　陳淮　浙江山陰供事　乾隆十四年
南坪　孟懷遠　浙江會稽供事　乾隆二十五年
南坪　宋迺璟　安徽石球監生　乾隆二十六年
南坪　凌艮培　順天宛平供事　乾隆三十八年

南坪　徐梅　浙江仁和監生　乾隆四十三年
建南　王懋仁　四川城都監生　乾隆五十年
南坪　王霖　浙江山陰供事　乾隆五十二年
建南　鮑士彬　安徽青陽供事　乾隆五十三年
建南　徐誠　江西宜黃供事　乾隆五十七年
南坪　徐綸章　順天宛平供事　嘉慶七年
南坪　藍崧　湖南巴陵吏員　嘉慶八年
建南　范地光　山西平遥貢生　嘉慶八年
建南　陳寶善　直隸慶雲監生　嘉慶十二年

南坪	陳　璞	順天大興供事	嘉慶十六年
建南	嚴　聲	浙江烏程監生	嘉慶十九年
建南	童鳳梧	浙江山陰供事	嘉慶二十三年
南坪	張成濬	浙江山陰供事	道光二年
建南	劉聯第	四川隆昌吏員	道光二十一年
建南	李如璠	廣東香山監生	道光二十六年
建南	胡傳溎	江西南昌監生	道光二十七年
建南	徐錫齡	順天大興議敘	咸豐九年
建南	喬　楨	陝西富平監生	咸豐十一年

南坪	蔣見坒	順天宛平典史	道光二十二年
南坪	彭昌齡	湖南湘潭從九	咸豐十年
南坪	凌治鑑	陝西長安巡檢	咸豐十一年
建南	萬　定	順天大興監生	同治三年

利川縣典史

楊　瑱	順天宛平吏員	乾隆元年
王允明	山東福山吏員	乾隆四年
任振聲	浙江山陰監生	乾隆八年
張國襄	順天大興吏員	乾隆十九年
王　芳	順天大興吏員	乾隆二十五年
劉旭昌	福建平武監生	乾隆三十八年
賴國佐	四川肅陽監生	乾隆四十二年
凃一雲	福建長汀監生	乾隆四十九年

李裕泰	河南武安吏員	乾隆五十六年
張裕莊	安徽桐城監生	嘉慶五年
趙中培	河南固始監生	道光元年
章　模	順天大興供事	道光六年
王錫慶	順天大興議敘	道光十五年
朱雲璈	順天大興監生	咸豐元年
殷　槐	江蘇上元供事	咸豐十年
張符德	河南桐柏監生	同治元年

乾隆四十九年將湖南辰州府同知裁汰改設捕盜同知駐利川縣建南鎮先是公署建設小河場乾隆六十年移駐利川東門內

余學禮　浙江歸安拔貢　乾隆五十年

朱炘　江西南昌舉人　嘉慶三年

張許　陝西潼關舉人　嘉慶六年

賈炳　河南濬縣進士　嘉慶十一年

徐潤第　山西五臺進士　嘉慶十六年

甘立朝　江西奉新監生　嘉慶十九年

賡音泰　漢軍鑲黃旗舉人　道光五年

韓印海　浙江平湖監生　道光十一年

陳志魁　福建羅源進士　道光十三年

馬安時　山東臨邑拔貢　道光十四年

林汝梅　廣東海豐附貢　道光十八年

覺羅繼輔　正藍旗滿州監生　咸豐六年

周會文　河南宜陽監生　咸豐十年

炳元　正藍旗滿州舉人　同治元年

吳久安　湖南安福監生　同治二年

施南協右營額設官弁自道光元年起至同治四年止歷任員弁各籍貫出身任卸日期銜姓員名分駐汎防處所管轄三十五塘馬步戰守兵數目

施南協右營額設官弁兵丁員名

守府一員　千總一員　把總二員　外委二員

額外外委一員　馬步戰守兵二百九十名

馬兵二十六名　戰兵三十八名　守兵二百二十六名

右營駐劄利川縣屬忠路營　守府一員

張朝鳴　係湖北武昌府江夏縣人由行伍歷陞本協右營守備嘉慶二十一年九月初五日到營任事道光四年八月二十九日卸事

王洪剛　係湖北鄖陽府鄖縣人由行伍歷陞本協右營守備道光四年八月二十九日任事道光十五年十二月內委署本協中軍都司十二月十二日卸事

曹維藻　係湖北施南府恩施縣人由雲騎尉世

職委署本協右營守備道光十五年十二月十二日任事十七年十月初八日卸事

張金榜　係湖北武昌府江夏縣人由武舉歷陞本協右營守備道光十七年十月初八日任事二十六年九月二十二日卸事

黃維祚　係湖北宜昌府巴東縣人由世職雲騎尉調補本協右營守備道光二十六年九月二十二日任事咸豐二年五月二

十二日卸事

黃開甲　係湖北施南府恩施縣人由世職雲騎尉委署本協右營守備咸豐二年五月二十二日任事五年十月二十五日卸事

魏金榜　花翎遊府銜係湖北武昌府江夏縣人由武生歷陞本協右營守備咸豐五年十月二十五日到營任事同治二年五月內委署中營都閫本月初二日卸事

歐臣忠　係湖北宜昌府東湖縣人由宜鎮中營

雲騎尉世職委署本協右營守備同治二年五月初二日任事

城守外委把總一員所屬一汎七塘戰守兵八十二名

楊應忠　係湖北施南府恩施縣人由行伍歷拔外委道光元年十二月二十八日任事四年九月二十六日卸事

袁大才　係湖北施南府恩施縣人由行伍歷拔外委道光四年九月二十六日任事八年二月二十三日卸事

鄧士科　係湖北施南府咸豐縣人由行伍歷拔外委道光八年二月二十三日任事十一年七月二十二日卸事

黃元吉　係湖北施南府恩施縣人由武生歷拔外委道光十一年七月二十二日任事十四年八月十九日卸事

陳廷楠　係湖北施南府恩施縣人由行伍歷拔外委道光十四年八月十九日任事咸豐十年十二月十八日卸事

熊湘琳　係湖北施南府恩施縣人由行伍歷拔外委咸豐十年十二月十八日任事同治元年八月初一日卸事

燕啟標　係湖北施南府恩施縣人由行伍歷拔外委同治元年八月初一日任事四年五月二十六日卸事

張宗瑞　係湖北施南府恩施縣人由行伍歷拔中營外委同治元年六月十八日任事四年五月二十六日奉飭調任任事

駐防利川縣城守右哨千總一員所屬一汎八塘馬戰守兵八十八名

姜忠懷　係湖北宜昌府東湖縣人由行伍歷陞本協右營右哨千總嘉慶二十年四月十八日任事道光二年正月十二日卸事

譚永祿　係湖北施南府利川縣人由義勇出師著績歷陞千總道光二年正月十二日任事七年正月十八日卸事

胡名揚　係湖北武昌府大冶縣人由武舉歷陞本協千總道光七年正月十八日任事二十年五月初八日卸事

王宏遂　係湖北宜昌府東湖縣人由世職雲騎尉拔補本協千總道光二十年五月初八日到營任事二十二年七月二十二日卸事

袁開炳　係湖北省施南府恩施縣人由行伍歷拔千總道光二十二年七月二十二日任事二十四年九月十八日卸事

羅渭鷹　係湖北荊門直隸州人由武舉歷陞千總道光二十四年九月十八日任事二十八年十二月初八日卸事

談尚榮　係湖北荊門州遠安縣人由行伍歷陞千總道光二十八年十二月初八日任事咸豐五年正月二十二日卸事

秦殿魁　六品藍翎係湖北漢陽府孝感縣人由武舉歷陞千總咸豐五年正月二十二

日任事咸豐七年十一月十二日卸事
黃占超　五品藍翎係四川成都府崇寧縣人由行伍歷陞本協千總咸豐五年十一月十二日任事

駐防利川縣屬右營南坪汎把總一員管屬一汎九塘戰守兵五十三名

覃光斗　係湖北施南府恩施縣人由行伍歷拔把總嘉慶十七年七月初四日任事道光四年四月初八日卸事

胡名揚　係湖北武昌府大冶縣人由武舉歷拔把總道光四年四月初八日任事道光七年陞拔千總正月十八日卸事
譚永祿　係湖北施南府利川縣人由義勇拔陞千總因案核降把總道光七年正月十八日任事七年八月二十六日卸事
燕宗賢　係湖北施南府咸豐縣人由行伍歷拔把總道光七年八月二十六日任事二十二年六月二十六日卸事
嚴先登　係湖北荆門州遠安縣人由行伍歷陞把總道光二十二年六月廿六日任事

駐防利川縣屬右營建南汎把總一員管屬一汎五塘戰守兵五十四名

許應太　係湖北施南府恩施縣人由行伍歷拔把總道光元年十月二十日任事六年八月二十五日卸事
宋聯陞　係湖北宜昌府東湖縣人由行伍歷拔把總道光六年八月二十五日任事二十三年三月二十一日卸事

鄒偉成　係湖北襄陽府谷城縣人由行伍歷拔把總道光二十三年三月二十一日任事二十九年正月二十二日卸事
劉發科　係湖北宜昌府東湖縣人由行伍歷拔把總道光二十九年正月二十二日任事咸豐元年正月十九日卸事
孫廷彪　係湖北荆州府監利縣人由俊秀歷拔把總咸豐元年正月十九日任事七年

十月初十日卸事

袁泰來　係湖北施南府恩施縣人由行伍歷拔把總咸豐七年十月初十日任事

分防利川縣屬右營關渡汛外委一員管屬一汛六塘戰守兵十三名

張如奎　係湖北施南府宣恩縣人由行伍歷拔外委嘉慶十一年十一月十一日任事道光十五年二月十二日卸事

楊永海　係湖北施南府恩施縣人由廕監拔補

外委道光十五年二月十二日任事同治三年十二月二十三日卸事

田際楞　係湖北施南府恩施縣人由行伍歷拔外委同治三年十月二十三日任事

額外外委一員

張元安　係湖北施南府恩施縣人由行伍拔補額外外委道光元年四月初八日任事七年五月初四日卸事

余兆升　係湖北施南府恩施縣人由行伍拔補

額外道光七年五月初四日任事十三年正月十五日卸事

王廷芳　係湖北施南府恩施縣人由行伍拔補額外道光十三年正月十五日任事十六年十一月初十日卸事

朱占鰲　係湖北施南府恩施縣人由行伍拔補額外道光十六年十一月初十日任事十八年八月二十四日卸事

袁廷燦　係湖北施南府恩施縣人由行伍拔補

額外道光十八年八月二十四日任事二十年七月二十三日卸事

樂瑞璽　係湖北施南府恩施縣人由行伍拔補額外道光二十年七月二十三日任事二十二年六月初十日卸事

王桂森　係湖北施南府恩施縣人由行伍拔補額外道光二十二年六月初十日任事二十四年十一月初一日卸事

孫世和　係湖北施南府恩施縣人由行伍拔補

額外道光二十四年十一月初一日任
事二十七年九月初六日卸事

鄧朝儀　係湖北施南府恩施縣人由行伍拔補
額外道光二十七年九月初六日任事
咸豐四年十二月十二日卸事

李得榮　係湖北施南府恩施縣人由行伍拔補
額外咸豐四年十二月十二日任事八
年六月十三日卸事

寇延嗣　係湖北施南府恩施縣人由行伍拔補

額外咸豐八年六月十三日任事

世職

明永樂五年鎮南長官覃興覃忠覃英田大英覃天貴來朝稱係世職洪武中廢今招徠苗民三百戶乞仍舊從之同時設東鄉五路安撫以覃忠爲之隸施南既復設忠路忠孝以覃英田大英覃天貴爲之皆因洪武間蠻民散廢其治所今忠路等以故官子侄來朝奏請復設並從之各賜印章冠帶覃大宣爲忠路安撫司見控制紀畧

宣德二年設建南長官司隸忠路安撫先是忠路

安撫等各奏前元朝故土官子孫牟酋蠻等各擁蠻民久據溪峝今就招撫請設官司授以職事兵部以聞帝以馭蠻當順其情所授諸司宜有等殺兵部議以四百戶以上者設長官司四百戶以下者設蠻夷官司元朝土官子孫量授以職從所招官司管屬皆從之令三年一朝貢如故事

國朝忠孝安撫司田京前明長官司田永豐子康熙八年襲屢授總兵十九年告休子昌祚昌祚子璋遞襲至雍正十二年歸誠十三年改爲恩施縣璋隸

漢陽世襲千總璋故長子世位襲璋次子世海擢荆州水師營守備

忠路安撫司覃承國前明宣慰司進考之子康熙元年以征譚逆功襲前職子世藩世藩子建侯建侯子楚梓遞襲至雍正十三年歸誠改爲利川縣楚子隸漢陽世襲千總屢擢貴州提標叅將楚子故任章繡襲章繡故殿雄襲雄故弟殿勇襲

沙溪宣撫司黄天奇康熙四年襲天奇子楚昌子正爵遞襲雍十三年裁其地入於利川縣乾隆年

間正爵隸江夏縣籍世襲千總乾隆四十六年正爵故子恩榮襲陞福建延平府守備

建南長官司雍正十三年裁其地入於利川縣謹按各土司自元明以來不及詳考惟歸流以後各司承襲生卒極爲詳明蓋有册檔可徵故也雖改土以後籍隸江漢諸縣其先故施人也仍登諸志

名宦

利在前代名宦無處考查府志又或不盡載今於已列祠祀者次序於前其他或有功德或死事此地者亦依時代爲傳附所以慎祀典亦不没人善也志名宦

李堯德永年人己未進士支羅土寇黄中既平議設兵備駐扎振武敷文誅黄中族黨後歷陞陝西廵撫 見舊衛志

汪澤歙縣人衛經歷支羅土寇黄中負固攻圍數月不克澤冒險登寨開諭黄中降川兵妬之追廹失足墜崖死今都亭山高冢猶存

田三樂直隸深州貢生任施南知府乾隆四年詳

請利川生童另編新字號附恩施一體考試作育人材有足多者

張應壽江西沿山副榜任施南府詳請利川縣設學官併入學額數修考棚免生童遠赴宜昌附試之苦至今賴之

尹英圖字北窻雲南蒙自進士授恩施知縣嘉慶元年川匪竄入利川公會利川知縣陳春波勦除净盡事聞

特旨加知府銜七年授施南知府 詳兵事志

湯應求江西臨川舉人乾隆三年任利川知縣邑自改土後治具未定前令以難治去任大府因其令麻城有能聲乃調茲邑下車之始卽仿麻城規制創衙署文廟多方撫䘏勸民耕作撫字十年不辭勞瘁由是四境安謐人民得所至今父老猶稱道弗衰在麻城折楊五姑之疑案著有警心錄書傳世

王萬高江南寶應進士遷利川知縣懲啯匪撫良民恩威並行置義倉義學善政具舉

陳象渭江西高安進士令利川涖政明敏獄訟衰息興利去害講學課士歷官五載去後民思之入名宦祠焉

高世俊江蘇湖陽監生利川縣丞居官勤慎佐理有循聲

葉道傳江蘇無錫監生利川縣丞禮賢下士每月五日一課生童備酒食給花紅是時生童赴宜昌試公捐助資斧一時入泮者忠路十居七八士民至今稱頌不忘

戴廷杞號酉山蒲圻舉人任利川訓導時初設學公倡修學校日集諸生訓以經義邑之文風賴以振興後陞鄖陽府教授又任常德府學教授時利俗醇樸因家焉至今子孫猶盛

李寶第山東惠民人利川縣丞與民休息閭里安全修建義學延師訓課民懷其德

王　霖浙江山陰供事任南坪巡檢創修義學置學田以資膏火厥後入泮者南坪為多嘉慶二年堵禦賊匪頗著勞績

樊繼祖四川三臺人以祖蔭任參將陞施南協副將嘉慶二年賊擾利川公率兵會勦全行撲滅

陳春波福建侯官進士任利川知縣修治學校招集流亡循聲著聞嘉慶元年教匪竄入公築土城團練鄉勇於王家山黃泥坡石莊坪長堰塘等處連破賊巢民賴以安

王三錫河南泌陽拔貢任利川縣丞才識明敏勤於吏職教匪陷來鳳公奉檄往捕與賊戰於城下大敗之後大兵至一舉蕩平而公及鄉勇之功力

爲多焉

張定模當陽歲貢利川訓導訓課勤嚴多所成就勸捐重修文廟及文昌閣嘉慶二年川匪入境公選派諸生多方捍禦復帶領鄉勇運解糧餉軍器護守糧臺　上憲保薦以年老辭後以積勞告歸病愈復任先後十八年賢聲最著年八十餘告歸雅擅詩才見藝文志

李光第山西歲貢署南坪廵檢清廉有守禮士愛民

張裕莊安徽桐城監生任利川典史嚴於緝捕盜賊風止斯民愛戴

韓厥田山東淄川進士任利川知縣清介有守勤政愛民嘉慶癸酉歲旱公齋祓祈雨甘霖立沛士民歡忭

張兆棠順天宛平舉人任利川知縣聽斷明決吏畏民懷興學校建書院培植士類邑人頌德

王星榆安徽合肥進士任利川知縣仁恕清廉勤於聽政講學課文多所成就修補城垣保障有寄涖任三年以艱去父老泣送

吳人彥字碩卿安徽涇縣人道光二十二年涖任攜老僕一官友二此外別無從人書役多所裁汰賦性慈良廉靜自守輕刑薄稅聽斷勤敏在任六載絕苞苴聖諭說遠眷屬亦無傔俏家丁公退之暇蒔圃學書後三年無命件無欵歲訟者一月不投審其案即銷去勸諭各保捐設義倉二十五處積穀三千六百石有奇以備旱潦合邑賴之惠政孔多治績卓卓後陞宣威州知州黎民懷之豎德

政碑於縣治東門外後常鏡峯爲之撰記書丹詳見藝文志

選舉志卷之七

知利川縣事何蕙馨監修

科貢

利邑於乾隆四年始改土學校未廣士之振興無由也宏詞一科僅見於宋有明一代舊志無傳畧志數人以勵後學而武勳附焉

詹　邈　都亭里人元佑三年舉博學宏詞科第一

李耀瑚　嘉慶已卯進士雲南易門縣知縣

潘澍之　道光已酉科舉人

拔貢

李光南　吳尚貴　賀伯厚

夏曰瑚 甘肅秦州州判　潘潤之

恩貢

冉大進　羅才美　王應璠

劉仕俸　冉大璽　牟維思

覃梓彬　劉雲富　鄭盛僑

李耀椿

歲貢

冉時雍　牟漢勳　冉萬崇

譚一信　譚鍾翰　鍾惟翰

冉紹捷　冉正義　牟承佩

張世昱　黃世澤　牟承勳

解宗朝　譚紀修　譚鍾科

冉武清　牟天元　覃世煜

郭文選　蔣德馨　李天德

張宗顏　牟秀簡　冉武清

李明桂　田大業　郜　鵬

翁　懋　賴宗德

劉　菁　牟天禧　曾以魯

解學純　鄧賢才　潘周仁

吳　江　李宗白　郜　鼎

冉壽益　吳小鵬　冉復初

吳　藩

武勳

牟海鸞　都亭里人天啟四年以黔功授貴州守備

牟海龍　都亭里人崇禎二年以渝城功授漢中守備

覃奇勳　隨督師王三善勦貴州賊有功加總兵忠路宣尉使

覃進孝　奇勳子隨楊嗣昌勦賊有功晉封忠勇侯加宮保

黃　檄　副總兵投誠後升陝西鳳翔府都督總兵

牟大元　四川征伐西路功陞驍騎將軍

牟大寅　施州衛都亭里屯籍順治十六年率眾歸誠川陝總督李國英提授副將進勦川東哀郝逆賊有功加署都督僉事康熙十一年為浙江金華協副將十三年調征金衢等處加陞定海關總兵掛將軍印賜以銜誥甲寅年八月初三日閩逆偽都督包大生據寨廹脅居民寅分路統兵殺賊逃竄是月十九日東陽縣被賊圍困寅開東門殺出內外合兵破賊營二十七座是年九月初十日賊進金華山鄭店村寅統兵進擊自辰至午鏖戰賊棄四走且殺且退時溫州鎮陳世凱入賊巢穴寅為救援殺獲得勝二十一年加陞松江提督即於是年十月十九日歿於浙江任所

欽賜御祭墓誌神道碑文未及備載乞骨表附　奏為

國恩未報臣病將危謹披瀝陳恭請

天恩竊臣於順治十六年率眾歸誠川陝督臣李國英

提授副將隨師進剿西山等處功加署都督僉事康熙十一年推陞浙江金華副將十三年閩逆變亂突犯浙江界蒙督臣李之芳令調進剿金衢各屬屢著戰功蒙恩授左都督紀功一次記級二次現在鎮守室闕又授松江提督伏念臣本一介武夫叨受

皇上隆恩異數雖肝胆塗地不足補報稱自分靖消海逆鞏固衡江本歲正月間統率舟師搜剿南北兩岸涉歷風濤積勞成瘁隨於十月初旬染患對口

腦疽醫藥無效命在垂危惟是
國恩未報死何瞑目且臣原籍湖廣施州衛人氏自十
三年湖南變阻臣之八旬老母憶子奄逝妻孥家
屬聞問隔絕幸於五月內甫得來浙不期又遭病
患臣死在旦夕萬里程途零丁孤苦情殊堪憐有
子牟登豫隨臣征勦雖蒙提給守備劄銜未遑圖
報是臣蟻莫展啣結於九泉也臣謹瀝血具疏恭
請
天恩伏乞睿鑒 牟氏家乘

陳世凱 詳鄉賢志

牟文綬 詳人物志

牟登豫 大寅長子授湖廣夔鎮右營守備

覃承國 進孝子忠路安撫使

牟之弼 原任遼東遼陽標騎將軍

牟正道 原任叅將誥封翼將軍

黃樞 援勦都統

張成榮 陝西留壩營守備

黃龍 沙溪司人勦平黃中調升山東青州總
兵

部貞叔 都亭里人洪武十六年充總旗管軍千
戶

黃登明 沙溪司人授江南鳳陽府都督總兵

陳世奇 凱堂兄以功授都督僉事

陳紀 凱養子以功授副將

牟大襲 詳孝義傳

陳天培 凱長子由世襲歷陞浙江提督

陳天開 凱次子由侍衛任江左游擊

陳天錫 三等侍衛任永昌鎮游擊

陳天輔 任台州守備

陳天德 江西撫標千總陞守備

陳有年 凱三子由侍衛任湖南提標左營游擊

曹夢熊 利川行伍乾隆四十年署宣恩千總

陳重乾 四川黔彭守備

陳光漢 凱四子浙江台州協守備

部勝 部貞叔長子永樂八年襲父職

牟文祿 授川北鎮標騎將軍

牟海師　原任川北鎮左營副將
黃中和　天啟時人征貴州陽雀寨封沙溪宣慰
使
陳思遠　凱長孫由世襲任廣東湖州游擊
黃杓　山東壽光營千總升登州指揮
牟世璦　原任山西平陽鎮標騎將軍
郜大貴　勝長子襲父職
郜文　大貴長子弘治十年襲父職爲千夫長
牟大壽　原任四川保寧等處總鎮都督

向有功　官總兵子儒選官游擊
黃天燦　四川黎雅營游擊
李如會　陝西潼關鎮千總
牟大猷　隨營標騎將軍
郜斌繼　文長子正德十三年襲父職
黃天炤　山東青州營叅將
牟登巍　原任湖廣督標世職明威將軍
郜永管　斌繼長子嘉靖元年襲父職
黃天煒　援勦副將總兵

牟之龍　隨征標騎將軍
黃天熺　援勦都司
牟承瑛　管理江南總督河道營標河營都督
譚德芳　宣恩千總
牟國恩　原任川北鎮威武將軍
李殿揚　利川世襲雲騎尉
牟承玨　孟河營游擊

嘉慶元年以後勦除賊匪死事弁兵義勇
崇祀昭忠祠者

牟承煜　李世章　賈光祿
羅世俊　朱承鵬　黃國棟
覃章經　李昌茂　張仁義
賈玟　金萬富　高宏明
馬應鳳　張明申　石天明
吳天爵　谷而成　鄭國明
卞世國　金魁　劉玉
谷勝敖　羅仁義　楊應宗
黎朝安　陳正義　楊與貴

李國權　孫開國　楊文明
楊作倫　謝世華　楊之友
劉俊　吳天明　向學義
楊大魁　鄢學明　錢寶賓
鄧廷魁　陳才申　鍾志順
楊宗明　連世遠　冉明
王大魁　蔣達林　李國榮
蒲長青　郤文舉　謝太
馬大貴　夏長鳳　牟秀禮

陳景文

以上利川兵丁

冉明康　莊老么　方來新
冉天明　譚宇英　冉光美
劉洪才　牟楚材　向元鳳
張榮錦　楊明受　舒貴英
冉大常　譚甫義　鄒大明
劉通富　牟振先　朱勝功
楊明都　栢占魁　吳存義

蔡善元　陳德明　丁德明
牟大志　楊克修　譚三陽
鄧誠實　歐國安　姚奇章
黃世太　王德安　游世倫
譚在揚　向日佩　譚興位
何以禮　冉廷舉　冉明仕
周伯成　黃成武　周遠富
冉玉蓮　譚恒修　劉秀富
冉明舉　牟奇桂　楊洪

張選杰　冉光彥　童富
楊禮富　熊世祥

以上利川鄉勇

人物志卷之八

知利川縣事何蕙馨監修

鄉賢

利邑從古分隸不常唐宋元明僅載施州人物縣志既不敢闕亦改土非遥文獻無徵府志所載亦屬寥寥今究邑中之可考者增其未備而鄉賢忠孝諸傳各以類分而方技流寓附於後

巴蔓子周季人氏巴國亂軍將蔓子請師於楚許以三城楚安巴國後請城蔓子曰藉楚之靈克綏禍亂誠許是將吾頭往城不可得也乃自刎以頭授楚使楚王以上卿禮葬其頭於荆門山之陽巴國葬其身於都亭山山在利邑東與金字山相望有蠻王塚尚存

詹邈宋元祐三年舉博學宏詞第一祟祀鄉賢祠中潮守汝信見施蠻將變議陳五事以籌邊方云施州諸夷皆由齊藥山南坪出没重夔地方刼掠爲患將守備移駐南坪當時目爲迂濶未三載黄中叛人始服其先見

陳世凱字贊伯屯籍今利川縣陳家壪人國初黔滇蜀省猶未靖利地連蜀凱年十四與牟大寅統衆禦賊因獻策四川總督李國英隨征川東巫巴諸賊有功復從征閩逆耿精忠不着兜鍪攻賊身被數創不退卒拔其城軍中號曰陳鐵頭牟老虎官至浙江提總浙人感全溫之德祟祀名宦見湖北通省及府志著有陳氏紀略一卷

牟大寅屯籍今利川縣大塘人年十五即能統衆禦賊與陳世凱同功授定海鎮總兵殁賜祭葬勒石紀功　以上府志餘詳見忠義類

行誼

牟承五字建極號龍山利川諸生幼有遠志十六入邑庠食廩餼聞夏太史驪農先生掌教江漢書院負笈從之十餘載博極羣書先生甚器之當事鉅公更番考課選刻院文獨以承五居首於是名動遐邇州縣交聘延掌鹿門蘭臺墨池各書院門下列高科者指不勝屈而先生屢薦鄉試薦而不售年五十一歸以諸生終今南坪地名龍洞坪先

生故里猶存
冉大進利邑設學時恩貢也是時文風未啟公激
勵後學講解弗倦士林矜式之多所成就矽巨𨗳
林之華之未畔也偵諜道路僞以落魄遊利公相
共行徑知後來蹂躪一方者必此人也心憂之毎
以履霜堅冰之戒啟廸後人公歿後林果反其子
孫遵公遺訓防堵綦嚴合村得以無恙
覃章組忠路土司後裔雖出閥閱能護惜名義崇
尚廉儉正己率人負一方清望當時以接見爲幸

生子四克振家聲其季子殿颺尤聰慧諸凡技藝
靡不通曉惜早卒組晚年以琴書自樂於步天歌
尤多所發明享高壽無疾終向春谷有行述一篇
惜不及編入
劉雲富邑恩貢自幼性肫誠事親孝親沒春秋必
祭祭必哭泣致哀少從瞿交山遊交山沒後迎師
母於家朝夕奉養事之如慈母焉年六十二歲不
祿於家其侄盛芳明經克繼書香不亞竹林兩阮
黄楚昌施州衛學附生康熙時各司争併民鮮知

禮昌入學後力授生徒及襲土弁仍設官學延師
訓課公餘之暇自與講解並教弓馬令赴彝陵考
試文武遊泮者二十餘人
何東洋沙溪司人性耿介康熙時爲宣撫舍人土
官黄楚昌故隣司稟請與黄美昌協理司務納土
投誠後大憲飭宣
聖諭化導土民土弁遷隸江夏復奉司檄代買官業分
毫不苟守令欲酬其功詳請議叙固辭不受制軍
額曰賢能共仰子文林邑庠生教匪滋擾勒經畧

諭令帶勇堵勦賞以軍功亦不受
黄大松康熙時人少失偶守義不續絃惟事詩書
教讀六十餘年諸生吳至元安天聰皆出其門年
九十三歲無疾而終
鄧賢才邑之明經也性至孝十五失怙二十九失
恃居母喪水漿不入口者三日期而小祥始食齋
壇大祥始飲酒平生教學讀書不干外事傳家以
孝友爲先耕讀爲本弟兄友愛四世同居至咸豐
元年一家八十餘人始各爨焉壽六十三歲其生

平所著詩文兵燹後散逸無存子泳壽入邑庠蜚
庭訓也

冉洪陶生而穎悟幼有李賀之目成童入郡庠旋
食餼貢小樵督學來郡閱其文甚欣賞命赴省垣
肄業陶感知己之遇次年往投之無何貢以丁艱
去任陶流寓鄂渚緣水土不相宜致疾失醫客死
江漢卒年二十四歲嗟乎曇花乍現玉樹旋埋旅
櫬天涯精魂何依殊令人代爲扼腕

周常才農人也性誠實祖父無遺業爲人傭積錢

十餘串人借貸皆不可一日負錢至鄰近山頂掘
地窖之彼自以爲無知者忽有人自林中哭出曰
汝不慮竊乎周視之乃素識之李遠德也徐應曰
余數年儲積始有些須汝既見之愼勿言李曰諾
周將錢窖訖竟自回家後一年周病篤適遠德他
適復謀其友王鉅潮曰我有錢十餘串窖在某處
汝爲我取之以作葬費王姑妄聽之試掘其地錢
果在分文不購嗟乎周常才以窖錢被窺而不移
之他所是忠實有餘者也若李與王一則囑其勿
言而果不言一則命取之而不購其數非均可謂
廉而義者乎是皆可以風世矣

忠義

康熙二十四年五月二十四日都督管浙江定海
總兵牟大寅卒於家葬於都亭里之木瓜塘
皇上遣湖廣荆南道李同巴東知縣齊祖望代爲
御祭恭錄
宸翰曰鞠躬盡瘁固臣子之芳踪卹死報功尤國家之
盛典憶爾將軍當朕冲齡踐祚之初遭家多事之

日値川東裒郝逆命奮臂絶羣擒魁獻馘功蹟屢
紀朕加忠勇於十二年擢授金華協副將後於十
三年內加陞福建總兵
碩親王啓題以將軍功高小試驥足難展又於十六年
內復陞定關金衢等處地方兼理提督軍務總兵
官左都督同知仍帶紀錄加正一品榮祿大夫作
朕股肱才能稱職方冀遐齡忽焉長逝特頒祭葬
以慰幽魂嗚呼寵錫重壚庶享匪躬之報名垂靑
史聿昭不朽之榮靈如不昧冀其來歆

張仲勝利川人隨陳世凱等投誠從川督征劉二
虎等賊歿於陣
欽賜御葬並給銀贍其家塚在四川萬縣五通橋
于東庠利邑職員庠生克成之父也性慷爽賑饑
民助軍餉皆弗吝壬戌聞賊耗招撫團練堵衛一
方賊深銜之一日羣賊突入其室擄之去死不屈
遂及於難忠州孝廉張耀雲曾有詩弔之（載藝文志）
部典邑庠生賊踞來鳳時邑令命爲團總賊入境
忽被擄去典駡賊不屈奪賊短刀手及數賊衆賊

怒齊以戈矛重重圍之身中二十餘創遂遇難岫
雲居士弔以詩曰兇獷正披狂所至無不滅哀哉
部蔵才一鬪遂流血專閫非無人走避少雄烈畢
竟愧儒生尚死勤王節

孝義

牟大襲屯籍今利川大塘人與陳世凱同時以功
授副將劄勷賊事定繳劄歸田以養嫡毋生毋初
在兵戈擾攘中每食必具甘旨以進兩毋年七十
居兩毋喪涕泣如幼孩鄉人重之

陳金龍年九十七歲其爲人忠厚誠樸壬戌正月
賊將至命二子各逃遁長子臺富依依不離左右
賊至刺臺富項傷寸許未死人咸謂孝行所感翁
德庇之耳甲子翁卒臺富現在年六十有五
蔣立鑑文生蔣克艮之子賦性敦敏幼事詩書苦
心孤詣家貧親老年甫舞勺即以訓蒙作活計所
獲束修及東家所供甘旨咸送回奉親孝思不衰
父毋卒盡哀盡禮宗族皆以孝稱卒年四十七
蔣功明事繼毋如親生順承色笑數十年不倦有

子八人皆忠厚勤儉綽有父風睦宗族和鄉隣從
無戾言戾色可謂不踐跡之善人萃於一門矣
倪乾惠支羅十三保人也二歲失怙終鮮兄弟及
長天性純篤事　毋至孝毋年邁患足疾畏寒每
夜必將衾裯溫煖然後請毋就寢越二十餘年不
倦後爲毋祈壽朝酆都三次計程五百餘里赤足
短褐以表誠敬毋果享年八十餘歲
向鍾珍者老向地璽之次子與兄鍾川少勤農業
廿苦共嘗兄年近五旬失偶不再娶但因少時沾

體塗足過勞每夜畏寒弟遂之同衾爲兄煖足共寢十餘年未嘗廢離迄今友愛倍篤夫兄無婦而不續絃弟有妻而不同夢一則不娶以守義一則割愛以敦倫雖寢處之微儼有姜肱之遺風焉

冉永忠東鄙勇男也膂力過人一日醉後被賊禁去忠醒瞎將繩掙斷擬逃歸忽見胞弟亦被圍欲救之反白賊賊不允怒強之賊亦怒舉以戈逐之時忠手無寸鐵急擒一賊到手捉其足作流星舞旋轉如風左右迎敵兵刃莫能近賊首見舉重若

輕甚愕然呵令止以溫語誘之降忠不屈賊惡其倔強佯賜以酒食乘醉拉殺之棄尸於野弟目擊莫敢言但陰誌其地不久弟逃歸於死人叢中尋其尸衆皆無完膚或被野狗子嚙殘惟忠尸挺然僵卧無腐氣豈忠義奮發死後猶作鬼雄耶

何士寬忠路人性倜儻有膽畧尤敦孝友父没死塟盡禮廬墓三年識者是之同治元年邊陲告警寬欲倡議團練障衛一方奈同心應募者寡遂負氣奉母弟遠遁其季弟毋平昔尤愛憐之無何賊擄去母慟不欲生寬急欲紓母憂聞賊僞例圍去者戰馬洋烟可續於是市二物婉言別母去道逢逃難者駭問之告以故阻之曰子太迂視賊何太易徹諭虎豹叢中茫茫無尋處即如願子昆季皆英年賊必不舍且賊衆需戰馬嗜洋烟倘誤投別所奪而馬刼而烟進退狼狽矣寬曰仁人心也安有坐視骨肉倒懸而不爲之一解乎竟跨馬懷烟逕入賊營告以至情賊收其馬與烟泄泄然漫應之並不爲之蹤跡其弟寬知墮賊術不覺激烈怒罵遂遇害嗚呼寬亦人杰也欲解弟圍以慰母心殺身不顧可以愧世之掘地閱墻者故詳志之

劉岔廣圓包嘴人母死不飲酒茹葷除雙弓米外齋鹽俱不食廬墓三年日日泣血未嘗見齒哀毀幾至滅性誰謂古今人不相及也

王永貴忠路樵夫也家貧僅母與侄貴奉母撫侄極盡孝慈年六十餘無力娶烹爨自任每日以薪易米母食必精已與侄啜苦菜湯而已凶年遞減之慮母饑也生平無忤色高聲一日入山采樵失

兒隆懸巖下約百丈餘依然完膚且並無痛楚處歸亦不言恐傷母心也年七十慟失恃遂結廬於墓側仍舊負薪度日幸侄成立事貴一如事母焉

瞿一端建南九保人年二十二歲割肝救父父疾尋愈端亦無恙 馬志魁割股救母

楊順元建南九保人年二十三歲割股救母

喻年鴻妻石氏割股救姑

瞿世臺年十七歲割股救母

徐德寅忠路一保人割股救母

按孝順德也亦爲庸行身體髮膚受之父母不致毀傷古人所以重守身也割股一事有傷二

人心

功令弗重以其失之愚也之五人者以爲孝耶恐與則側相悖以爲非孝耶實又人所難能大抵平日孝行克敦出自性成値親病垂危慮其不起瞀亂惶惑計無復出遂激而成慟心之事是又不得不附於孝義之末以愧世之親疾弗顧湯藥弗侍者

流寓

谷際岐滇南人乾隆初翰林也乞假回滇因縣令陳春波會試出其門以師誼紆道來利時吳三錫扳貢館於署晨夕過從詩酒流連多所題咏錫三堂兄克純翁同梓省親谷作歌以贈白白雲何冉冉青山亦迢迢君有高堂宴愧我尚折腰吁嗟乎年年匏繫何日了木葉落兮風蕭蕭君去君樂我魂銷滇南回首隔重霄其他作多佚散

何金枝麻城人明崇禎時以茂才異等除西川南部令歷陞至監察御史奉命至沙溪司采辦皇木

値甲申之亂遂棄官隱居沙溪後川督李國英以原官屢徵不起臨終切囑其子但題其墓曰明故生員何金枝之墓

戴廷杞字酉山蒲圻孝廉乾隆十七年任訓導事性醇厚工制義時利邑初設學與諸生辨析經義寒暑不輟文風士習殊賴以振後陞常德郎陽兩府教授任滿後仍回利因家焉至今淳厚淳學其曾孫也

方技

鐵筆和尚峨嵋名僧也道行高潔崇禎初知獻賊將寇蜀遂打包來利於乾谿山之石峰寺開乞放戒陳守先率子世凱往叩之曰余小子弱齡嬉游克家無令名祈和尚示一偈以約生平和尚舉筆書曰鶴立松梢月魚行水底天風光都占盡不費半文錢是預知世凱後來必貴和尚亦神矣

耳壽禪師不知何許人明末掛錫古峰寺開乞說法每多奇驗陳世凱是時尚幼從謁問法和尚說

偈以贈之有海底紅塵玉兎走山頭白浪碧魚遊之句後世凱果位至提督甲申之亂莫知所終

梁山雙桂堂開堂祖師名破山有神悟避獻賊之亂寓忠路鎮國寺寺屬前宣慰司覃氏所建破山因與覃世藩善每從遊聽講無生妙諦康熙初羣寇蕩平破山思蜀一日往別藩値藩臥病未起遂於緜牕上以指穿四窟而去蓋示以仍返四川也其機鋒多類此善畫破荷葉殘缺翩反皆超逸有有致適豪右某獲其一張之中庭初弗貴也忽隣里不戒於火延燒殆盡惟張畫之屋巋然獨存始悟破山之畫能禦火災又云破山於後江河之石壁以口運津指書水晶宮三字於上至今日斜水面倒映懸巖三字猶及見之

劉懷明之妹母夢食仙桃而生閨字桃姑自幼不茹葷長不適人性恬靜至孝長齋俸佛母沒時水漿不入口者四十九日亦不饑人謂至孝所感洵然失恃後無依遂於圓包嘴之山隈誅茅結庵居之苦修多年悟徹內典値家庭鬩墻姑曉以外侮

大義爭始息咸豐初知世將亂一日無疾坐化

僧清遠一品山披剃僧也打包都門住龍泉寺雖逃墨而爲人多氣節時吳錫三辛酉選拔會北上歿於京清遠敦鄉誼五千里命人送柩回利其子崑山作書致謝清遠覆云弟自去春退居以後一意撿藏不染外緣至爲尊大人歸櫬一事亦一時激於義氣卽援以桑梓之誼方便之道亦我僧家分所當爲來函諄諄奨譽使弟益增赧顏倘先生不忘舊好於家師處鼎力護持則感情多多矣味

其言亦方外之矯矯者張船山有訪清遠詩見藝文志

尉罨林巴陵人善丹青得馬遠家法初寓南坪後僑居邑之南華宮性嗜酒倜儻不羈賣畫得錢喜爲文字飲凡讀書有氣骨者靡不交兼通內典二氏者流亦時時來往詩非所長曾記其題大米山水圖口占一絶云濃雲潑墨失林巒雨過樓頭客倚欄兩眼放開無着處不如自己畫來看之句其傲岸可想或有問罨林曰畫家何以不畫猪罨林曰子幾見扇頭屏幛有寫八股者乎倘寫之賞鑑家必譏其俗味罨林之言殊耐人思

馬道人自郁山鎮來利住毛壩之關廟爲人温良樂易少遇異人授以眼藥方去翳障有奇效遠近延請者無虛日從學數十輩依方和藥以小竹筒七寶藥其中雖挾技以遊而奏効終不若此道人之速

鍾靈子姓張成都人於鍾山結茅而居乾隆時郜鵬明經往訪之見其丰度不凡語多元妙甚敬之一日示鵬以金丹大道鵬不喻遂不復言後再訪之莫知其向惟見壁上一絶云非儒非釋亦非仙小住鍾靈又一年煉就金丹無贈處一聲長嘯返西川

張三丰火龍真人高弟也嘉靖時混俗和光雲遊川湖將有所度一日過邑之石穿山題詩於壁曰混沌何年石鑿穿廻光返照一輪圓人從月窟間來往悟得空空便是仙至今字跡依稀尚存

僧錫極西蜀人崇禎初掛錫於邑之忠路七保謂其鄉人曰成都黑氣蘊隆磽朽交加覆軍象也今年元旦風從西方來五車之北礪石四星甚明野

雞積尸二星又復光芒搖動正照益州巫夔以上不久變爲戰場當年太歲幸臨諸君所居之地樂土也可以避災貧僧願假峰前片席之地以安瓶鉢衆允愉爰建廟於香爐峰下清淨焚修十餘載不染外縁迨獻賊壚亭被箭後錫極忽辭鄉人曰蜀中天稷星大明歲必大穰亂極返治兵戈不復憂也貧僧邱墓在蜀理宜歸省遂別衆人飄然飛錫而去此順治戊子年事也今廟基尚存故老話

錫極事甚詳兹之所載不過十得一二

釆藥道人佚其名順治初結廬於七嶽山麓日以採藥爲事是時施州衛未奉正朔黔蜀尚阻聲教丙戌丁亥之変寇賊公行其渠魁姚黄劉體仁李赤心高必正袁宗第王友進呼九思靳可擊武大定李來亨高鳴鶴馬朝袁韜等號十三家者常出没南坪一帶大肆剽掠道人屢戒不聽遂仗劍與之鬬賊皆披靡羣知其爲非常人衆莫敢犯一方賴之後藥採齊莫知所之山是以名齊藥

列女志

賢婦致堅確之操貞女亮明白之節綜其行蹟烈士或猶以爲難是以史志差次才行述爲列女傳今一邑之中孤嫠弱息雖難與古媛竝衡要其節孝之實信於比閭亦足以厲薄俗於當年扇芳徽於來葉者也志列女 府志

生員黄舉妻牟氏二十夫亡遺孤方數月撫之成立養耋翁姑守節五十餘年殁

譚永燊妻牟氏年二十二夫亡矢志守節撫夫幼弟及子三俱成立年七十六歲

牟元弼妻譚氏年十九夫亡遺腹生男矢志撫孤守節上無舅姑歸依母家母勸別嫁誓死不貳忍饑耐寒女嫁男娶然後歸牢牽蘿補屋而居焉殁年五十四歲

陳思任妻牟氏年十九歲遺腹生女斷髮自矢育女擇壻無論親疎內外未嘗接語卒五十一歲

生員牟承睿妻向氏年二十五夫亡守節撫二子成立次子天譜入泮殁年五十九歲

蕭善正妻朱氏二十九夫亡撫孤守節子湛露字丙庵入邑庠呈請

旌表

牟登岸妻譚氏年二十一歲夫故守節撫孤子亦早歿撫孤孫成立苦守四十二年呈請

旌表

吳宗碧妻向氏年二十五夫故撫孤守節五十餘年呈請

旌表

徐天培妻曾氏年二十六夫故撫孤守節五十餘
年呈請
旌表
牟照林妻陳氏年二十八夫故遺腹生男撫孤子
事舅姑守節三十年呈請
旌表
郭傅德聘妻李霜梅年十八未嫁夫故在母家守
志爲夫立嗣苦守三十餘年呈請
旌表

黄光太妻牟氏二十八歲夫故守節撫三子成立
歿年七十四歲
冉光寅妻向氏年二十四歲夫亡撫孤守節歿年
八十五歲
覃世襲妻馬氏年十八夫故遺腹生男撫孤守節
歿年八十六歲
楊勝榜妻鄧氏年二十夫故撫二孤守節歿年四
十三歲
譚璦英妻牟氏年二十二歲夫亡撫二子守節歿

年六十五歲
白崑岳妻李氏年二十歲夫故撫孤守節子允中
今已成立
譚忠龍妻趙氏二十二歲夫亡撫孤守節歿年七
十六歲
向永侯妻周氏夫故撫二子守節歿年五十八
李俊明妻胡氏年三十歲夫故撫孤守節歿年七
十七歲
劉應榮妻牛氏年二十八夫故撫孤守節歿年八

十一歲
劉世政妻湯氏年三十歲夫故守節撫孤歿年六
十六歲
趙廷佐妻秦氏年二十四歲夫故撫孤守節歿年
六十七歲
梁仲繼妻吳氏年二十二歲夫故撫前妻譚氏子
早歿遺孤孫一撫之成立守節五十六年歿七
十八歲
牟元高妻譚氏年二十七夫故撫二孤守節歿四

十五歲
翁思泰妻余氏年二十五夫故撫孤守節歿年七
十餘歲
楊順達妻張氏二十四歲夫故撫孤守節歿年七
十餘歲
譚鍾璽聘陳提督孫女未嫁聞夫病往問之夫尋
歿立志守節撫夫侄英亭爲嗣苦守五十餘年
歿六十餘歲
牟登俊妻陳氏　文雅璠妻李氏

郭世倫妻王氏　牟承矯妻田氏
曾廣瓊妻周氏　孫韜順妻覃氏
吳正綱妻楊氏　潘有才妻曠氏
曾廣砥妻李氏　伍登華妻李氏
向天碧妻吳氏　周德亨妻劉氏
周德利妻張氏　金三玉妻蔣氏
孫興德妻牟氏以上本府志
陶曹氏邑庠生曹宗相女也年十六適陶門十八
生子長青二十失所天服闋後回家省親其母
私語曰汝守節固善但長青尚幼萬一不虞終
身何依別作良圖可乎曹怒毋言當即投箸起
泣而歸從此勵志守節誓不他適外人亦莫敢
議姻者至今尚存年五十三歲長青亦成立
鄧彭氏鄧子貴之妻也十七于歸二十四守節八
十歲乃卒生平清操自矢鄉黨宗族無間言道
光六年其侄孫鄧賢才始爲之稟請王霞九督
學得邀
旌獎至今子孫蕃衍

李曾氏年十八于歸李門夫亡僅二十二歲無嗣
以夫胞兄子承祧苦守不嫁庠生曾昭道爲之
呈請督學以額表其廬年五十八歲壽終
李蔡氏二十歲于歸李氏三十歲守節嫺姆訓有
志操生三子教以義方年七十五歲呈請學政
給以匾額其三子朝陽巳入泮
曾廣璠妻趙氏年二十八歲夫故守節現在年近
八旬除呈請建坊外已給匾額先式其廬
郭隆光之妻朱氏年三十一歲夫故守節生四子

教以義方呈請巳給匾額坤道永貞四字式其
廬卒年七十七歲
郭興坤之妻張氏年十九歲夫故守節奉孀姑撫
孤子始終不倦鄉黨宗族無間言呈請
旌獎給有氷雪爲心匾式
田洪遠之妹年及笄待字於家容貌端好忽於嘉
慶二年土寇擅殺其全家擄至寨欲納之女不
從恐駭百端女罵不絕口竟死於難六十年之
幽光人無知者特記其大槪

忠路庠生徐順常之母某氏守孀生六子俱卒其
媳妯娌六人俱守節撫子不嫁貞萃一門亦晚
近不數覯者惜無人知之
李日章妻王氏卽伯珊進士兒媳夫故守孀撫一
子華勳至成立又早逝有孫二歿年五十餘歲
何正斌妻張氏年二十五夫故撫孤子涵守節現
年六十三歲有孫四咸豐十年詳請
旌表撫憲巡憲府憲各給有匾式
杜貞姑幼許呂氏子爲室于歸未賦夫亡姑誓

不復嫁父母亦不之强親歿後依兄嫂居以紡
織爲事生平不苟笑鉛華弗御栢舟之操至老
不移年八十一無病終葬於山之南墓前有碑
長三尺寬減半大書杜貞姑之墓旁有自紡寂
處不欲再配八十一歲忽赴幽冥十餘字耳迄
今碑巳近二百年字跡朗然豈天不欲泯姑之
貞歟不然何以歷久不朽也是可志矣
冉繼昌妻牟氏二十一賦于歸生子復初甫九十
日而夫逝矢志撫孤及復初能讀書自恨閨閣

不識字未若古人之畫荻丸熊者然課兒讀綦
嚴每以黃豆記其數夜則紡以紡聲息兒之書
聲乃敢止六十年如一日後復初入學暨食餼
猶諄諄焉鄉黨欲以母儀聞於當路毋不許謂
名非孀婦所宜只求歿後無愧丈夫足矣一日
謂復初曰昨夜夢與汝父晤以黃泉有面陪夫
子白玉無瑕播史官十四字告余余不解所謂
父曰卽此二語可以槪汝之生平語畢不見余
亦驚寤殆不祥也後事汝好爲之次日遂不起

卒年九十一歲
覃珺倓妻牟氏二十五歲夫故撫二子長梓舉娶
譚氏生孫四次梓品娶黃氏不幸子孫皆早逝
遺漊媳三人苦守六十餘年前令以世節維風
式其廬
向永倓之繼室周氏十九歲于歸未逾年而夫故
氏矢志撫前妻二子成立卒年七十八歲
向宜春妻覃氏十六歲于歸次年夫故矢志撫孤
及成立子又生孫不幸皆早逝氏仍苦守七十

六年卒八十餘歲
張武髮妻郭氏適張門生三女夫亡年二十九歲
堂上垂白膝下藐孤一室窮民煢獨無告而郭
氏奉二人撫三女又以從堂侄承祧夫祀教讀
成立拮据五十餘年無憾婦道可謂賢矣惜當
路無人知者李處士東陽曾有詩曰昔聞梁寡
婦今見郭夫人不怨紅顏命能甘白屋貧一身
兼孝節百代樹彝倫嶺上清風在阿誰步後程
冉明魁妻譚氏十六于歸二十八歲夫故矢志守
節事繼姑撫四子皆成立卒年六十四歲
蕭光海妻陳氏二十四歲夫故守節上事翁姑下
撫弱息卒年七十餘歲子明松今已成立
羅宗富妻吳氏十九于歸二十四歲夫故矢志撫
二子承槐承梅至於成立不幸先後物故槐遺
有二孫立勳立盛氏又撫養完婚成人今老矣
委家政於孀媳羅蕭氏現年七十七歲
譚正儒之妻胡氏咸豐十年詳請
旌表

瞿必賢妻雷氏二十八歲夫故守節孝舅姑撫三
子俱成立卒年九十一歲王霞九督學來郡給
以節孝流芳匾額
李昌榮之女乾隆時人守貞不字孝養父母卒年
六十歲
蕭志和妻李氏年二十歲夫故守節撫孤卒年六
十餘歲
陳世家妻楊氏年二十四夫故矢志撫弱女前已
呈請

旌表
張九芳妻聞氏年二十夫故守節孝翁姑撫幼子現年六十歲
譚家炳妻梅氏年二十夫故撫幼子成立現年五十歲
譚正孝妻覃氏二十守孀卒年八十歲
王家益妻張氏二十一歲夫故守節三十一年至今人無間言
謝成珍妻劉氏二十二歲夫故守節始終不渝卒年六十四歲

朱維妻楊氏年十八于歸二十八夫故守節事孀姑撫子女拮据六十載卒年八十八歲
王奇清妻劉氏十八于歸二十四夫故矢志守節仰事俯畜咸盡婦道茹苦二十八載卒年五十二歲
李士海妻尹氏二十夫故守節於道光二十四年詳請
旌表
李俊盟妻胡氏二十三夫故守節卒年八十六歲
李士旂妻陳氏二十一歲夫故守節三十餘載
楊德朝之母謝氏年二十二守節撫孤成立辛苦備嘗卒年七十四歲
黃萬品之祖母吳氏二十六歲守節撫孤終身不怠卒年七十六歲
牟維斗妻張氏二十餘歲夫故守節事翁姑撫幼子甘苦備嘗卒年七十二歲
廖世勳妻黃氏二十九夫故守節撫侄承祧現年六十歲

廖世應妻文氏二十六夫故守節撫孤成立現年六十歲
馬世萬妻黃氏二十三夫故守節事翁姑撫孤子卒年七十歲
諶考科妻滿氏二十七夫故守節撫孤成立現年七十歲
徐天申妻張氏二十五夫故守節撫孤仰事俯畜週甲如一日年八十五無疾而終

以下同治元年遇難烈女

陽戍洪之女許字伍姓尚待年壬戌正月避賊於山賊勢逼恐爲所污墜巖死

陳洪蘊之女閨字鹿鳴許趙姓尚未嫁壬戌正月同母王氏避賊白玉山賊至見逼正言罵賊賊以刄刺喉死其母王氏赴榛棘中自縊女年十九歲王氏三十六歲

于錢氏住老屋基配夫之宗早故乏嗣矢志守孀依侄居住年近五十髮逆竄境投巖殞命

于趙氏尚文之妻年二十歲孝事翁姑見賊臨逼投巖殞命

于尚俊與妻伍氏攜子同避山谷賊至伍匿崗中俊遇賊索金帛無出被戕火焚其屍復擄去其子伍廹欲奪之賊卽逼污伍忿罵身被數刄死

孫譚氏學優之妻年三十髮逆逼近自縊全節

王孫氏天縱之妻年二十亦遭賊變自縊而死

張韋氏保張其妻有膽畧事舅姑甚得婦道同治元年髮逆竄境韋氏聞賊信吃緊舉家皆逃散惟其姑病又值大雪不能行韋氏慰姑曰賊若來吾以死當之須臾羣賊至韋氏泣曰請殺妾勿傷吾姑賊艷其色欲奪之韋厲聲毒罵誓死不辱賊殺之姑幸得免

周彩明妻金氏年二十二歲在毛田遇賊恐受辱躍入天坑自盡

鄒宗仁年八十六歲性剛直家小康流寇入境翁未避寇至其家亦不懼寇窺其屋潤意必富索金帛翁弗與遂遇害翁妻張氏年相若痛夫逝

亦赴水亡翁子文魁復被賊擄去旋逃歸瞥見父屍血淋漓臥簷下不覺失聲大哭賊諜知是翁子又縶之窮詰所有終莫遂其欲百端廹脅以火熾其背死倍慘其兒媳魏氏聞祖父毋及父皆不救亦負幼女投井死合門老幼八口翁死國難妻死夫難子死父難兒媳又死祖父母難逆賊犯利罹禍者多要未若舍生取義激烈如翁一門者岫雲山人擬五排數百言以弔其事中有巢覆無完卵寇深未止戈遭家誠不造

與難亦何多三代慘蹂躪一門受折磨之句蓋
紀其實也惜岫雲去稿無存不克全憶又訪得
文魁有子二長宏昭次宏德賊俱擄去宏德有
子復衝散莫知所終則一家遇難又不止八口
張家桂妻鄒氏即鄒宗仁之孫女也壬戌賊至値
翁姑未遁二子幼勢不能行賊逼之氏手握利
刃欲自刎賊急奪刀殺其翁促氏隨行氏漫應
之攜二子出門猥云家有藏金賊將取之忽見
氏負小兒欲投井轉身亂砍之氏罵聲不絕毋
子俱殺於井中

吳正保妻曾氏壬戌春遇髮逆之亂罵賊殞命於
白巖山紳耆禀呈學署轉詳
旌獎邑庠生吳鳳平爲之作記洋洋數百言不及備載
惟記其一贊云獸貐披狂紅顏難保罵賊全貞
巾幗事了石破天驚魂隨地老景行白巖清風
矯矯
何士芹妻鄒氏素有賢聲壬戌賊由縣復至忠路
氏負女投江死時年二十五歲

黃澤輝妻李氏夫故矢志守節壬戌賊入忠路氏
恐受汚逃入南華宮自縊時年二十八歲
余世榮妻曾氏性柔順苦不育勸夫納妾生一子
無何夫故氏矢志撫孤壬戌寇入境合家匿於
山賊偵至姑抱孫伏莽中翁墮澗得免氏獨見
逼遂奮身投巖死後祖孫無恙歸倩增生曹昌
大叙其義烈措詞數典克闡幽貞惜邑乘刋就
未盡編入兹僅撮其大概

壽婦郭李氏生於康熙六十年幼適郭佑鳴爲妻生
子八佑鳴於乾隆六十年病故八子生孫二十六
曾孫十五元孫五來孫二六世同堂現年一百歲
例應
旌表附錄生員孫一元方大川等呈報稿恭維
聖朝育物乾坤舒寶道之華
壽考作人黎庶仰雍睦之化咸樂
昇平聿昭人瑞兹有同村居住郭隆杞之毋郭李氏宜
家風著孝謹早聞相助厥夫奉翁姑以養志勤儉

爾室秉禮法以貽孫巖範既周慈幃並肅年經百
歲子復見元逮事祖姑合前后八代共食來孫親
見計恩勤六世同堂惟
熙朝仁壽之咸敷致閭閻休徵之協應理合具禀乞詳
請
旌等情邑令唐方耀轉詳稿附查得壽婦郭李氏咸黨
共推閭里攸敬外庭克相奉翁姑而善事所天內
則維嫻蓄甘旨而孝兼厥祖工容言德致敦伉儷
於齊眉福壽康強今見元來之繞膝慶同堂於六

世膺景祉以百年每事必先諸婦僉云智莫如姑
有餘則拯孤貧不第仁能及族允矣
昇平人瑞洵哉
盛世休徵荷
化雨之滋榮瑞圖聿應仰
恩波之浩蕩
旌典允符理合加具印結詳請
憲臺俯賜轉詳題請
旌表以彰休風爲此備由申乞照詳施行此道光元年

九月事也至道光五年氏始告終實年一百零四
歲

附錄縣學兩署查鈔節孝婦

節孝婦諶田氏諶義昭之妻田成美之女二十九
歲守孀至咸豐十年舉報是年五十二歲
節孝婦黄郤氏黄興山之妻郤地祥之女二十八
歲守孀至咸豐十年舉報是年五十一歲
節孝婦謝袁氏謝裕明之妻袁大奇之女二十九
歲守孀至咸豐十年舉報是年五十二歲
貞女劉若玉劉廷楨之女年二十三歲守貞咸豐

十年舉報是年四十四歲
節孝婦諶張氏諶義彬之妻張先富之女二十九
守孀咸豐十年舉報是年五十三歲
節婦陳楊氏陳世家之妻楊紹宗之女二十九歲
守孀至咸豐十年舉報是年五十二歲
節孝婦朱牟氏朱天膚之妻牟天一之女二十三
歲守孀至咸豐十年舉報是年六十五歲
貞女向二秀向膚奇之女牟秀壽之長媳十二歲

守貞至咸豐十年舉報是年五十二歲
貞女何金蘭何其萬季女十四歲守貞咸豐十年
舉報是年五十歲
節孝婦張周氏張開組之妻周朝祖之女二十八
歲守孀咸豐十年舉報是年五十三歲
節孝婦張黃氏張大鼎之妻黃永林之女二十四
歲守孀咸豐十年舉報是年五十五歲
節婦向趙氏向登甲之妻趙承耀之女二十七歲
守孀咸豐十年舉報是年五十歲

節婦楊賴氏楊鳳祥之妻二十七歲守孀至咸豐
四年詳請是年五十八歲
節婦牟陳氏道光十九年詳請
旌表
節婦左周氏左應鳳之妻周仁芳之女二十九歲
守孀咸豐十年舉報是年七十三歲
節婦方黃氏係方正洪之妻黃世豪之女二十九
歲守孀咸豐十年舉報是年六十三歲
節婦鄭劉氏鄭興周之妻劉廷朝之女二十歲守

孀咸豐十年舉報是年六十三歲
節婦向楊氏向地瓊之妻楊大宗之女三十歲守
孀咸豐十一年舉報是年五十二歲
節孝婦張吳氏張合慶之妻二十四歲守孀咸豐
六年舉報是年五十八歲
節孝婦賴朱氏賴宗文之妻朱地周之女二十九
歲守孀咸豐十年舉報是年五十一歲
節孝婦季陳氏季國義之妻陳宗文之女二十一
守孀咸豐十年舉報是年五十六歲

節孝婦胡汪氏胡正邦之妻汪啟福之女二十五
歲守孀咸豐十一年舉報是年五十六歲
節孝婦戴亨氏戴自麟之妻二十七歲守孀咸豐
六年轉詳是年六十一歲
節孝婦黃王氏黃通達之妻二十一歲守孀咸豐
六年轉詳給匾是年五十六歲
節孝婦倪趙氏倪大倫之妻趙登貴之女二十二
歲守孀咸豐十年舉報是年八十一歲
節孝婦吳劉氏吳先第之妻劉正學之女二十九

歲守孀咸豐十年舉報是年五十一歲
節孝婦向吳氏向英璋之妻吳宗珊之女二十六
歲守孀咸豐十年舉報是年五十六歲
節孝婦殷蒲氏殷斯璦之妻蒲世佑之女二十八
歲守孀咸豐十年舉報是年五十八歲
節孝婦王馮氏王明翼之妻馮詩明之女二十四
歲守孀咸豐十年舉報是年六十歲
節孝婦吳楊氏吳祖朝之妻楊勝先之女二十四
歲守孀咸豐十年舉報是年六十三歲

節孝婦文李氏文頌遐之妻李明桂之女二十八
歲守孀咸豐十年舉報
節孝婦鄧劉氏鄧長春之妻劉正湖之女二十四
歲守孀咸豐十年舉報是年五十一歲
節孝婦牟胡氏牟天錫之妻胡廷翠之女二十五
歲守孀同治四年舉報是年五十五歲
節孝婦李劉氏李開秀之妻劉定國之女三十歲
守孀同治四年舉報是年七十歲
節婦黄王氏咸豐六年舉報詳請匾額

董方梅之母張氏于歸後生子芳梅甫二歲遂失
怙氏守節撫孤成立卒年九十三歲梅奉母孝
惜無嗣後六十七歲生一子人以爲孝所感云
曾先達妻張氏于歸五載夫故守節事姑盡孝撫
侄承祧迄今三十載內外皆無間言
陳開榜妻牟氏同治元年正月於趙家巖遇賊負
子身亡
康大昭妻朱氏同治元年正月被賊逼不從受害
死於仙女洞

呂德孝妻王氏罵賊被殺死於盧家坡
解傳心妻金氏二十八歲夫故守節撫子解兆蓉
成立入武庠
張應光年二十二歲割股救母
向萬彰年二十六歲割股救父
蔣吉源年二十六歲割股救母
此篇內有烈婦三人節婦一人割股孝子三人
因采訪來遲故附載篇末

藍正舉妻鄧氏二十二歲于歸甫一載夫客死省垣氏矢志守節撫族侄與夫承祧教讀完配子又生孫現年五十五歲

賀道有妻趙氏十七歲于歸二十六歲夫故矢志守節現年七十一歲

李正龍妻陳氏十八歲于歸二十八歲夫故矢志守節現年六十歲

張啟蛟妻王氏二十歲于歸二十五歲夫故撫一女性和順宗族鄉黨無間言道光六年王霞九督學已給節孝可風匾式卒年七十歲

張世璵妻陳氏二十歲于歸二十六歲夫故矢志守節卒年六十四歲撫子張棨已入郡庠

鄭昌賢妻李氏十九歲于歸二十六歲夫故矢志守節撫孤子成立今巳二孫現年七十一歲

黃正祥妻朱氏十六歲于歸二十八歲夫故矢志守節撫孤成立現年六十一歲

烈女秦氏秀壬戌正月髮匪入境女與母避賊佛寶山下被擄女守貞不屈罵賊遇害時年十五歲

司明禮之妻蔣氏壬戌正月同夫率二子二女避賊楊家山見賊迭至恐被汚辱遂於樹上自縊身死時年三十五歲

蕭明學之妻周氏二十六歲夫歿氏苦守貞操上事六旬孀姑下撫半歲孤子躬操井臼以立家計歿年七十四歲

段永禄之妻蕭氏二十八歲夫歿無嗣氏上事翁姑以終餘年且撫養諸侄亦有慈仁現年五十九歲

蕭明金之妻梁氏三十歲柏舟自矢上事雙親下撫二孤艱苦備嘗卒年六十一歲

羅大義之妻張氏年二十一歲守節含冰茹苦以撫孤兒且勤儉持家以致饒裕其曾孫培之後入邑庠氏歿年八十九歲

蕭明德之妻蔣氏年三十歲夫故家貧如洗獨力

妾持撫養孤子屢受艱辛現年七十四歲

吳國蘭之妻鍾氏年三十歲夫歿家貧子幼氏冰心自守撫六子成立家亦富有其孫兆蕙彂入

武庠氏歿年七十九歲

向廷龍之妻謝氏年三十歲夫歿氏撫二子成立以振家聲歿年七十四歲其子顯容娶妻劉氏亦少年早寡上事孀姑下撫幼子兩世堅貞世所罕有現年五十六歲

烈婦涂呂氏涂步德之妻壬戌正月避賊乾溪山

賊至氏恐見辱抱幼子投池水死時年二十二歲

冉明魁之妻譚氏十六于歸二十八夫故守節撫四子成立卒年八十餘歲

孝婦朱黃氏夫故家貧傭工度日翁老病與伯氏同居婦迎養至家奉事維謹有幼子二衣不蔽體而翁常獲溫飽焉

秦楊氏係千總秦殿魁之妾壬戌正月[illegible]

圍逼鉞爐寨氏與尼僧元善廣勝同[illegible]自縊

藝文志卷之九

知利川縣事何蕙馨[illegible]

詩文

人不能以文章經世徒以清詞麗句擅長雖規唐摹宋摘豔搓酥不過騷壇一詞客爾何與於民社之計三百篇之旨哉然記山川詠風土因地即事按時立言則斷碣殘碑一鱗片甲網而羅之亦足以備外史之紀俾問俗者有所據也

志藝文

詩

蠻王塚 塚在邑之都亭山墓基猶存　沈慶

路入蠻王塚蠻王塚已蕪高崖留夕照古木噪饑烏妖血腥猶在狂名世尚呼

聖朝混一統尺地入輿圖

蠻王古塚歌　商盤

施州城北都亭山懸崖百丈杳難攀上有墓門一十二云是蠻王塟此間高岸爲谷谷爲陵古往今來幾廢興此塚亦遭人所發但存塚木纏枯藤當

年會作西南長姑繪壁壘堅無兩花鈴蘆管散雲
烟漆齒雕題埋土壤苗疆尺寸納
天朝蠻壁高羅部曲消孟獲何曾縱復反尉佗敢稱生
前驕陰風吹冷荒郊月刀扇揺歌聲巳歇杜宇難
平望帝心
幽篁空灑湘妃血安得蒙莊語髑髏殘魂剩魄莫
生愁牧兒夜火穿秦壟義士冬青表宋邱君不見
纍纍道左今無數玉魚石馬知何處有酒堪呼泉
下人一尊且酹劉伶墓

贈陳贊伯將軍　施閏章

漢家飛將舊横行枹鼓年來卧不驚劍倚龍泉輕
萬馬身先虎穴扳孤城銷鋒海國歸樽俎錫土天
書别姓名共說軍前容揖客醉餘緩帶笑談兵

陳世凱勦十三家巨寇蕩平黔蜀　高培

秋風吹塞角殺氣起黃雲斬首俘千級虜功振六
軍草枯鷹已盡馘獻鼠無羣黔蜀山河定鐃歌到
處聞

贈陳世凱軍門　包秉彝

日照黃門外風清紫禁間
恩波流太液喜氣動
天顔烟閣衣冠古雲臺劍履閒鐵頭眞好漢勲業震
朝班

前題　陳紫芝

將星天遣護金甌飲盡風霜試壯猷巫峽先登身
是膽浙江百戰鐵爲頭蟠胷兵甲孫吳授唾手山
河李郭收不伐由來推大樹逢人唯說廟堂謀

前題　謝于道

千騎朝來謁
至尊東南又沐令公恩干旌坐鎮金甌肅劍佩趨
朝玉露繁春熳鯨鯢消海澨風高燕雀避轅門雅歌會
記文溪上花氣霏霏撲酒樽

前題　余泰來

閫外聲名羨絳侯簡書策命
聖恩優飛龍騎出歸元老繡虎旗開列上游千里湖山
霑雨露五軍才斗和歌謳凌雲圖繪
天家重應寫英姿第一流

贈牟文綬鳳衛侯　包秉燊

唆寢今無恙勳高
帝眷隆虎頭增厚福鵲印壯榮封投筆風猶在揷貂氣
自雄威名垂鳳泗保障拜元戎

前題　何騰蛟

赫赫功勳拜虎臣勤勞三十有餘春撫綏黔蜀
恩膏渥恢復登萊志勇神百戰中華驚霹靂一封外藩
靖烟塵芳名首鑄
皇陵側黼黻

聖朝第一人

前題　包秉燊

坐鎮
皇陵屢建功三千鐵弩亦稱雄酹庸且掛封侯印不與
當年畫閣同

賀牟文綬平河南賊　包秉燊

單騎臨虎穴一戰勝南陽對壘山河動赴援將士
忙旌旗連夏日劍戟冷秋霜殳老攀轅切鐃歌徧
四方

題吳桂亭匹馬從軍圖　胡萬清

不上凌烟閣甘棲舊草廬柳營曾試馬湖畔又騎
驢論定
恩無匹功成畫不如儒士何所負知又讀兵書
單騎歸山城將軍早息兵貔貅咸以律雞犬總無
聲驛路停鞭語花溪緩轡行刀頭眞快意從此事
春耕
凱奏功成日圖披索句時恩原非畫餅意不爲題
詩雅量藏杯酒雄才付局棋幸陪晨夕永山水與心期

前題　初彭齡

族憶南陽貴人稱楚國豪爲存桑梓誼獨任爪牙
勞目笑探丸輩身先負羽曹此行眞踴躍所至禁
喧囂跋涉思艮驥功名在賫刀還家衣錦繡受級
沐
恩膏克敵胸中甲傳神頰上毫丹青留汗血水墨染征
袍筆掃塵氛淨人應義勇褒雲臺馳想像滿壁畫
英髦

前題　何淩漢

都亭西北好游遨歸去來兮再賦陶世外阮劉誇伴侶圖中屈宋擅風騷能將宦境隨時澹自有閒情觸處遭從此灌園成隱逸松間月下想英豪

前題　法式善

櫪馬忽悲鳴將軍事遠征何如真國士轉自笑儒生月冷弓衣句風高鐵笛聲豆棚秋話雨從此不談兵

前題　李宗瀚

書生冠劍自翩翩蕩寇論勳石勒燕絶勝南山隨李廣短衣匹馬盡殘年

前題　張問陶

夕陽芳草接晴川回首戎旌尙凜然一卷陰符三尺鐵圖成也抵畫凌烟

訪清遠上人　張問陶

經聲才起市聲遥人海中分路一條佛地光明惟有月宦途消長不如潮僧閒未肯輕饒舌官冷何須畏折腰坐看秋風揺落人莫將堅固問芭蕉

怨戍巖口　陳春波

山城出宰六年餘寇警頻聞走羽書險捍高巖安塞壘平籌積粟濟軍儲狼烽入境三旬殄鳳嘴鄉音五馬除自愧材庸無以報披堅執鋭不遑居

書生佩劍整戎衣鳥道盤空上翠微寄雪愁添鸞旆重污泥苦趁馬蹄飛小民勇捍能輕敵巨寇猖狂幸破圍憑仗國威朝滅此勤王齊唱凱歌歸

春日遊城東各洞　張宗孔

公餘尋勝境攬轡出城東弱柳垂堤緑夭桃夾道紅四圍山不斷羣壑水相通俯仰皆成趣儼然入畫中

落水稱名洞溪流漾巨波直從山下入還向穴中過雪練穿雲竇雷聲吼石窩不知泉出處洶湧復如何

又過鮎魚洞幽深隱巨潭漁舟衝浪碧石蘚映波藍談笑山皆應空虛妙孰參問途期盡興隨意步苔龕

風洞尤清潤其中別有天石垂危欲墜峰倒望疑懸水脉千珠滴岩空百竅穿因之澄俗慮瀟洒宛

登仙

羣山遊覽徧日暮詠而歸斜景催車去殘雲逐馬飛人憐春色好客悟俗塵非童冠重相約年年樂化機

青巖　袁景暉

昳爽下青巖竟日行空谷仰觀雲出岫俯視泉流瀑鳴鳥自往還林花開樸遬定有羲皇人出入友麋鹿何當一過訪味玆林泉福明月撫青琹長歌招隱曲

游乳泉洞　袁景暉

名山綜三百所到止一二攬勝愧未曾探幽乎素志見說城北隅湜滲滴空翠草井民氣淳衙齋適無事歲届上春初况值雪新霽佳日放晴和洒然陶胸次薄言命駕往侍從屏游騎菜畦桑圃間觸處皆生意螺峯挿碧霄聯珠排累累攬衣陟山腰巖洞闢幽邃玲瓏石乳垂淅瀝聲稠墜潄齒清且甘煎茶沁肝胃淵源有自來其出應無匱山與泉俱壽安知億萬季因思抱道儒體深用不敝郎小可喻大此理信非昧短歌不求工聊作洞游記

夾壁迴龍寺　金祖昌

山房雨濕近黃昏借讀傳燈淨六根愧我腰無學士帶且留三字鎮山門時僧乞書迴龍寺三字今尚存

歸源晚鐘　王三錫

山光淡淡水溶溶知是蓬萊第幾峰紅日一輪方掛樹白雲萬疊又聞鐘妙音不信人間有仙樂疑從世外逢試問歸源源在否空留餘韻繞蒼松

柳橋烟雨

異樣風流着意描帶烟和雨傍山橋誰將離恨深深綰頓覺客情淡淡消蒼翠遠生滑玠肘朦朧低護小蠻腰春風幾度晴光現好向前溪整去橈

滴水鳴絃

千尋瀑布畫難成譜出洞庭斷續聲流水無絃空自響高山有韻向誰鳴擬從夜月來湘浦恍似春風過武城江上峰青人不見望中側耳更凄清

乾溪積雪

一片寒光雪滿溪隨風飄蕩逐高低春歸柳絮餘

芳徑月上梨花隱玉蹊淨處漫同紅雨落淡中好
共白雲棲何須更爲瓊瑤島仙路依依望不迷

金字凌雲

金字高懸久著聞挺然峙立獨超羣鐘聲斷續催
新月山色輝煌燦暮雲幾疊遙岑排雁陣千重佳
氣象鴻文世人欲識仙源路直到諸天界上分

星岩夕照

列宿熒熒象外排斜陽影裡煥天街餘暉倒映千
層岫綺綵直干萬丈厓楊億摘星原有藉張騫入

漢詎無階郎官宅第神仙府半在山巔半水涯

小谷春流

幾年溪水艷陽春小小源頭不染塵雨岸桃花紅
雨落一行栁絮綠波新難容舟子來停棹自許漁
郎去問津棲谷高風今在否乘槎知是過來人

鍾靈疊翠

叠叠層層入杳冥峯名的不愧鍾靈嵐光淡繞綺
羅帶岫色濃裝錦繡屏草長層巖添翠影雲鋪疊
嶂變奇形天然一幅真圖畫遠勝衡山十里青

忠路八景　鈕鈞鰲

千尋瀑布掛溪頭野渡長橫一葉舟鷲嶺時看飛
鳳集龍門好待錦鱗游一輪朝日紅常靄幾疊屏
風翠欲流更喜晴雲騰百丈渾如積雪滿坡留

栁橋烟雨　張定模

垂楊機樹占橋邊一望迷離翠接天綠染山眉朝
看雨青遮渡口晚含烟長條折送行人轡輕絮飛
迎釣客船可惜靈和無限種風流誰復憶當年

鍾靈疊翠

一山迤邐抱城闉疊嶂層巒秀絕倫駿馬奔騰張
翠鬣神龍夭矯振青鱗靈奇未可容巢許鍾毓還
應降甫申試看雲霞蒸蔚處分明間氣屬斯人

歸源晚鐘

尋到源頭日落峯老僧歸寺晚撞鐘霜前逼似豐
山應月下長如鄷水逢响徹疎松驚睡鶴韻流幽
谷起潛龍試聽鞺鞳隨風遠開拓遊人萬古胸

星巖夕照

石樹巉巖似列星斜陽激射更瑩瑩霞翻絕壁鋪

丹畫炯鎖層巒擁翠屏林表昏鴉分嘈雜雲中孤鶴獨飄零可知物色同生態晚景桑榆各判形

滴水鳴絃

一勺滃然仰出泉幽巖滴落响潺潺聲諧清濁魚聽操曲度潆洄鶴舞絃沁我詩脾懷古調洗人俗耳滌塵緣此間祇可忝琴旨低向灘頭一刺船

金字凌雲

靈巖不與衆峯班鐵畫銀鈎寫作山萬里雲炯奔腕下九天星斗列眉間黃州赤壁真堪削巫峽丹

書畫可删何事大文亘終古憑空結撰查難攀

乾溪積雪

雪積乾溪行徑纖斷橋策蹇意兢嚴長松夭矯龍嵌玉怪石峥嶸虎隔壚萬斛明珠藏絶壑一條素練介窮檐何時化作桃花浪早放蘭芽吐筆尖

小谷春流

春山一夜雨濛濛小谷流泉脉正通萍葉隨風斷嫩緑桃花落水溜殘紅泛觴可向潆洄處把釣堪於潋灩中筆洒江河如有興好憑新漲寄詩筒

圓寶寺

捫蘿拾級上層巒佛閣岧嶢三月寒曉市半藏緑樹裏晚鐘深隔白雲端乍聞巢燕梁間語静對石龍井底蟠笑我塵根猶未斷輸他老衲一蒲團

九日登圓包山

天涯極目底須愁到處雲山共此秋鴻雁無家隨去住黄花有主任淹留一聲長嘯千岩應十里明霞半榻收最喜羣公能作賦西風吹帽復何羞

前題　李光南

秋山秋水極天清晴日登臨眼倍明掃淨妖氛箪奏凱收殘禾黍野吹豳霜林乍剖泥頭甕石磴斜支折脚鐺醉罷不知老將至狂歌猶喜紀昇平

石龍寺　張定模

怪石盤根幻作龍渾身鱗甲白雲封若非老衲矜雕琢早趁風雷上九重

鮎魚洞

怪似鱷魚甚駭聞尋常噓氣已成雲自從改土歸流後不假昌黎一道文

金字凌雲　　徐崇文

祥光萬道燦林於金字煌煌接太虛出岫無心懷靖節凌雲有志賦相如層巒起伏分濃淡大筆淋漓任卷舒點綴樓臺都入畫攜筇好趁曉晴初

鍾靈疊翠

晴嵐疊疊擁鍾靈軟翠分明列畫屏衣帶水拖僧眼碧劍鋩山染佛頭青蔚藍密鎖朝烟聚晚黛頻添宿雨零疑是雙眉天際暈妝成霧髩立亭亭

乾溪積雪

乾溪深處漫停車春去猶堆六出花明月照來寒有色廻風竊就皓無涯詩吟驢背肩頻聳茶品龍團味倍加到眼皆成銀世界尋梅莫辨路三义

歸源晚鐘

鐘鳴古寺韻悠然一百八聲向晚傳逸響敲殘千嶂雨餘音摇破半山烟何人倚枕頻驚夢有客憑欄頓悟禪日落梵宮撞未已又隨征雁度遥天

小谷春流

春光何處不夷猶小谷盈盈水自流紅雨空濛籠渡口綠波蕩漾卷溪頭舊痕忽逐桃花浪新漲如浮杜若洲羨殺漁翁垂釣坐磯邊日日友羣鷗

星巖夕照

暮靄迷離樹影稀星巖間眺客忘機一輪斜日餘殘照萬疊蒼山帶夕暉遠浦漁舟摇櫓去前村野老荷鋤歸休嫌此景桑榆晚尚有紅霞射翠微

滴水鳴絃

鳴絃滴瀝响丁東切切嘈嘈約畧同絶壑翻成珠錯落飛巖響徹石玲瓏清音和雨連青嶂爽籟隨風曳碧空解得箇中流水趣援琴何用理絲桐

椰橋烟雨

青絲亂裊椰千條烟雨初勻傍野橋笠影參差迷雁齒畫圖隱約接虹腰小溪翠鎖花爭撲曲岸紅飛絮共飄寄語遊人衣快染春風吹送馬蹄驕

遊落水洞歌　　張楚雙

秋山新霽明秋陽石徑邐迤松風涼我行直隨溪水長宛如長峽夾車箱峯巒漸覺結束忙金甌不缺嚴周防水勢阻遏方披猖如蛇赴壑馬脫韁到

頭忽然類面墻只恐障塞成懷襄山靈自具調停方豁開石洞羣龍藏銀濤捲入氷壺漿餘沫飛濺遊客裳萬斛瀉落無何鄉尾閭洩海非荒唐我聞廬山南斗旁飛瀑上跨三石梁造化忌蹈雷同章詭異乃與相頡頏又聞濟水初濫觴伏見直貫河流黃平沙出没聲湯湯豈有奇狀殊尋常茲山空中自洪荒枵腹不覺巨吻張一口吸盡狂瀾狂雷轉猶聽嗚饑腸朝宗萬派歸扶桑江河淮漢兼湖湘凡水恥與同波揚別開間道趨谷王我欲犀燃

牛渚光水怪下燭逃商羊心夷懶復冐垂堂磐石小憩聊徜徉舊調不復歌滄浪作詩紀勝投奚囊筆底亦似翻銀潢劇體聱牙雜慨慷日夕山鬼啼幽篁歸途緩緩倦鳥翔違山十里迴相望遥峯萬點空青蒼

賊匪竄利避難有感　吳清

五十無聞後可知况當狂寇嘯呼時買山愧乏千金貲避亂難將十口移都尉成名愴歲晚向平了願比人遲傷心更負泉臺望表墓焚黃未有期無多家計懶支持亂世有家轉可危未失硯田貧猶富幸全骨肉喜還悲請纓得路輸人捷刻鵠不成笑我癡最是關心兒女小恐防尚有播遷時

憨生喜爲別人忙有志何成鬢欲霜鄙事多能誠不幸掇科太早轉非祥聰明也要福消受富貴還由天王張狗苟蠅營何所補昔年陵谷變滄桑

弔于東庠遇難　張耀雲

六十餘年閱歷深滄桑陵谷感深沉功名未遂男兒願溝壑不忘志士心吳扎重來空掛劍鍾期已

逝漫横琴招魂惆悵雲山阻一束生芻託短吟

立意勤王着祖鞭忠肝義膽憶生前人從渭北愴知己客自川西弔逸賢此日家山悲蹂躪當年文字結因緣泉臺漫灑英雄淚生氣而今尚凜然

滴水洞生成石觀音像　龐湛露

鬼斧與神工省此觀音狀峋嶙類普陀趺坐却西向雲氣白衣披松陰七寶障石骨變禪心山雲時供養任教風雨侵年年依巖上下有水涓涓湛然空色相

乳泉洞　吳世琳

北郭有石洞洞中豁如堂石樓布石級石門通石深可倚石爲几可借石作牀可以飲石髓肺腑皆清凉山僧偶掛錫嘗見石佛光天然蔽風雨所乞爲齋糧近復打包去石爐斷焚香來同白雲住去住白雲荒此洞本無主千載依山旁不比田與海容易變滄桑

遊巖洞寺　冉復初

軟紅飛不到林泉客坐祇園別有天蒲座莊嚴空

色相半生文字結因緣尋真幸入瑯嬛地攜酒同衾玉版禪我欲移家依洞住年來愧乏買山錢

戍馬嶺　牟竹泉

兇獷踞隣境邊關告急忙請纓馳馬嶺帶勇走羊腸雪壓荒城冷風吹畫角凉同心資保障振旅射天狼

鐵爐寨歌　吳尚賢

鐵爐之山矗重霄洪鈞燒後無人燒一方異物經煅煉至今刼灰未曾銷爐僅離城三里許攜酒偕行遊梵宇到來高唱升天行兩脚踏雲不踏土我來爐頭坐下視何雄哉繚繞烟雲時吐納羣山鼓舞一齊排爲閣爲關爲橐籥如呼如吸如相偎但見八面羅列而崔巍風伯恍從頭上煽火候抽添夕照來豈徒煮白石燒綠醅可以甄陶萬彙奔走風雷倘有仙人燒丹持贈我安知我輩非仙才疑是古媧皇煉石補天壞迄今五千年仙迹依然在又疑混沌以前洪水方澎湃鬼斧神工施狡獪水沙激盪風輪頹曾把山川人物鎔在一爐內祖龍

收不盡五丁欲鑿難鴉膏點不徹白豹啖不完忽然罡風一吹化爲石操蛇二子莫能擘清風既散濁氣堅遂令巋然成鐵壁至今欲鞭鞭不得欲毀毀不能一陰一陽迭運炭年年歲歲烟光凝憶昔赤眉亂共爭蠻觸戰洞戸避烽烟山民各驚竄伐木作寨踞爐巔眷屬家家賴保全邇來承平數百載殘碑廢壘尚依然未幾鄉人改作廟殿宇煇煌金碧耀燒痕不見走青燐留與詩人供遠眺茲遊正值秋天明髮鬅爐中火尚青紅黃霜樹燒燦爛

對此令人妄念生我聞神仙濟世多有點金訣戟指一豎遂變色安能點此一座山霎時幻作黃金闕大呼此邦人取不盡兮用不竭家給而人足如斯願乃畢換鸞王人酌我酒聽我狂言呼否否神仙遊戲大羅天詎肯輕向凡間走君不見廬山之側香爐峰更比此山高數重又不見華嶽峰頭有鐵船似此爐兮莫比肩倘能一一試點之世上金銀不值錢天地一大爐造化一大冶水火與地風四大合皆假吾儕生其中塵埃吹野馬凡事當作

如是觀妄想徒令見聞寡余聞斯言亦唯唯極知奢願難償己但欲廣被大千之顛連聊爲快心之論耳吁嗟乎人生識見不陶鎔有如頑鐵梗爐中孔鑄顏鑽誰解悟枉費爐邊烹煉功忽忽天風吹我衣歸途回首望金猊士苟有才思就範乞取山靈一一事鉗錘

船山石鎖歌 有序　張宗顏

支羅有山其形如船一徑獨升上有田船頭向東有天然石鎖一橫綰之若鎮壓然仰觀畢肖實天生異境以衛育一方者也有明黃中亂立僞署今遺踪尚存爰作歌以誌其異

天船泊在絳河邊偶戀紅塵下大千
上帝聞之勃然怒遣將五雷追不還帝曰此船深負我墮落塵網惡乎可以後不准天漢橫特命六丁將船鎖鎖向人間不計年鎮以天符永不遷苔錢叠印封條固鏽鈕又倩古藤纏猶恐容易毀仙迹罡風一吹化爲石神工鬼斧牢關鍵大手巨靈莫能擘從此維舟不借繩寒浞之子漫相矜陸地行舟

莫須有似此船兮見未曾遥望羣山如叠浪有時風撼舟疑盪昂頭勢欲浪中移賴有銀鐺作保障昔年倡亂首黃中跳擲船頭妄逞雄沉舟不解公無渡妖血一腔染舶紅際此澄清數百載小醜跳梁風俗改相與枕藉乎舟中滿載稻粱深嘉乃何須利涉泛江鄉伙伴同舟有蓄藏共濟而今忘禁錮浮家端不羨艅艎我來欲向帝天請鑰問北門誰管領叩須何處索解人扣舷一曲託毛穎

官營山防邊勵衆　何成之

營山畬武堵妖氛鶴唳風聲隔岸聞礮震重關鷙四寨旗翻五色耀三軍爲君洩恨須除暴與子同仇要策勳衆志成城歌奏凱鑄將劍戟事耕耘

鐵爐寨　吳澍

誰鑄倚天劍排空峙鐵爐一從留置此終古望相符直比金甌固洵堪寶鴨呼昔原傳古寨今又作浮屠地闢新詩境朋來舊酒徒頓忘山嶺峭詎畏路崎嶇覽勝穿樵徑尋眞謁斗樞僧多知道者客亦解人乎御李心初切推袁性不孤長城雄五字

少尉健雙鳧同遊有李袁劉王諸人燕坐形骸放鴻談氣概粗斑荆聯臭味煮茗借香廚日向霄間捧雲從足下鋪此間容嘯傲小住卽蓬壺色相空諸有甄陶絕世無昂頭眞上界挿腳謝寰區儘可窮千里休嫌限一隅自然供眺覽底事慮模糊萬疊峰巒楚三停峽倒巫東覘夔子國西指蜀王都雨散愴神女烟銷悵覇圖劇憐行殿冷太息寢園蕪浩㘦思前度秋風感故吾聯吟增慷慨罷飲轉怡愉遂令塵襟淡拋將世網拘漸看山返鶴旋覺樹棲烏薄醉辭仙梵偕歸步暝途登高重訂約好共宴茱萸

遊乳泉洞　江通選

俯視平原一望收到來古洞足清幽攜琴有石人堪坐載酒無朋僕共遊殘雨白遮雲外寺落霞紅映水邊樓此間儘可供憑眺何事匆匆慕十洲

秋杪過關渡壩　覃梓彬

閒賞到山庄秋風漸解凉稻收田作路瓜老圃爲場處處牛羊健村村嫁娶忙道逢閒父老三五話斜陽

游木站屯　李正心

豈獨黃雲一望平田家景物畫難成延籬瓜蔓垂頭長守稻茅棚合掌撐牛負八哥登𡏖臥鴨隨白鷺踏沙行分明引入桃源路無計歸農愧此生

小河口遇雨　張子範

村沽逢驟雨借傘返柴關水急溪冲直堤淹路改彎鳥銜濃霧出牛走順風還如讀南宫畫裝成潑墨山

過石板頂　吳　滂

策蹇到山巔茅屋數家連店賣瓢兜菜人耕榆子田山危雲壓矮石碎水舂圓回首來時路蒼茫隔暮烟

落水洞歌　鄭盛僑

南來一水遶東城勢欲朝宗赴蓬瀛不意中流不通津兩峯夾岸一峯橫山靈攔住不許行水石激搏亂相爭到此都作不平鳴造化從中費經營消息一洞類鑿成調停衆流一齊并實大聲洪响轟

轟五疊六疊勢峥嶸陡然一落山嶽傾下有怪石抵死撐河伯與之欲抗衡魚龍奮舞百戲呈疾如滄海鬥鯢鯨散如曹部理匏笙猛如昆陽大交兵逢逢鼉鼓抓匈匈亂如淮陰渡木罌出沒雜踏靡旆旌烟飛霧噴雪满阬百尺長簾掛水晶我來環視心怦怦蕭然意欲返柴荆山中人兮忽相迎坐我磐石引巨觥指點源頭細品評道是此水識虧盈不比滄桑有變更來與世人洗物情出山依舊入山清急流勇退甚分明升沉萬狀總不驚埋頭

一去不計程未許漁人設網紭未許孺子濯足纓未許海客訂鷗盟道元註水遺其名囑君爲我試重賡聞之使人百感生歸來作歌目猶瞪耳邊時聞怒濤聲

迴龍寺　向　曉

瑞獅巖下水泠泠寺隔迴龍幾度經坐愛江光環郭白行看山色到門青老僧供客茶方熟韻士飛觴酒乍醒歸到前村回首望數聲鐘磬出蒼冥

過上渡口有感　李北山

今古川原一望收盛衰過眼總悠悠青山咫尺分晴雨明月千家異樂憂縱使爲人良亦苦那堪作客又添愁江河絕少回頭意底事茫茫去不休

過方家灣　吳小鵬

水齧石磷磷溪居物色新荒村雲入市古樹腹容人農隙牛常臥風清犬亦馴遥岑如讀畫四面作乾皴

過夾壁遇雪　冉大璽

集霰灑林巒行人破曉寒凍雲時上樹水碓自舂

灘谷暗凝冰易村稀買酒難自慚風雪裡未可對
袁安

觀龍門巖魚躍　　黃庭芳

龍門高敞水晶宮映水桃花夾岸紅試看游魚爭
躍浪幾同飛鳥快乘風揚鬐未肯沉淪久點額休
嗟際會窮轉瞬春雷燒尾後蔪然頭角又騰空

利川竹枝詞　　吳子丹

南瓜萊菔雜蕓薹種遍山隈與水隈一帶平疇將
綠繞好風吹送稻香來

每逢路轉見村烟不羨桃源別有天捫蝨老翁閒
曝背畫眉啼到竹籬邊
嫣紅姹紫繞山家麂眼籬笆故故斜流水一溪門
半掩悄無人處有桃花
高唱山中招隱歌前溪遊客偶經過聽來不是尋
常調知有詩人住薜蘿
又聞樵唱出山隈嶺上牛羊賦下來一抹斜陽紅
過樹家家童子抱書回
屋角陽坡盡種茶雨前忙煞野人家拋荒園內新
蠶豆一半猶開紫甲花
新荷出水葉田田大似開元半兩錢迎面吹來風
乍冷纔交立夏雨三天
鎮日不聞車馬喧寥寥一犬吠柴門殘山剩水遊
人少疑是江南黃葉村
數聲啼鳥喚哥哥密樹叢叢裊女蘿郎在對門儂
不見相思祇隔一條河
姊妹相邀去采蓮無郎獨處自年年蜻蜓點水微
渦散一箇圓時箇箇圓

山從北面水朝東每恨潮來信不通問郤眼前春
没主好花開到艷山紅
生小兒家住僻鄉邀郎一顧郤羞郎梳頭不解江
南樣但作蓬鬆鬧掃妝

禦邊有感擬杜甫諸將五首　　吳曉峩

一從寰海慶承平最重
朝廷訓練兵不惜雀翎酬勇悍也曾貂繡錫干城有時
坐甲長楊館無事枕戈細柳營漫道將軍門煞老
下游豺虎正縱橫

招撫鄉農各議團江防處處置材官謀臣濟美中軍帳勇士投誠上將壇地據雄關無不利天收殺運有何難長城半壁東南峙多少人民望治安

撫髀何人嗟奈何聞鷄起舞敢蹉跎當年自信貔貅壯此日無妨狐兎多况復出師占地水行看得士挽天河書生也具英雄膽一樣請纓願止戈

火色飛騰羨馬周功名莫漫彈吳鈎陳琳草檄才還在祖逖着鞭志未休西蜀偏安嚴僕射南人不反武鄉侯全銷兵氣天應許坐待桃林好放牛

風角握奇並六壬陰符一卷太鈎深無傳遁甲終難信有限妖氛定易擒制勝全憑才學識觀時要悟去來今陣圖兵法因人妙驅策羣材在一心

節婦行 有序

彭惠疇

節婦黃氏儒童張大鼎之妻也年十九而嫁二十三產一子而大鼎卒家貧不給饘粥舅姑老且衰呱呱者方在襁褓幾有不能圖存之虞黃氏願甘苦守爲夫事姑撫子誓終身不改適忍饑寒日惟一餐而奉舅姑惟謹厥後舅姑相繼而亡賣衣裳以營葬具不聞有怨言兒稍長教之讀其束修皆出自紡績可謂苦矣無何有周親者欲奪其志黃氏不可且強之不得已訴諸鄰託其子以死徇鄰婦爲之悲而無如何以其情呈之學學師憫其節爲保全焉予採風至此不能無感作爲節婦行以紀其事云

節婦之心貞且堅巍然巨石化山巔節婦之操清且漣湛然明月照寒泉泉水不枯石不爛節婦精神同聚散黃鵠早寡不雙飛令人聞之爲賞歎憶

昔結褵甫四年鏡破郎驚琴上絃孤雛在抱高堂老夜夜山頭泣杜鵑忍心暫緩須臾死爲夫事姑兼撫子茹苦嘗辛日復日周恤不聞通桑梓碧梧月落烏號霜一燈紡績守空房明朝菽水從何出全憑十指事姑嫜椿萱繼卸桑榆景室內空空如畫餅殯殮營葬事事難衣裳賣盡甘寒冷年年淚灑湘妃怨且喜兒大如毋願機杼藉資束修錢般勤來把兒學勸無端同室相摧殘琵琶逼抱別舟彈節婦聞言心膽裂柏舟自矢死非難千思萬想

無生路避人潛與鄰家訴訴盡生平無限情託孤卽去冥泉赴鄰家宦婦且哀憐不覺雙淚落胸前慌忙代寫陳情表轉向學師求矜全學師一生重節義多方謀爲節婦地護花鈴動鳥雀驚從此閭里息羣議羣議既息節婦安瑤池氷雪作心肝誓指南山松柏樹不改青青耐歲寒苦節苦節苦又苦更僕實難終悉數作爲此行以紀之庶幾風化昭千古

藝文

陳世凱提督紀畧序　施閏章

覽古命世之英多歷試於艱難而後成天下之膚功當其窮蹙困踣幾不得苟活與傭販者伍及功建名立天下以偉人歸之說者謂有天倖要非智勇深沉經百折出萬死而不挫則尺寸不能以倖成譬若楩楠松栢之材天固老之以待用向使其材不勝任則凋急雪而殞崩崖其不爲槁莖腐草者鮮矣陳公贊伯之以戰績顯也余舊聞而偉其人有故人高使君尚孚分巡溫處二州說溫鎮陳將軍不去口既相見抑抑禮讓如儒生語及戰陣事惟上頌

朝廷之福親王貝子督府將將之能及師武臣之力無一語自伐請至再乃出紀畧一册夫功業待時而建者也勇畧不待試而具者也公姿岸不過中人生而雄武有畫地爲陣之意明末寇大擾其先公蒙難憤不共天聚鄉人殺賊殲其渠羣賊必欲得公甘心公脫身獨走衝虎豹披榛莽饑三日夜至

生啖野蔬宥隧習井深穴中伏匿得免可謂萬死
餘生矣然終不肯黃項老牖下轉徙川蜀
國家拓定蜀土伏劍效順屢授提督始以敢戰聞久之
部補協守杭城多善績杭人頌焉會滇閩搆逆溫
處連陷金與衢且剝膚督府令大司馬李公謂公
才可大任親王貝子試可決策推轂一二歲間大
小三十餘戰卒復溫處而綏靖金衢遂以總兵鎮
溫州當是時賊衆所在數萬東陽義烏之間蠶食
豕突而金衢故浙西門戶也溫處又所以屏翰金

衢而閩海之衝也公料敵策勝於處則先奪桃花
嶺於溫則率其子紀先破石塘皆二郡最害要處
既奪迎及節解二郡遂平公既負勇敢戰數以寡
殲衆直搗中堅或仿陰平入蜀故智騰鳥道繞出
山背皆身先士卒或免冑冒矢名大呼而入間舉
一礮摧鋒折纛應聲而倒賊望之披靡呼爲陳鐵
頭及其師旋則又以身殿全軍無恙昔人有言使
遇高帝萬戶侯豈足道哉提聞
天子大悅於是以左都督加世職又

特簡浙江提督公感涕霑膺未嘗不追痛出萬死而重
被
國恩也客請書其本末乃畧紀之以勸有功以示後裔
且誌諸王督府之知人善任使也功臣宿將多漁
獵子女玉帛以侈娛樂公懲念少賤仳離不置歌
兒舞女戢部曲毋淫掠又多方從他將贖釋俘婦
於戲豈非智仁勇廉者哉

贈提督陳天培紀畧　　包秉彝

公非所稱翩翩佳公子耶何氣之壯而勇之至功

之深而績之懋哉公總角齠齡時即好演武習騎
射昂昂不羣有千里駒之氣象及長而膂力超人
射穿七札胸富萬兵不僅勇畧冠軍即運籌帷幄
決勝千里無不發輙中竅今事平論定其忠心義
膽偉畧豐功不能盡載也請僅紀其畧當閩疆告
變浙壤震驚楚粵蜀隴莫不騷動公受賫伯翁老
祖臺之重任遂毅然受命曰當此而不捐軀以報
國恩并以報父恩非臣子也苟畏死以貪生生無可幸
舍生以就死死有餘芳於是辟易賊鋭東衝西障

戮叛撫服恩威並布非智勇雙全孰能披堅陷陣有如摧枯拉朽者乎於是進浦江烏義則恢復二縣進永康縉雲則席捲長驅進括蒼甌江則屢戰大捷在在奇功莫可殫紀至石塘一役地勢險峻峭壁層巖砲矢如雨我師三進三却公奮勇獨登發三矢殺三人大呼直上遂奪梁走賊貝子見而嘆曰真將種也嘖嘖贊美不止錄爲首功劄在石塘開路奮勇爭先胄鋒披壘戰功懋著應授遊擊職銜此貝子之獎勵也制府李公劄開處州逆賊

久踞石塘官兵進勦尅期蕩平本官獨能奮勇前驅立功建績足徵勇敢此制府李公之嘉尚也勦撫功深隨經制李公提陞寧村營守備地方初復人民逃散公撫卹流離多方招徠漸見哀鴻甫集而士女各還舊土矣當兵燹之日饑饉洊臻米珠薪桂民不聊生公捐俸採買賑濟度歉而所活無窮汪洋逋寇連艅行使沿海殘黎每遭刼掠公遴員給費悉心招撫遂至投誠接踵而海不揚波矣他如設閘防川而水蓄弗泄旱魃步禱而立沛甘霖豁免夫徭而兵民愛戴亷潔持己而餉無虛懸此皆彰彰在人耳目者也若夫修臺築寨則措置有方兵民無憂而地方永固捍外衛內則相度地利賊難登犯而邊境肅寧總之功難盡數績難盡述是以制府李公特疏題薦奉

旨紀錄又奉

皇恩議叙軍功加授副將又荷撫提二公會疏題陞磐石營偏將又蒙

聖恩特簡浙江寧波提督將來勳猷爵秩正未可限量

其克紹箕裘克振峻業要皆不外乎昔聞膝下諄諄訓諭燕翼貽謀之所致也噫公非所稱翩翩佳公子耶何氣之壯而勇之至功之深而績之懋哉

掛子山界碑記

賈思讜

聖天子天下一家何事區分畛域哉然不分者胞與之仁不得不分者經緯之義也義定而爭端息矣粵稽唐虞建官內有百揆四嶽外有州牧侯伯夏商官倍制亦如之周置三公三孤六卿師長三百六十屬漢唐以下置軍路盡海內之地而郡縣之內

外相維大小相卹守其地予其民各正疆圉無相侵割凡期以義相安耳楚之利川與蜀鄷都東西界連先雍正以前忠路一帶俱屬土司鄷都無干於楚十三年容美土司率施州衛土司投誠於乾隆元年議准改土歸流建施州衛爲施南府就各土司設府屬六縣而利川乃爲鄷都接壤當分疆查奏者楚地制軍撫軍履勘者荆南道施南守界案俱西南從後鄉塘河上大梁東北抵掛子山高峯爲兩縣界即川楚大界厥後土司覃姓以此間

荒山契賣張行修爲業是時深林密箐虎踞鹿遊霞蔚雲蒸蔽天障日乾隆某年適出鄷都民彭長清乘機夯佔越古沙子關會哨之處且踰掛子山大嶺兩溪張行修契買之馬尾水鴨溪水並金壩一帶强佔距壟互相搆訟或在利川或在鄷都結訟數十人歷經數十年踏勘數十次紛紛界案未得澄清乾隆四十年鄷都彭上控川藩及督憲檄楚飭員會勘定界利邑署令胡某禀請署施南前憲遂員上界冀清積訟以其事飭知宣恩事賈思

謨前往勘定於四十年四月會同知鄷都縣詹士适卜日臨界會於四川興隆寺之旅店面約從界外細勘忽於次晨變計且直近忠路一帶登記山水地名全不及疆界圖而移掛子山於崖門左右去關刀峽大梁遠矣去沙子山則更遠矣窺其意直欲附和奸詭爲侵餌計耳豈復問分疆原處哉謨乃從掛子山尋沙關故處轉上大梁西去簡家壩後鄉塘回首上關刀崖馬尾溪三口口箐諸地方度危岩深谷走叢棘茂林翦荆撥雲悉心周覽

及旬日乃得掛子山內嶺巉岩如削界劃天成於是從忠路之上下土溪等處捷道回車欲與詹定界乃相隔數十里愈追愈遠竟乘夜飛馳杳然去矣謨次日乘天氣清朗再登掛子山大嶺尋最高一峰坐而憇之立而望之意見決定歸即先傳圖西南抵關刀巖馬鹿河東北抵掛子山高峯中則岩岫峻截因欣喜自慰謂此誠天生界限常見定界者刻石立碑斷處森嚴奸民暮夜互移潛口頓訟久則山水俱謀改易漸漸之石形踪磨滅抑又

何所憑也而此嶺則奸狡無所施其技矣既不留後人以爭釁亦不失古分疆之遺遂繪圖繕詳並檄酆都永以此山爲兩縣界卽以爲兩省大界乃者四十三年酆民彭又赴部內控事經上聞爰令兩省督撫行飭大員詳細再勘湖北則委施南府汪獻琛宜昌別駕王燾川省則委直隸忠州甘隆濱各率屬縣利川令李廷渭酆都令張某查勘叅閱圖據決日研求仍以此嶺定界而彭長清等俱皆附首遵依無再置喙亦可見事之公而當理其

界不易者確然之義也與情翕服者同然之義也而奸等之黙息無辭者畏於義而不敢妄吠也其各安爾土協於經緯之義一也是役也兩省府州縣竭心盡力身任劬勞長至之日車馬臨山冒雪披霜不辭辛瘁明大義以啟鄉愚定三四十年結訟之案而使界限釐然皓月雞鳴百姓安堵永息爭訟其嘉惠安有窮歟使讀先此之日稍涉私意亦若貿貿遊山者之胷無成竹妄行指畫必不若此之彼此共信先後同揆也其不至於貽笑於大方者幾希矣是爲記旹乾隆四十四年八月也

記舉人李耀瑚辭舉孝子事　譚光祥

施南屬縣六自設科以來惟來鳳得舉於鄉者一人癸酉鄉試利川李耀瑚得舉僉曰是固能文者宜其舉也既而有稱其孝者曰是故天之所以報也宜其舉也予聞郡之有孝子也亟馳書利人朱艮一問狀且令利人臚舉其孝行以聞將旌之艮一報余書曰耀瑚事親先意承志曲得歡心侍母疾衣不解帶者三年居喪啜粥飲水如古禮服除

親生日忌日輒流涕變食孝哉之稱人無間言奉明諭臚舉孝行鄉人將遂合辭以狀聞耀瑚知之造鄉人曰耀瑚少貧奉親無狀養且不能曷敢言孝終天之恨萬死莫贖不幸盜虛聲方懷慙懼若更居之不疑欺心於天莫此爲甚不孝之罪滋大矣敢以死辭艮一竊見耀瑚避孝名出於至誠願無賜表閭之禮以安其心嗟乎欲報之德昊罔極極罔極者昊天之本然不敢言報者人子之自盡孝爲庸德人皆可能卒不見有能之者謂親德易

報孝道易盡不知罔極之義不復竭力以求自盡也耀瑚養生送死盡禮盡哀如是聞採訪避孝名如避不孝名其不自以爲孝也出於中心之誠非故爲辭讓以鳴高也蓼莪詩人之意耀瑚其知之矣自今以後人子守身之道臨深履薄以持之人子顯親之道夙興夜寐以求之耀瑚其勉之哉顧吾謂如耀瑚者士林已不易覯施之人當何如愛慕而傳述之然而知者或不愛愛者亦不傳脫非名登賢書則孝子之名竟無由入於吾之耳然則

耀瑚之得舉也正天之所以報其孝而表而出之以型世也夫天之表耀瑚表其行也非表其文也予懼既表之後人第知其文而不知其行而孝子之名終不見知於當世也故爲文記之以告世之爲人子者

舉人李耀瑚辭舉孝子事後書　徐潤第

郡伯蘭楣譚公既知利川舉人李耀瑚之孝又知其辭舉孝子之名而不居因爲文以表之予讀之適然驚肅然敬水源木本之意油然其不能自已也嗟乎孝如耀瑚可以風矣記事之作　公之用意深遠矣耀瑚之孝利川人初無有傳之者癸酉鄉試來鳳貢生張書紳忽於試前賦詩寄別家人入廬山修道利川建置以來無登鄉薦者至是耀瑚始得舉時論謂之施南兩奇其奇耀瑚也奇其得舉也未嘗奇其孝也因其得舉而始傳其孝　公乃得而知之而表之也夫世之黄其冠而青其衿者何可勝數耀瑚之孝世不數數覯不奇人之孝而奇人之得舉與入道豈不以得舉爲富貴之

階入道爲神仙之路羨富貴者無遠識慕神仙者多妄想時俗澆漓民不興行於此可見矣記事之作宜　公之瞿然於世道人心而思所以維之也雖然吾聞富貴在天天不可違也而未嘗不可格也惟天地萬物父母父母卽天孝於父母則天心悅故惟孝子爲能得富貴吾聞神仙有性命兼修之功人性統於仁爲仁本於孝孝則仁仁則盡性盡性則至於命故惟孝子可以求神仙彼入廬山者不知其於孝也何如充耀瑚之操則其名可以

登仙籙豈但可以登金榜人而不欲富貴神仙也人而果欲富貴神仙也則耀瑚之孝益不可以不法

燈明寺記　何金枝

沙溪司黄檄官鳳翔總兵夫人覃氏生子四俱顯貴不意夫人當隆盛時忽作出塵之想爲寺於林中額曰燈明長齋奉佛處之宴如也人問之不答噫豈其有所見而然歟當今之時國家多難人皆戎馬倉皇疇則超然世外郎予以茂才異等除南

郡令五年遷錦州司馬又五年推陞知府尋蒙國恩擢爲御史奉諭入山採木沙溪初至流寇頻興水陸不通材木莫達獻逆久踞成都無家可歸豈若茲之林泉優游也或曰夫人之爲此殆恐夫征不復祈天永命予曰冥冥之中固不可測但君子處世要有保身之明不然其不見笑於巾幗者幾希

重修武廟碑誌　陳春波

利川荒遠舊隸土司

國朝改土歸流始於乾隆元年設縣治二年於城東建關帝廟與　先師孔子並崇祀典所以興教化奠民人也迄今逾六十年棟宇垣墉日就傾圮余下車伊始旣進邑之人士謀葺文廟而新之繼卽欲修武廟踵其成中以冦警鄰封軍書旁午弗果嘉慶二年春苗逆巳平楚北邪氛亦漸殄爰謀諸寮寀捐俸倡修衆志允孚不徵而集中擇其能者任之第仰瞻殿宇檐短不及階前直重軒兩檐相銜中横一梘引水雨驟則溢久則淋堂下之階去地不盈

尺無層級以進非廉遠堂高之義且面無墻旁無廡地皆因土作壤奚以妥神棲乃相與營度所宜召匠人示以圖於前榮嵌木接棟擎高其梁外爲軒之楹有四皆施以大木俾負椽直郄不偶重檐剷階下土以次深數尺砌以石高稱之殿之後爲三公祠設重扉搆精舍居僧以伺香火遠厨厠使不褻殿前拱以樓衛以墻洞開三門作兩廊翼以囬欄鐘鼓在亭僕馬在廐蓋規模比舊畧具矣然而木者斲石者礲陶者甓圬者墍取材於山輸資

於衆計其工費纍纍葳事殊難斯役也經始於丁
巳之夏落成於戊午之秋翬如翼如丹碧燀煌一
新廟貌於以見
帝之英風浩氣充塞兩間實能佑啟我民而我民亦慕
義甚勤有以上副
聖天子昭假振興之至意也是皆可書也於是書倡修
之同官銜名於石董事及捐助者則另泐一碑以
爲捐輸者勸

九渡河永濟橋序　王星榆

縣屬之南有九渡河焉河發源於西南諸山迤邐
東注逕鍾靈之麓綂滙於城南大河雖流不甚巨
而高峯夾峙一綫中盤每夏秋霖潦暴集容水盛
漲則泱漭浸灌冲激堤岸行人之病涉者屢矣溯
舊有木橋一歲久而圮里人吳啓光等議甃石爲
之以垂永久請簿於余與以醵資費工既竣求余
記其月日余維利邑毗連川省爲楚蜀之門戸然
自有明之季土弁盜據
皇路未夷及我
高宗純皇帝之初載始改設流官一其聲教閱今八十
餘年洵大化涵濡民商輻輳向者荒僻阻絶之區
今皆擬於四會五達之莊而其民於安居無事之
時又復喜爲勝事以惠行旅而謀久遠卽一橋之
建而
國家久道化成之效不於斯而可見耶是橋經始於嘉
慶庚辰冬成於道光元年辛巳秋凡閱月而工畢
費銀計六百四十兩皆民戸捐給弗假官帑余喜
是橋成得以永濟行人因以永濟名之並爲之誌
旣爲邑人慶抑以祝我

國家億萬年無疆之休

上吳碩卿明府德政歌六解　鄭開

春光休豔河陽花冬日煦處春更奢君不見靈臺
景象實庥嘉民情休問單父琴甘棠蔭下民胥淳
又不見桐鄉愛戴勝子孫試叩此中消息誰主張
官或猶不敢自信民豈遽有此淳良到得上下情
意兩浹洽又覺官民界限渾相忘感召要自有機
括胡弗審諦一推詳一解古稱召父杜母豈虛聲

想見保民如赤一段誠不然刑章徒森嚴文誥空昭明愚不受砭頑難訂司牧久已困豪英胡爲一旦不招而自來不令而自行急公奉上奔走恐後視如父母親此豈倖得於斯民君不見大尹乃仁人 二解 恭惟明府家名涇水世系延陵昔曾作宰冀北到處有脚陽春追媲先世河陽治洊陟京邑卓薦膺譜斯治行恩湛春露考厥官箴潔比冬冰三解 再起分符來莅井謀民一室視四境首爲癠土籌備荒豐峙處處義倉廩他如救災患起瘡疣

鋤強梗扶善柔培風化殖田疇慈惠碑有口惠政指難僂山陬數百里膏澤三年流 四解 但使吾民咸得所吾身何者爲甘苦大尹自樂趙鶴琴小民已憂范魚釜父老走告兒童趨相將負戴供所需薪米雞豚絡繹輸卻之不得但嗟吁爰命酒食爲勞苦宛若家人父子相歡於 五解 自昔郡垣得識公咸德儀容常夢中捧檄今恰忝僚佐兼喜師門氣誼通末吏常思勉學治何幸此日得景從斯民三代直道在良吏千秋治國同只愁性情未敦厚秦越肥瘠隔我衷感之不動輒鄙棄閭閻何怪少淳風我公得民有如此側聽不覺豁心胸敬歌樂只告同輩佩德靡以明吾悰 六解

吳碩卿明府德政碑

常懿麟

蓋聞痌瘝在抱爲賢聖之居心衽席斯民見循良之實效今人動言經濟事一投倉皇失據而屢豐無事之時又不未雨綢繆豫圖保聚無惑乎催科聽訟之能吏多而捍災禦患之良吏少也利邑泉寒土瘠戶鮮蓋藏災歉頻仍莅無善策深山乏舟

楫之利既未可重價以招商四境皆枯槁之餘必不能臨時以捐富本年霪雨爲災卒然饑饉特資義倉平糶以濟時艱而義倉之舉實爲前任吳公之所倡始按公爲安吳望族出宰要津嗣以服闋選授斯邑下車而甘雨隨來返旆而仁風猶被先是病操切之政公則哀鴻雁以推恩多刁詐之徒公則孚豚魚以示信遂致感召祥和歷年豐稔官常飼鶴役亦買牛固已可登循吏之傳無忝治譜之書矣乃更防患於未然憂民於不已思凶年之

必須有備知富歲之可與圖成夫歐公之本論不行惟朱子之社倉最善公心師其意信而後勞捐貲倡首民樂輸將功若集裘義倉比櫛共有穀一萬數千石分貯各保擇令方正紳耆隨時料理既杜素餐無虞紅朽是其利賴無窮而公亦與之無盡矣公任此六年報最遷雲南宣威牧而麟接踵芳規政承舊尹猥以德薄卽罹災荒當此之時設非公留善政民有然眉之急官爲無米之炊其何以堪平糶事竣士庶思公遺愛共立壽石麟亦卽

慕仁型樂贊成之因爲之序

乳泉洞簡鑑空上人詩序

藍易青

造物生人復生物人之所遭有幸有不幸物亦有之不必遠有所求也卽一鄉而論或有漏根因未結人天之果或隨風蕩墮竟成藩溷之花其不幸之人與不幸之物皆堪悼也吾鄉有僧鑑空者性誠樸讀書能文屢試不售遂遁跡浮屠復貧不能自存行脚南郡郡俗尚西方象教凡居喪有力者建水陸道塲必延請緇流諸山以鑑空能詩工書

一切疏文楹聯悉央求假手録是漸爲郡中人所識筆墨應酬往往坌集於門嗟夫以鑑空之慧業棲心禪室其來因有大過人者使其隱巖穴叅名師遇正法眼藏努力到非非想天成佛當不在靈運後也惜也誤落塵網結習未除天花着體猶是忉利天中人不得自在神通非鑑空之不幸乎吾鄉有乳泉洞者在城北里許距峭壁之腰高凋二丈有奇深倍之豁然開朗結頂處倒縮鍾乳石一長八尺大可合抱上銳下廣有泉甘而冽隨乳頭

溜下一池承之涓涓若鳴琴然冬夏不竭嗜茶者爭取焉洞口平衍石磴可坐千人俯視全城在目雲山面面晦明風雨四時遠眺尤宜誠勝境也嗟夫以乳泉之幽邃清冷倘置之通都大邑得文人學士鑑賞品題則地以人傳安知不與名區勝蹟並著惜也僻介山城樵夫牧豎過而陋之至今蓁莽荒穢鼠竄狐眠而已是又乳泉之不幸也雖然茲特就一鄉之近者言之耳若夫宇宙之大人物之繁又豈無智謀沉雄之士瓌奇偉麗之材遭時

不遇知已難逢人則泉石終老物則瓦缶同鳴其湮沒不傳令人扼腕者何可勝道鑑空乳泉其近焉者而或者曰子之論寄慨良深然天下事離則兩傷合則兩美今一鄉之中有僧若此有山若彼何不令僧歸來開山結廬回心向道因其地全其人爲山靈生色爲我佛增輝相得益彰不又不幸中之一幸乎予試致書招之余善其言因作書一通并仿淮南八公之意得詩八首用附簡末

野茅水宜影塔序　賴宗德

野茅水一帶岡巒四合隱然如大環獨缺其東一面望氣者曰不塞其隘則內外之地脉不束爰建塔以實之塔臨水潯倒影其中若投鞭然送夕陽迎素月影達彼岸則流可斷而氣賴以束名曰宜影蓋重在影而塔之高下弗計也夫扶輿磅礴之氣束之則聚聚則凝凝則葱鬱驤騰靈秀鍾焉今而後行見一鄉之中民氣和年谷豐人文蔚起豕負攸居於無斁也又豈同荆南之息壤域西之浮屠徒爲鎮橫流作功德云爾哉并附截句八首記於塔上

何仲香明府德政碑

利川設縣幾二百年賢宰不下數十輩獨前吳公碩卿義倉之設吏民爲立石於東門外今秋閤邑僉議建司馬何公德政碑皆取其所全者大而事可以垂之將來然而爲吳公易爲公難一處常一處變也公以同治二年視事斯邑甫半載萬姓鼓舞懽欣未書於石先宜於口有以聽訟頌者曰如鏡之空如衡之平鷹鸇逐惡雀鼠息爭有以安民頌者曰內修政事外應賓客征馬沿途嗷鴻安宅

有以好士頌者曰勤於課試重以賓興兵燹遺民多絃誦聲嘖嘖稱道不一其事然未足盡公者夫寰宇承平之日中材亦可奏功師旅饑饉之秋豪傑未免束手本年春士民躋堂稱觥正酬酢間忽賊烽照境地無堅城人鮮固志公曰毋養禍毋助變吾以軍功獲選何畏於寇於是立團練設防堵籌軍粮行市之微利胥以助餉公先出餐廉爲倡賊蹤躪旁縣不敢犯賊退後計存經費四千餘貫軍火器械無不備具現擬稟府立案爲異日緩急

之需乃外憂未已內患忽興未幾災荒見告矣羣情汹汹不可終日公親入閭閻勸富民勿閉糴又分餘俸市米就各鄉設平糶數十處仁風遍野膏雨隨車賈者以豐饑者以愈趙清獻之救荒南豐作記張益州之已亂西蜀繪圖豈私恩小惠誇一時一事之能哉今者變苦境而爲樂土稼頌如雲修文德而偃武功兵歌洗雨彼蒼似默鑒其忱宜民情愛戴不忘也或曰吳公碑立於去思後今作於居位時得毋少異乎僉曰不然詠歌因感激而

生彼此無庸襲跡經濟賴文章而顯後先不必同途但使民生共賴當傳令示後矧吳公之利倉積久弊生已將廢弛非公大爲整頓幾難復振而公所遺之利並足與義倉並垂不朽歟爰爲之序以道其梗概云

雜記志卷之十

知利川縣事何蕙馨監修

雜志 雜記 祥眚

方志之末多有雜記以舊聞軼事諸類未能盡收或野史稗官事蹟足資攷証寓勸懲擴見聞者故別而存之亦補闕拾遺之意也府志捃摭六屬似涉於泛今獨記敝邑異事新聞而祥眚附焉志雜記

酉陽雜俎載十二時蟲形似蛇醫其體倏忽變更

爲十二時狀又粤西志載時辰蛇狀如蜥蜴十二時轉十二色鄒生景嶧家龍潭一日郊行見路旁兩穴相對大如錢僅離尺許有物首已入前穴內尾尚在後穴中中間所現者如指粗蠕蠕然出彼入此每過一節頓易一色或靑或黃或赤五色俱備過一時許未竟其尾景嶧懼疾趨歸備敘其異皆不知其何物豈粤之時辰蛇耶抑酉陽之十二辰蟲也書之以俟博物者

景嶧又云其先王父博愛翁曳杖田行見一物大

如箸長十餘丈翁異之以杖驅其尾尾漸縮翁亟踐其後縮漸迅身漸腫近其首大如茶鍾長僅尺許不能動亦不能再縮首似如意其形蠢然殊齷齪亦不知其何物或曰即此地之山螞蝗也

白龍灘離汪家營十里有磽焉磴係亂石砌成歷久不壞父老相傳有白龍潛其下灘是以龍名名之歷來無敢毁者毁則雷雨交作似有神物呵護或曰亂石中並藏有書劍各一其信然與壬戌春逆匪欲度此磽梁忽斷賊紆道過遲至汪家營俾居民得以早遁保全生靈甚夥豈灘中之龍昭昭有靈乎是可志也

城東小河口有石穴竅而深泉甘而冽出嘉魚味如丙穴名百背泉余初不解其命名之義鄭惠人明經居近其地問之曰此背字即朱註解不負戴於道路之背以竹爲之形似籠有兩繫實物其中反接以背之俗之背籠是也昔有鄉人負背過其泉值潮湧出魚隨之於扱以萬計鄉人忽發臨淵之羨急以背作網滿則蓄水田中挹彼注茲往返百餘次大獲利因名其水爲百背泉云乾隆初有哆口僧乞食於鄉人飽以菜羮明晨汲泉見一魚臥水次大倍常鱗乘其隙擊以擔水木瀕死力曳之歸剖其腹疇昔飯僧之菜羮猶存駭且悔遂罷業漁迄今泉名猶是而魚則無復百背矣惠人親爲余言故誌其異

冉一齋明經云其鄉有牧兒何姓者偶碎石一方石下有兎虩虩中對列二物高約五寸下廣上銳若寶塔狀一爲玉琢成一爲銀所造取視之皆羣環疊成肉好若一大者如拳小者類鵝眼層累而上約二十餘枚所可異者環皆缺有口寬分許自肉達好箇箇皆然無完璧銀者牧兒毁去易米玉環皆失散一齋獲其一用作扇絡墜不知古人艁此何用徧示人無有識者考之爾雅肉倍好謂之璧好倍肉謂之瑗肉好若一謂之環謂爲環耶何以有口又曰雙玉爲瑴五瑴爲區謂爲瑴耶何以大小各殊小雅大東篇曰鞙鞙佩璲謂爲璲耶何以又有銀爲之者夷堅志載政和間鳳翔府發比

干墓有白玉四十三片上圓下方紹興十二年真州六合縣村民耕地穿一墓得玉百餘枚長二寸濶一指上有小竅識者謂古王公歛屍押玉茲則藏於譏非出於塚且形異而數亦不侔世無博物君子茫茫大地向何處索解人也

一齋又云大溝在邑治東三十里夾岸皆懸巖下有洞洞産硝土人射利者就洞熬之一日爐中火方熾鍋內硝正騰沸忽聞巖上淅淅有聲衆仰視之見一物形類麞毛若點漆履巉巖如平地衆方

駭異物忽自上躍下突入爐中烈火內火頓熄鍋內硝傾刻化爲烏有衆莫測其異有識者曰洞本清虛地意者有神居之土人盤踞其中坐起喧嘩加以烈焰薰蒸山靈惡其射利故遣物以示罰云理或然耶

縣治由西而南而東三面皆河兩岸多石穴常有獺聚其中生生不已土人呼爲扁子捕之者張網於穴口若兎罝然上懸鈴守之獺出入觸鈴响捕者急縮其綱獺可獲寢其皮可作領袖餙價亦不廉李時珍本草謂獺肝與爪治傳尸癆有奇效而不知其骨能解中藥箭毒水磨少許敷之立消記此以補方書所未逮

順治六年己丑春利邑饑饉見告斗米值金四兩人有數日不舉火者有合門自斃者骸骨盈郊青燐遍野黃昏月冷白日烟消傷心慘目可勝悼哉又乾隆四十三年戊戌久旱不雨米價昂貴饑死者踵相接至今故老話及猶蹙額焉

乾隆戊戌年邑大饑有掘石脂食者土人呼爲觀

音泥以其能救苦也故神其名焉或曰泥可食乎余曰不觀之石麪乎唐元宗天寶三載武威番禾縣石化爲麪貧民取食宋真宗祥符五年慈州生石脂如麪可作餅餌仁宗嘉祐七年三月影池地生麪可食哲宗元豐三年五月青州益都石化爲麪人取食之今所謂觀音泥者即古之脂也麪也天所以救斯民之饑也方書所載禹餘糧甘平性濇入手足陽明經生池澤無砂者良可以療饑即此類也

巖洞寺建自前明廟後有古栢數株二百餘年故物也輪囷突兀枝幹槎丫誠不愧杜老所云黛色參天二千尺霜皮溜雨四十圍之句且生懸巖上從古及今無敢伐者材大難爲用信然

邑多山梁故多雉平明結伴羣飛令人目迷五色使仲夫子而在共之不勝其共也凡鳥伏卵多爲虺蛇所傷雉性不慧拙於營巢往往乳哺於野田草露間卒不遭其虐亦異矣或曰其伏卵處有雄黃黃氣薰蒸能避毒物鄉人恒覓之其取黃之法

先以溺繞巢三匝從而掘之必有所獲孕婦懷二三月時以絳囊盛黃佩於左臂女胎可轉爲男即入藥亦倍常黃第不知黃爲雉所銜乎抑茲地所産乎安能起張茂先而問之

城中有塘方廣數畝初屬曾姓業故以姓名之其地勢稍低合邑簷溜皆滙於中咸豐丁巳年五月初八辰刻風雨驟至有物長丈餘乘風入塘內形似牛身備五色目灼灼有光水墳起濃霧迷離移時始平究不知何物

螞蟻墳在城東三十里圓包嘴相傳國初時有乞兒歿於其地土人淺瘞之後羣蟻銜土壘塚日久成小山人異之無敢毀者至今尚存

南華宮在縣治後街內祀六祖像道光初佛手忽生一菰其廟祝奉烟火甚虔一日病夢六祖以菰示之明晨刮少許合水服之病遂愈後抱病者尤而效之往往輒驗刮者無慮日菰竟如提山之肉旋割旋生我佛慈悲誰謂無靈也惜髮逆亂後悉燬於兵

巖門頭在忠路城北道光年間建廟營基命石工鑿山得巨石一方從中分破內生成太極圖形口眼畢具周匝毛細如髮雖畫工不若也且下凸上凹各二三分其鄉人仍合之置神座下今尚存

龍洞溝在利城西八十里同治元年八月起蛟初出洞山崩數十丈水陡漲田地衝壞者十餘里旋被雷擊作數段每段長二三尺不等委棄泥沙內腥聞數里月餘始腐盡

縣治文廟側從來設有字庫合城焚字紙者皆就

之道光二十年有游民李惟賢竊取字紙灰一擔猥云糞灰賣與園丁種菜惟賢未三日雙目瞽

何首烏有赤白二種夜則藤交原名交藤唐時有何首烏者父名延秀服此壽百餘歲首烏繼服不倦壽亦如之李翱爲之立傳明嘉靖初方士邵應節進七寶美髯丹世宗服之連生皇子數人此藥遂見重於世然成人形者少相傳縣治南門外校場園墻一帶皆交藤延蔓居其地者鑿井而飲皆登上壽即如鄒科之母一百歲連文珠之父一百歲文珠亦九十三歲楊成華之母九十八歲其餘

羅清之祖炳章九十五歲鄒學之母曾勝富之母暨譚鍾浩皆九十餘歲至於享耄耋古稀之年者不可勝數更可異者每當風清月白宿霧朦朧時遥見一小兒沿墻跳躑蹤跡之倐不見咸謂此藥現形至今交藤朋生歷來無人掘得成形者豈尚有待歟記之以俟有緣者

去縣治二十餘里即多深山大壑林木蔭翳每當春夏之交陰雨纏綿蘊隆蒸鬱廣生毒菌加以蝿蝎遺涎於上土人采食之輒致戕生余嘗閱菌譜雖多方摭拾往往遺誤後人不可以爲典要慎於攝生者除香菌凍菌羊肚菌外餘皆不宜食或曰煮菌時入燈草或大蒜數枚白則無毒若蒜與草變色則不可食入真銀器亦然皆非篤論惟臞仙神隱書載有解中菌毒方差可救方用大竹截作筒去其皮兩頭留節一頭開一小孔以甘草研末實筒内約十分之八用木塞緊再加桐油石灰封固俟驚蟄日繫以石浸入糞缸底對年取起洗淨陰乾遇有中毒者以甘草末一兩冷水調服即愈

有嗜菌之癖者早須預備此藥

利俗貨焠燈者甚多買亦衆初不知起於何時及讀史載周建德六年齊后妃家貧發燭爲業豈即今之所製歟又陶穀清異錄云夜有急事苦於作燈之緩有智者披杉條染硫磺置之待用一與火遇即燃名爲引光奴貨者易名火寸按寸焠音相近字呼訛也要不若引光奴之名殊雅

邑山多田少種玉蜀黍較種稻者倍之當秋穫時

苦於猿驅不盡多被狠藉鄉人放礮吹筒日夜邏守向猶可以機械獲猿性黠今概無所用之壬戌余避難深山其地固多猿偶閱湧幢小品一則得驅猿法因授之鄉人不擊自去一方德之其法先捕老猿一被以紅衣密密縫之花其面以竹杖約三尺連袖與手緊縛之隔尺許一頭長務使肘爲之掣免其碎衣毀面然後飽食縱之去猿喜得脫必跳躍趨覓其羣羣望而畏之皆舍去老猿持杖趨之愈急羣猿避之愈遠日逐數十百里其害自此遂絕

癡道人不傳其姓字乾隆時懸壺來利爲人博聞强記所論皆名言霏霏入耳不煩或有問難曰人之手心抓而不癢足心抓之則癢何也道人曰手心通心氣心屬火火喜動故不癢足心通腎氣腎屬水水喜靜故癢又問半夜雞何以必鳴曰陽氣動也問午時又何以鳴曰陰氣動也靈禽得氣之先耳問世人何以懼內曰男命起於寅純木女命起於申純金木畏金男主火女主水火畏水男能發育主生女能收斂主殺人未有不樂生惡殺者時天災流行人多死於疫即命服大黃人如其言得生者衆又曰隆古時人無詐僞故六經中無眞字無異端故六經中無仙佛僧等字又云大學無斯字論語無此字尚書無也字未有人指出者道人有詩癖其寫景云木落山容瘦冰添水面肥鐘鳴棲鳥散葉墮睡猿驚地僻蒙塵少窗寬受月多感懷云白屋堪容我青雲莫羨人請纓空有志學劍愧無成人心皆好善天意自休兵之句吟咏甚夥記此以概其餘按此一條應列方技內因采訪來遲前已刊就故借潤於雜記之末

藥名入詩始於三百篇如采采芣苢中谷有蓷言采其蝱堇荼如飴之類其濫觴也後來張籍有黄葉風前半夏枝柳子厚有蒔藥庭前延國老雍陶有處處春風枳殼花姜堯章有土肥抽盡宿沙苗楊麥山有連翹花發共銜杯他如風雨前胡夜軒窗半夏凉四海無遠志一溪甘遂心棋怕臘寒呵子下夜嫌春暖宿砂裁悉數難終至但看車前牛

項下十家皮沒五家皮不雨若令過半夏定應晒作葫蘆巴則語近科諢矣古人與會所觸偶拈入詩筆墨游戲未始不可也惜藥名畢現絹上未能渾化爲憾耳近見金臺賸士有避難雜咏十九首每句暗用藥名頗亦可喜然鬬巧出奇終屬小家伎倆不敢儕入藝文志中蹈阿其所好之譏用潤雜記以備輶軒采之詩曰無端戎馬勃焉與騎射干戈愧未能忍聽鄉人言避難齊穿山徑最高層雲連翹首望層巒叢桂枝枝滿路攔帶葉生柴胡亂

砍一升麻飯度三餐胡麻飯見天臺山記蟻旋覆度嶺條條百草霜寒萬木凋洞過寶靈仙路近去天尺五倍岧蕘寶靈洞在奉節縣西鄙不留行止感飄萍幸遇元龍眼倍青敦厚朴誠留我住間通草木註葩經徑過三三七里程蒼松白石燕鶯生遊人信有看山福似乳香泉煮芋羹榔棉薄薄荷田田半是春天半夏天酒店尋常山下有呼童便解杖頭錢鬱鬱金烏不放晴梅黃連日雨頻頻夜涼似水銀缸燼怕聽枇杷葉上聲芳樹無名異地多倒鉤藤蔓掛嵳峩

墻桑葉落忘歸去空任碧山奈老何金粉丹叢欠照紅茅亭歷遍地三弓棠棠花影徘徊八月在窗南星在東採得靈山藥一肩沉沉香色繞行纏採花粉蝶跟人去飛過殘紅棗樹邊又是鳴蟬退著秋清音陸續斷還留行當歸踐名山約泉石膏肓足釣遊天寒水石漾籬邊異地黃花格外妍患難相從容我賞深山奈有主人賢青青黛色出莓墻滿地榆錢滿地霜野草果然燒不盡三秋石徑有餘芳倚門冬日望家山曉漏蘆花白一灣欲訪彌

陀僧不返旃檀香杳客空還屋笑蝸牛膝可容不防風雪度殘冬一封書寄奴先返霧鎖陽關悵幾重堅冰片片未全消故故絺窗雪又飄作客何當歸去好談天冬夜坐深宵西川烏合賊紛紛如寄生涯漫策勳搔首白頭成底事自甘草莽愧劉蕡無益智謀禦侮難挑燈草檄策治安英雄有膽凡夫笑多少人中白眼看安邊定遠志難伸愁沒藥醫慟我辰詩藁本來吟太苦一編藏待採風人

之有意角勝一如其數易以排律並益五言四十
韻慧業文人往往用意過銳轉覺喫力雖抽黃配
白終不若膺士之漸近自然也然因難見巧詩中
發明喪亂情事有可與瑣言相表裏者姑擇其尤
以志時艱燕瘦環肥初不以粧飾之濃淡爲媸妍
也七律僅錄其二曰眼前胡不快追陪幾度呼童
便舉杯願付子平終未了篋藏詩藁本無才人遊
勝地丁簾敞洞過穿山甲第開且把鷺黃連日醉
歸期大半夏方回斗大黃金漫認眞偷生地險好

藏身英雄片刻成春夢泉石連年老逸民罔識金
銀花上露詎防風雨馬頭塵饒他曳紫藕秦貴不
及尋常山裡人其五言云來鳳白蓮擾牽延胡蔓
滋豺狼毒性肆棘木賊風披嶺駭紅花度原註紅花嶺屬
來鳳氏鷩赤箭追禦闖鎗沒藥防已帥無師時施宜協副將
俱遇害緣木通巖險穿山躡洞危搜殘銀箔盡蹋扁
豆苗萎草寇何多也牽牛且聽之烟沉香易散尾
大力難支泪血餘丁壯哀聲付子規糞青渠底飯
骨暴道旁屍車前亦名道旁子腦碎天靈蓋腸穿大腹皮

金釵埋粉黛碧血洒胭脂生地愁冢遠浮萍泣鷺
歧倉黃耆老竄昏黑小兒遺小兒羣見廣羣芳譜口叫川連
苦心同角刺錐地漿和淚飲萊菔帶根炊馬勃牛
溲地長鎗大戟時撫芎誠可憫臨楮實堪悲誰使
君罹此無何首聚茲投親來熟地挈脊呱將離待
兔絲蘿共藏龜板屋宜畜青鹽米贈保赤棗糕貽
圾仗靈仙避亭應神曲吹全歸緣徼幸獨活倍凄
其何苦參商嘆請觀芍藥辭原註以下係答同難二友青箱綿
舊澤紅豆構新思遠志皆超俗成童便悟醫謂二友皆

擅活人術圖書攤百部藁本擅雙奇種杏仁多術投桃
我預知談心益智慧壽世寄生涯清白前程遠文
章老輩推應酬人信服滄貿眾師資醉把茱萸看
狂將木筆持挑燈心倍擊話故絺頻麾兩兩千金
子三二七步詩英雄黃卷老故舊白頭哀望月朋
來早防風賊去遲隨續收殺運旋復憐吟髭有約
尋雲母無心戀桂枝回鄉期可待把酒樂雍熙

荆楚文庫

〔光緒〕利川縣志

〔清〕黄世崇 纂修

《荆楚文庫·方志編》編纂組

組　長：賀定安　陽海清（執行）

副組長：劉傑民（執行）　王　濤　謝春枝　范志毅（執行）

參編人員（按姓氏筆畫排名）：

王　濤　李云超　宋澤宇　范志毅　馬盛南　陳建勛　梅　琳

張文静　張雅俐　陽海清　彭余焕　彭筱濈　賀定安　楊　萍

楊愛華　雷　静　劉傑民　潘　玲　謝春枝

編　審：周　榮

顧　問：沈乃文　李國慶　吴　格

前言

《(光緒)利川縣志》十四卷首一卷，清黄世崇纂修，清光緒二十年（一八九四）刻民國三年（一九一四）補刻本。牌记鐫：「光緒二十年春二月鍾靈書院開雕」。

黄世崇，湖南湘陰人，舉人，光緒十七年（一八九一）任利川知縣，曾參與修湖南省志，另纂有《(光緒)興山縣志》《(光緒)歸州志》《黄陂山水志》《漢川山水志》等。

利川地處鄂西南山區，明屬施州衛，清代改土歸流後設利川縣，屬南府。利川志前有同治四年（一八六五）何蕙馨所修，因屬創修且倉促編輯，未爲完備，且黄世崇深於史學，有志於此，乃於就任後第二年（一八九二）編輯此志，越兩年書成。志末跋文載：民國三年，王光鴻就任利川，「訪得存板，詳加檢閲」，「搜獲舊刊原本」，乃「校對補鐫刷印成帙」。是志仿史書例，分表六、志七、傳一，内容大致爲：沿革表、疆域表（輿圖）、職官表、選舉表、人物表、列女表、户役志（都里、户口、坊市、田賦、倉庫、鹽引、雜税、領款、蠲卹、善堂、物産）、學校志（學額、碑文、書籍、學田、試院、賓興、書院、義學）、祠祭志（大祀、中祀、羣祀、禨祥）、武備志（營制、鋪遞、兵事）、營繕志（城垣、公廨、關隘、墳塋）、山水志、列傳。

施南知府薩克達額勒恒額序稱該志：「考據視舊志爲詳，而疆域山水用力尤勤。」周懋琦序詳細分析沿革中之考證，並讚此志「深明史法」，「辯正六誤，蓋極考據之密矣」，稱何蕙馨志「不及黄志精博」。黄世崇有着自己的方志編纂思想，其志「援古證今，確有依據」，沿革、疆域「較爲詳審」。「山之脈絡，水之源流，舊志苦未分明」，世崇「仿《水經注》例，務期首尾聯屬，中間頗附異聞，不免龍門好奇之誚」。「藝文金石類務期可備掌故，其文不雅馴者，但存事實不録全文。」列傳除人物列傳，另列有施南土司、忠路土司、忠孝土司、建南土司、沙溪土司。

此志有光緒二十年刻本及民國三年補刻本兩種。《中國地方志聯合目録》載：光緒二十年刻本國内多地均有收藏，而民國三年補刻本僅湖北省圖書館有存。比對湖北省圖所藏之兩種刻本，僅卷十三第十五葉内容有異，民國補刻本多志末王光鴻跋，其他均相同。此志臺北成文出版社《中國方志叢書》、江蘇古籍出版社《中國地方志集成》皆曾影印光緒二十年刻本。《中國地方志集成》本卷首「姓名」較其他刻本少最後一行，内容爲：「附生白幼常。」

因光緒二十年刻本存本較多且已出版兩次，今乃選湖北省圖藏民國三年補刻本影印，僅將光緒二十年刻本之卷十三第十五葉附於全書之末，以供學者參用。（宋澤宇）

目録

卷首 …… 二〇三
序 …… 二〇三
凡例 …… 二〇六
目録 …… 二〇七
纂修姓氏 …… 二〇九
卷之一 沿革表 …… 二一一
卷之二 疆域表 …… 二一五
輿圖附 …… 二三一
卷之三 職官表一 …… 二三三
職官表二 …… 二三八
卷之四 選舉表 …… 二四一
卷之五 人物表 …… 二四八
卷之六 列女表 …… 二五四
卷之七 户役志 …… 二六六
卷之八 學校志 …… 二七五
卷之九 祠祭志 …… 二七九
卷之十 武備志 …… 二八五
卷之十一 營繕志 …… 二九一
卷之十二 山水志一 …… 二九四
山水志二 …… 三〇一
卷之十三 藝文志 …… 三一〇
卷之十四 列傳一 …… 三一九
列傳二 …… 三二三
列傳三 …… 三三一
跋 …… 三三四

利川縣志之十四卷

光緒三十年吉月

四鍾靈書局開雕

利川縣志序

古者王朝侯國皆有史秦廢封建改侯國為郡縣自是繼王朝有史而郡縣之史無聞近代方志繁興其書視史加詳而州縣志實為府志省志一統志之權輿州縣志詳則諸志有所取材而牧令亦藉以考知其境內文獻方輿以為出治之本施郡領六縣惟恩施為附郭縣其縣志統於府志其餘宣恩來鳳咸豐利川建始舊皆有志光緒甲申冬予奉命來守是郡檄取諸縣志率多因陋就簡之作則以同治初元兵燹之後倉卒編輯故其書皆不逮府志遠甚比甲午春利川黃大令以所輯縣志請序考據視舊志為詳而疆域山水用力尤勤予守施久有志重修府志竊以諸縣志多所闕略為恨諸君子如能各成一志庶幾府志有所取材而後之有司不至茫於掌故亦舊政必告之意也予喜是書之成而更有望於諸君子因書以為序

光緒二十年春三月知施南府事長白薩克達額勒恆額譔

序

光緒十有七年世崇奉調入闈襄校鄉試事竣來宰利川明年乃有編輯縣志之舉漢川鄒靜軒茂才元繼請曰竊見利邑地廣政繁君事必躬親勞矣茲又握鉛槧徵文獻冀成一邑掌故毋乃太勞乎故事州縣志牧令主修類有一才擅三長者秉筆裒纂利僻壤難其選君欲一手編輯竊恐成書良難越兩年書成乃以語靜軒曰世崇幼讀史記漢書慕司馬子長班孟堅其人妄冀得所假手試一為之比長蹭蹬諸生間末由廁身史館自念所居汨羅山水古蹟甚著乃編汨羅志十有四卷同治六年同里郭筠仙侍郎編輯湘陰圖志世崇與焉明年有湖南通志之役時則有王夔石中丞以為主修曾忠襄郭筠仙侍郎李次青方伯郭意城京卿李篁仙觀察吳南屏舍人羅研生學博以為纂修而世崇又與焉既而筮仕來鄂承乏五邑於興山編興山志二十有二卷於黃陂漢川編黃陂山水志漢川山水志各二卷於鍾祥將次編輯鍾祥志而代者至竊念世崇所居所仕一皆有志志之而是書十有四卷曠日持久卒能一如興山志之樂觀厥成不至若黃陂漢川之略鍾祥之闕不可謂非厚幸也靜軒曰誠哉

始願不及此盍以書諸簡端則應之曰諾雖然世崇學識有限茲志未爲完書他日昆有司重加編輯庶幾匡予不及則更幸矣光緒二十年春二月湘陰黃世崇

利川縣志序

光緒壬辰冬十月琦由天津兵備道調任湖北荆宜施道旣抵任求得荆州宜昌施南三府志讀之次年遍徵各州縣輿圖志書利川縣黃君世崇書來索序并寄所撰利川縣志沿革表及凡例十則考利川縣置於我

朝雍正十三年其縣境奄有前明忠路忠孝施南建南沙溪五土司上下支羅及施州衞都亭里地後周亭州資田郡鹽水縣隋庸州清江郡鹽水縣均舊治也畺域之廣縱橫將五百里袤長逾五百四十餘里數倍於古諸侯大國爲川楚中

權要樞其圖志誠非可以尋常爲之者黃君之言曰利川縣西小山爲清江水源所出縣治以西稱爲都亭里可證縣西小山卽古都亭山唐章懷太子注施州清江縣水一名鹽水源出清江都亭山是也又據縣志西有亭州故城遺址在舊衞城西一百八十里當卽亭州舊治都亭山在衞城西則明一統志謂廢亭州在衞城東者誤也明土司列傳忠路土司舊治前曰前江源出佛寶山西南流與後江合逕四川彭水縣涪州入岷江則明史地理志以前江後江屬施南之水誤也湖北通志雍正十三年裁建南長官司其地入於利川縣

則施州方輿書土司十八遺建南土司者誤也方輿攬勝亭州以都亭山得名縣西小山既為古都亭山則後周所置亭州當在利川縣境亭州治資田郡則鹽水當為資田附郭則施南府志以恩施為後周鹽水縣地誤也雍正六年裁施州衛以忠孝土司地入恩施縣後又以施南忠路沙溪建南四土司地并以前撥入恩施縣之忠孝土司地及都亭里上下支羅所南坪官渡壩龘石設利川縣官渡壩等非施南土司所有則府志以為施南司者誤也施南土司初治夾壁後治龍孔與恩施接壤並在縣東則府志以為施南土司屬宣恩

縣者又誤也援古證今辯正六誤蓋極考據之密矣然尤未見全書也既而黃君刊成縣志一十四卷郵寄來署並將同治乙丑前利川縣何君蕙馨監修舊志十卷同時送閱何志於疆域沿革如辯府志夾壁與忠路相接所云前後江河皆在忠路水實由郁山鎮出等語頗能自申其說不至傳訛惟不及黃志精博黃志為表五卷志七卷傳二卷共十四卷其山水二志窮源竟委脈絡分明蓋桑經酈注之流亞矣夫施州為荆宜之上游而利川實通西川之邊隘遠不過二百里近不及一百里至土墻壩馬道屯一帶竟孤懸奉節境中與縣境絕不聯屬縣北之上下支羅中壩大坪元里松木揹鼓諸屯縣西之見天壩等處與川境犬牙相錯為萬縣奉節雲陽酆都石砫諸邑往來之要道天下有事守在川黔利川一縣西南西北東北諸境皆為陸路入川之咽喉讀黃志疆域表圖說端委秩然任天下事者必不敢以利川山縣而不深思遠慮預防隱患於將來者矣琦奉

天子命調巡荆土有所見不敢不言言之不敢不盡巡道一官並無兵柄祇期與賢有司廣行惠政承宣

聖人德化相與固結民心綿萬年有道之基而山中小民不

至為外人誘惑焉爾是則琦序黃君利川縣志之微意也至所撰志深明史法當與康熙間泉上李氏所撰福建汀州甯化縣志並傳而非文儒所可幾也光緒二十年甲午冬十二月錢塘周懋琦撰於荆州之德福壽安甯署齋

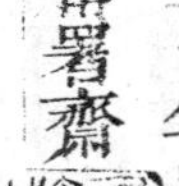

利川縣志

凡例

一縣境奄有明代施南忠路忠孝建南沙溪五土司上下支羅及施州衛之都亭里地後周亭州資田郡鹽水縣隋庸州清江郡鹽水縣實治此唐五代竝隸清江縣宋元爲都亭鄉援古證今確有依據舊志沿革疏略特甚兹編較爲詳審

一縣境縱二百四十里橫二百四十五里袤長五百四十五里疆域之廣數倍於古侯國又爲楚蜀通衢所在類多險

隘古昔用兵倚爲咽喉舊志不詳疆域兹特表而出之附以輿圖

一輿圖全憑採訪地多未曾親歷不敢信爲全無舛誤惟一手所成屢經訂正庶幾不至大謬

一縣境分四汛八十三保中汛曰中一保中二保東一保至東八保南一保至南八保西一保至西八保北一保至北四保南坪汛自一保至十五保建南汛自一保至十保忠路汛自一保至二十八保圖中止書東一東二坪一坪二建一建二忠一忠二字樣以便省覽至中一中二兩保即城廂地圖中未及分注

一縣境置州郡縣始於後周故職官亦始於後周其武職官則始於明舊志職官專錄　國朝於義未安兹編特爲補輯

一施郡選舉以宋詹鴻博邈稱首衛志稱邈爲都亭里人利川爲宋都亭鄉即明都亭里邈墓在縣西楊家溝即邈之故里則邈實爲利川人故列邈選舉表首其餘非有依據未敢濫錄

一人物列女必蓋棺始能論定惟耆壽壽婦見年八十已上

節婦貞女孝女見年五十已上例得入志其餘生存者概不採錄

一舊志孝子割股割肝愈親疾者八人孝婦割股愈姑疾者一人仍列入人物表列女表其餘採訪所及而未經報縣驗明者概不入志雖已經報縣驗明而其人尚存者亦止獎給扁額仍不入志以昭愼重

一賦役學校祠祭武備營繕諸志分類一遵　會典其中物產以及善堂書院業產私祀治祀各類仍依方志體例故紀述頗涉瑣碎

一山之脈絡水之源流舊志苦未分明茲編仿水經注例務期首尾聯屬中間頗附異聞不免龍門好奇之誚

一藝文一遵史例專錄著述其業已成書而原書由採訪送閱者雖其人尚存其書未及刊行一體入志

一藝文金石類務期可備掌故其文不雅馴者但存事實不錄全文

一列傳較舊志爲詳要皆有所依據其事蹟已分注人物表列女表者不入列傳以免重見

一茲編由世崇一手輯成案牘躬親暇日無幾閱兩寒暑始得成書山僻聞見譾陋道遠攜書不多攷據未精實滋慙汗

利川縣志　卷首　凡例　三

利川縣志目錄

卷一

沿革表

卷二

疆域表　附輿圖

卷三

職官表一

職官表二

卷四

選舉表

卷五

人物表

卷六

列女表

卷七

戶役志

都里　戶口　坊市　田賦　倉庫　鹽引　雜稅

領款　蠲卹　善堂　物產

利川縣志　卷首　目錄　一

卷八
學校志
學額　碑文　書籍　學田　試院　賓興　書院
義學
卷九
祠祭志
大祀　中祀　羣祀私祀沿祀附　禨祥
卷十
武備志
營制　鋪遞　兵事

卷十一
營繕志
城垣故城附　公廨　關隘　墳塋義山附
卷十二
山水志一
山水志二
卷十三
藝文志

卷十四
列傳一
明　楊偉
國朝　湯應求王嵩高戴廷杞高世俊葉道傳　陳象渭李寶第余一雲
陳春波張定模王三錫王霖李光第張裕莊　韓厥田張兆棨王星楡
吳人彥　何蕙馨張符德　潘滋楨
繆廷瀅鍾觀光李茂先蔣溶江杰趙岫雲
列傳二
周　巴蔓子
明　申潮豪　向得　牟文綬

國朝　陳世凱子天培養子紀從父兄世奇　牟大寅從弟大襲
李耀瑚　夏曰瑚弟鼎鼎子昌平　潘潤之
冉大進賀伯厚覃世煜王應墀冉大璽冉復初冉壽益　潘澍之張宗顏李明桂翁懋
曾以魯劉仕俸牟維思覃梓彬劉雲富　吳江鄧賢才劉盛芳
列傳三
施南土司　忠路土司　忠孝土司
建南土司　沙溪土司

利川縣志

編輯

同知銜利川縣知縣黃世崇

參訂

利川縣訓導汪國椿

黃陂縣舉人柳焱春

漢川縣增生鄒元繼

採訪

刑部浙江清吏司主事夏昌言

竹溪縣訓導拔貢生潘元義

恩貢生向紹猷

周秀蘭

歲貢生吳定陞

附貢生彭選仁

甘雨和

廩生牟廷楨

黃朝金

何秉禮

增生向達先

段治邦

溫國華

附生鄧雲章

郜清廉

劉夢璋

丁西銘

盛炳南

胡泰階

周龍章

謝鵬翱

黃文彬

牟彝輝

張鵬飛

李會芳

黃錫之

劉燮堂

牟玉堂

羅俊彥
吳東瀛
吳廷梅
袁汝明
袁文林
張茂才
鄧必興
余炳厚
賀際彬

夏雲廷
劉　藜
幸際颺
羅秋雲
黃庭芳
覃登瀛
楊𡍼春
李紹棠
陳起鵾

吳瑞章
歐陽和

武生
牟建藩
牟桂芳
牟紹寅

監生
吳小雯
陳經筵
朱槐堂
蕭紹基

黃文學
譚德光
黃永禧
劉玉成
張輝廷
李代槐
鄭惠卿
江咨治
翁鴻達

汪曉盤
李通衢
從九品王秉衡
牟奉璋
段有章
明邦瑞
袁恆益
王溫理
文童李楚江

何道衡
范子紹
楊少卿
黃秉中
安正名
耆民周正道

採訪兼校對

廩生趙鳴里
附生白功常

利川縣志卷之一

沿革表

利川周隸巴國秦漢爲南郡蠻後漢書南蠻西南夷列傳巴郡南郡蠻本有五姓巴氏樊氏瞫氏相氏鄭氏皆出於武落鍾離山巴氏子務相是爲廩君乘土船從夷水至鹽陽君乎夷城四姓皆臣之及秦惠王幷巴中以巴氏爲蠻夷郡長世尚秦女其民爵比不更漢與南郡太守靳彊請一依秦時故事唐章懷太子注施州清江縣水一名鹽水源出清江縣西都亭山水經注云夷水清照十丈分沙石蜀人見澄清因名清江今清江水源出縣西小山東流入檀香洞又伏流四十里過七藥山東出爲龍洞溝又東流逕縣治至落水洞伏流入雪照河過黃連溪至恩施縣境唐時都亭山當郎今縣西清江發源之小山廩君所治鹽陽當在恩施利川二縣地華陽國志周之季世巴國有亂將軍蔓子請師於楚明一統志蔓子自刎以頭授楚巴國葬其身於都亭山都亭山在縣境故知周秦漢時利川爲巴國

南郡蠻地四川通志忠州以蔓子忠烈得名利川與忠州酆都接壤當並爲巴國地晉宋齊梁陳因之恩施利川兩縣境置州郡縣始於後周時故知晉宋齊梁陳時仍爲南郡蠻也後周置鹽水縣後漢書循吏傳錫光爲交阯太守建武初封鹽水侯郡國志無鹽水縣疑鹽水置縣不久即廢至後周始復置縣耳幷置亭州資田郡隋開皇初廢資田郡大業初置清江郡改亭州爲庸州而鹽水幷爲附郭縣治縣西隋書地理志清江郡統縣五一曰鹽水一曰清江鹽水注後周置縣幷置資田郡開皇初郡廢大業初置清江郡清江注後周置施州及清江郡開皇初郡廢五年置清江縣大業初州廢是知鹽水爲後周資田郡附郭縣而別置施州清江郡尚未置縣也清江郡注後周置亭州大業初改爲庸州方輿攬勝亭州以都亭山得名後漢書注清江縣水一名鹽水源出縣西都亭山今縣西小山爲清江水源所出則小山即古都亭山後周亭州治當在縣境也後周施州治清江郡則亭州當治資田郡亭州治既在縣境則鹽水當爲亭州

資田郡附郭縣并在縣境也隋清江縣即今恩施縣後周置施州清江郡於恩施縣境故知所置亭州資田郡鹽水縣非恩施縣地施南府志以恩施縣爲後周鹽水縣誤　清江縣置於隋開皇五年蓋郡廢始置縣也大業初廢施州則清江縣當改隸庸州　清江郡而鹽水實爲隋庸州清江郡附郭縣隋書地理志注亭州庸州於清江郡者據大業後清江郡言之也明一統志廢亭州在衛城東一百七十里後周置以都亭山爲名隋併爲庸州徙治鹽水縣小山即古都亭山在利川縣境明衛城即今施南府治今縣治西有故城遺址在舊衛城西一百八十里當即亭州舊治都亭山在衛城西斷無廢亭州反在衛城東一百七十里之理明一統志誤今自縣治西至小山并稱都亭里益可爲小山即都亭山今縣治即亭州　治之證唐省鹽水縣入清江縣改庸州爲施州清江郡爲清化郡并治清江縣而縣西之鹽水縣廢唐書地理志施州清化郡本清江郡天寶二年更名領縣二清江建始無鹽水則鹽水當併入清江而庸州改爲施州也鹽水既併入清江則施州清化郡當治清

江縣而利川爲唐施州清化郡清江縣地五代仍唐之舊宋復改清化郡爲清江郡施州清江縣宋史地理志置都亭鄉施州衛志宋清江縣有都亭鄉常平鄉道政鄉南巖鄉宋元祐三年博學鴻詞科詹邈注都亭鄉人邈墓在縣西十五里楊家溝墓近曰詹狀元故里故知利川爲宋清江縣都亭鄉地元廢郡以施州隸夔州路總管府至元二十二年併清江縣入施州元史地理志二十五年復置清江縣元史世祖本紀以附都亭鄉蠻酋置施南宣撫司忠孝安撫司明玉珍據蜀復置忠路宣撫司明史地理志土司列傳　施州衛志元清江縣有都亭鄉常平鄉道政鄉其選舉志中所注都亭鄉人子孫并隸利川故知利川爲元都亭鄉而施南忠孝忠路三土司爲元清江縣附都亭鄉蠻酋明立施州衛領所一宣撫司四安撫司九長官司十三

蠻夷官司五明史地理志土司列傳其在縣境者一曰施南宣撫司元置明玉珍改宣慰司洪武四年十二月因之後廢十六年十二月復置宣撫司屬施州衛二十七年復廢永樂二年五月改置長官司屬大田軍民千戶所四年三月改宣撫司仍屬衛東有舊治後遷夾壁龍孔明史地理志土司列傳　夾壁在縣東南八十里龍孔在夾壁東南四十里今爲興隆寺明史地理志又稱西有前江發源七藥山西南流與後江合入四川彭水縣界前江在縣南八十里源出青巖南流與後江合入咸豐縣黑洞以今地勢求之青巖即施南舊治初徙夾壁後徙龍孔舊治徙治皆在縣境是知施南土司地在縣境也明史所云發源七藥山蓋誤以忠路土司之前江後江爲施南土司之前江後江耳施南府志以宣恩爲施南土司地亦誤一曰忠路安撫司明玉珍置宣撫司洪武

四年改安撫司二十三年廢永樂五年復置領長官司一明史地理志土司列傳　今忠路縣丞署在縣西北一百三十里爲忠路土司舊治治前曰前江源出佛寶山即七藥山支山也西南流與後江合逕四川彭水縣涪州入岷江明史地理志施南土司之前江後江即此水之誤一曰忠孝安撫司元置明玉珍改宣撫司洪武四年十二月改置長官司尋復爲安撫司二十三年廢永樂五年復置明史地理志土司列傳施州衛方輿書　縣南二十里忠孝村爲忠孝土司徙治縣南三十五里老司城爲忠孝土司舊治一曰劍南長官司宣德三年五月置領於忠路安撫司明史地理志土司列傳　今建南巡檢署在縣西北一百八十里又南五里歸源寺爲劍南土司舊治建南把總駐此　湖北通志建南長官司雍正十三年裁其地入於利川縣則建南長官司即劍南長官司所改也明史地理志施州衛領土司三十一而施州衛方輿書

土司十有八無劍南長官司方輿書又云忠路安撫司宣德三年令領劍南長官五年省蓋以劍南既省入忠路遂不列名而劍南改爲建南置司當在　國朝初年嘉靖三十三年龍潭安撫黃俊據支羅容美土官田世爵陰與羅峒土舍黃中謀叛中者俊子也中既平遂割半置所立屯以百戶二鎮之爲支羅鎮守百戶所明史土司列傳施州衛方輿書　今南坪汛十二保曰上支羅十三保曰下支羅上支羅舊寨壩在縣西北一百二十里下支羅衛門坪在縣西北一百五十里爲支羅二百戶所舊治而衛門坪又爲俊與中舊治天啓中置沙溪宣慰司施州衛志黃中和都亭里人天啓中以征貴州陽雀寨封沙溪宣慰使　今縣西南一百九十里小沙溪其西南五里曰石龍堡爲沙溪土司舊治幷領於施州衛改都亭鄉曰都亭里施州衛志明施州衛有都亭里市郭里崇寧里其選舉志中所注都亭里人皆利川人故知明改都亭鄉爲都亭里

也

國朝康熙三年施州始歸順廢指揮千百戶設流衛以一把總駐支羅仍治南坪汛十一保衛門坪康熙四年改沙溪宣慰司爲宣撫司明史地理志無沙溪宣慰司施州衛方輿書十八土司一爲沙溪安撫司湖北通志湖北二十一土司一爲沙溪宣撫司又云沙溪宣撫司黃天奇康熙四年襲改劍南長官司爲建南長官司而都亭里施南宣撫司忠孝安撫司忠路安撫司如故雍正六年從湖廣總督邁柱之請裁施州衛設恩施縣領於巡荊道歸州直隸州原管之十五土司幷隸恩施縣十二年忠孝安撫司田璋納土歸誠其地入於恩施縣十三年施南宣撫司覃禹鼎以罪改流於是忠峒土司田光祖等幷請歸流乃以十五土司幷原設恩施縣增爲一府五縣割還撥隸四川夔州府之建始縣特設施南府領縣六而以施南忠路沙溪建南四土司幷前已併入恩施縣之都亭里上下支羅忠孝土司地爲利川縣領於巡荊道施南府舊志沿革多所缺略因據今縣疆域證之前史方志攷其異同著於篇

周	南蠻地
秦	南蠻地
漢	南蠻地
晉	南蠻地
宋	南蠻地
齊	南蠻地
梁	南蠻地
陳	南蠻地
後周	置鹽木縣幷置亭州資田郡
隋	鹽木縣開皇初廢資田郡大業初置清江郡改亭州爲庸州
唐	省鹽木縣入清江縣改庸州爲施州清江郡爲清化郡
五代	清江縣
宋	清江縣都亭鄉
元	施州清江縣都亭鄉以附鄉蠻峒置施南宣撫司忠孝安撫司明玉珍置忠路
明	施州衛都亭里改施南宣慰司爲宣撫司改忠路宣撫司忠孝宣撫司竝爲安

宣撫司改施南宣撫司爲宣慰司忠孝安撫司爲宣撫司

撫司隸置沙溪宣慰司劍南長官司支羅百戶所

國朝

施州衛都亭里施南宣撫司忠孝安撫司忠路安撫司改沙溪宣慰司爲宣撫司劍南長官司爲建南長官司廢支羅所雍正

六年裁施州衛設恩施縣十二年以忠孝土司地入恩施縣十三年始以施南忠路沙溪建南四土司并前已併入恩施縣之都亭里上下支羅忠孝土司地置利川縣領於遙荆道施南府

縣境分四汛一曰中汛轄三十二保附城一曰南坪汛轄十五保一曰忠路汛轄二十八保一曰建南汛轄十保施南府志利川縣編戶七里中汛曰都亭里市郭里講讓里南坪汛亦曰都亭里忠路汛曰懷德里興仁里建南汛曰向化里中汛都亭舊里市郭講讓則施南忠孝二土司也南坪汛惟十二保十三保舊爲支羅上下蠻峝改流已久故并稱都亭里府志向有功都亭里人明萬歷時總兵有功墓在支羅卽其故里足爲支羅稱都亭里之證忠路汛以忠路沙溪二土司析爲懷德興仁二里建南汛奄有建南土司全境故統曰向化里其後以都亭里地廣始改南坪汛爲興仁里而以忠路汛統爲懷德里府志又稱利川以忠路忠孝沙溪三司併恩施之支羅南坪堡施南司之官渡壩麤石設縣周九百九十八里縣治卽官渡壩麤石遺建南土司而以施南土司屬宣恩縣致施

南土司舊治青巖徙治夾壁龍孔並在縣境迤東與恩施接壤恩施舊縣則施南司地斷難越恩施而入宣恩縣南毛壩夷姓藏有雍正六年七月二十六日施南土司覃禹鼎歲饑免夫役牌其印文曰施南宣撫司之印毛壩在龍孔西十里是知施南土司實在縣南其以施南土司屬宣恩者誤也南坪堡東距官渡壩六十五里并舊都亭鄉都亭里迤府志以官渡壩屬之施南司亦誤縣治卽後周亭州治[illegible]址尚存官渡壩在縣治東五里麤石自置縣後

亦久廢附著於此俾後有攷焉
官渡壩舊為支羅南坪堡至施州衛孔道明支羅百戶
國朝支羅把總皆領於施州衛則自支羅以達衛治皆衛
地非施南司所得有以今地勢求之施南忠孝兩土司竝
在縣治南而都亭里在縣治北府志當云併恩施之支羅
南坪堡官渡壩麤石設縣而施南司之當為衍文

利川縣志卷之二

疆域表附輿圖

縣境東界恩施南界咸豐西界石砫北界萬縣雲陽東南界
咸豐東北界奉節西南界黔江彭水酆都石砫西北界萬縣
縱二百四十里橫二百四十五里袤長五百四十五里凡明
以前清江縣都亭里施南忠路忠孝沙溪建南五土司上下
支羅峝長舊治及所轄地皆在縣境疆域之廣甲於施郡諸
邑先是蜀道之險多在楚境縣地東至恩施西達萬縣羊腸
鳥道號為難行改流以來商旅麕集令是土者除榛莽夷險

阻所在漸多孔道光緒初總督合肥李公瀚章奉
命往蜀避三峽舟行之險道出縣境明年旋鄂檄施南守無
錫王公庭楨董率縣有司重加修葺易土以石於是由施郡
入蜀皆成坦道而縣境入蜀之路視他途尤平易焉至於縣
東北之土牆壩馬道屯以片土孤懸奉節境中與縣境絕不
相屬故至彼道里皆取徑奉節縣北上下支羅中壩大坪元
里松木擂鼓諸屯縣西南見天壩與蜀地犬牙相錯至彼者
亦率取徑萬縣奉節雲陽酆都石砫諸邑因竝詳其道里為
疆域表而附以輿圖

東至施南府南至咸豐縣境西至四川石砫北至四川萬

治鋪路

轉轉河十里

求男臺二十里

火鋪塘三十里駐有鋪司塘兵

黃泥坡四十里有場

野貓水五十里

團寶市六十里爲縣東一大聚落

下馬溪七十里一名石板塘駐有鋪司塘兵

高橋八十五里

長鋈九十里有

路

大塘七里有場

官屋基二十里

九渡塘三十里

上土地坡四十里

石馬箐五十里

雙會口七十里

納水溪七十五里有場

革井溪八十五里利川一名革井以此

欄木水一百里

堰水一百一十五里順治十四年邑人陳世凱以鄉勇敗十三家賊劉體純於此

廳治路

牟子嶺十里

涼水井二十里

涼霧山三十里有場

陳池口四十里

白果壩五十里

白龍灘六十里

汪家營七十里有場繁富甲於一邑光緒十六年施南府同知署徙此

厚新場八十里

爛井壩九十里駐有塘兵

下石廟一百里

中石廟一百一十里

縣治路

弔水壩十里

小箐塘十二里一名大小箐駐有鋪司塘兵

紫蝗壩十三里

石板水十四里一名大坡槽駐有塘兵

營上五十里順治五年十三家賊王觀興遣其黨劉太倉駐此謂之劉營十三年觀興逐太倉斃此謂之王營

南坪六十里有

場駐有鋪司塘兵

石板頂一百五里有卡卡外隸恩施縣境又八十五里至施南府治自高橋左至麻布園五里又五里至老土地界恩施又三十里至屯浦又八十里至施南府治自高橋至屯浦路甚平易屯浦至府治可通舟楫惟老土地巖洞爲盜賊藪行旅視爲畏途故由此道者絕少

黃泥壩一百二十五里舊有場今廢

張高卡一百五十里卡外花巖坎隸咸豐縣

上石廟一百二十里

清水塘一百三十里

白楊塘一百四十里有場

石門坎一百五十里在大山小山之間即七藥山都亭山也小山之上

有卡北界石砫冷水溪南界石砫茶子壩距石砫廳治二百三十里

場駐巡檢一把總一明嘉靖時荊瞿守備駐此自南坪東二十五里五穀廟又二十里白楊壩又二十五里風門埡隸奉節又三十里馬道屯隸南坪一保屯之左右前後埡隸奉節

乾堰塘六十五里

鬃巢八十里自石灰窰東至貧箕灣凡七十里介在都亭七藥兩山之間謂之鬃巢

輭耳箐九十里有卡卡外隸萬縣

又十里至萬縣磨刀溪有場

縣北二十里小箐塘又北五里小箐丫界奉節又東北二十五里白廟子又北三十五里高橋又北五十里過七藥山爲風門坳又北十里浦子嶺竝奉節縣境又北十五里五龍關隸萬縣關東十五里苦桑壩隸雲陽關西十五里爲縣北南坪十四保中壩屯苦桑壩又介在南坪十四保上下元里屯之間關之東北舊隸石硅五龍關舊以石硅萬縣雲陽奉節與利境交錯得名駐巡檢一故一稱五龍汛乾隆四年裁巡檢改設把總其後石硅地併入萬縣改五龍汛爲大坪汛而五龍關之稱不廢凡自縣治北至五龍關一百六十里此又縣境北界雲陽之道里也

東南至咸豐縣治路	西南至咸豐境鋪路	東北至四川奉節縣境路	西北至四川萬縣境鋪路
李子坳五十里有場場南五里忠孝村爲忠孝土司徙	大塘七里有場 官屋基二十里駐有鋪司	弔水壩十里 小箐塘二十里 小箐丫二十五里	南坪六十里與北至萬縣治路同 野槮壩八十

東南至咸豐縣治路	西南至咸豐境鋪路	東北至四川奉節縣境路	西北至四川萬縣境鋪路
治 圓包背三十里 老司城三十五里即忠孝土司舊治 冷水坪四十五里 紅椿溝六十里有場 青巖八十里有場施南土司前江水源出於此場西二十里夾壁即施南土司徙治明史地理志施南土司東有舊治後遷夾壁龍孔青巖在夾壁之東嘗爲未遷	里 下土地坡三十里 板栗溪四十里 三步街四十五里有場一名三渡屯駐有鋪司 瀊壩六十里 繼長壩七十里駐有塘兵 老屋基九十里有場駐有鋪司 孫家壩一百一十里駐有鋪司塘兵 木壩渡一百一十五里 忠路一百三十里有場駐縣丞一守備一外委一即忠路土司舊治有城	有卡卡外隸奉節縣 鹿子壩三十五里隸奉節縣 白廟子五十里隸奉節縣 白楊壩七十里有場隸奉節縣 大水井一百二十里隸奉節縣 灘田溝一百四十里隸奉節縣 大龍潭一百七十里隸奉節縣 土牆壩二百里爲縣境北四保地有場場東北界奉節保之前後左右竝隸奉節	里有場駐有鋪司 打杵坳一百一十里駐有鋪司 箭竹溪一百四十里有場駐有鋪司 木城一名關口一百六十里駐有鋪司有卡嘉慶初修木城於此以防教匪 建南一百八十里有場駐巡檢一署南五里歸源寺爲劍南土司舊治駐把總一 白楊渡二百里有場駐有塘兵 界碑埡二百

夾壁時舊治明史所云前江後江亦據青巖地勢言之若夾壁則距前江後江尙遠也

麻園一百里

毛壩一百二十里有場場東十里龍孔為施南土司自夾壁徙治處明史土司列傳洪武二十三年施南土司覃大勝僭忠建土司叛結寨龍孔其時尙未徙治龍孔而徙治當在明之末造

喜生坡一百二十五里有界碑碑

城東南十里城池壩亦土司舊治也

尹口壩一百四十五里

椒園一百七十里舊有場今廢駐有鋪司

排山嶺一百八十里

小沙溪一百九十里有場駐有鋪司塘兵場西南五里石龍堡為沙溪土司舊治

界碑一百九十五里界咸豐爛池坡又三十五里至咸豐活龍坪有場駐有鋪司自忠路西三十里十字路又西北三十里龍塘鋪又西北二十里杉

一十里界萬縣騾馬洞又七十里至萬縣龍駒壩有場駐有鋪司

南隷咸豐縣又南三十五里黑洞有卡又南一百二十里至咸豐縣治

木根又北十里興隆廟又北二十里石門坎駐有鋪司界石硅茶子壩又七十里至石硅廳梔杆壩此又自忠路西北至石硅鋪路凡一百一十里

縣境西南與咸豐黔江彭水石硅酆都五廳縣犬牙相錯地最廣袤自縣西南一百六十里十字路鋪路迤南凡二十五里茅壩子場又十里馬槽壩駐有塘兵又十里巖門頭場舊最繁富又折而西二十五里官渡瀨忠路水有渡駐外委一又二十五里井坪場又二十五里長灘壩場瀨忠路水水南隷黔江縣又折而北三十里黃土池舊有場今廢又東北十五里花樓池又十五里見天壩又五里界酆都河口場凡三百四十里自縣西一百四十里白楊塘又西十五里腰店又西十里何家店又西十五里大丫口竝隷石硅又西南三十里梨子壩又西南三十里同便壩又西南二十里越大山爲洗腳溪又西南十五里木象溪又西南十里河口場竝隷

酆都又西南五里見天壩凡二百九十里此又西南自

石硅廳酆都縣境至見天壩道里也

縣境全圖

每方十里縣治作口汛官駐處作◇塘房鋪司作△場市作○關隘作×小地名作●

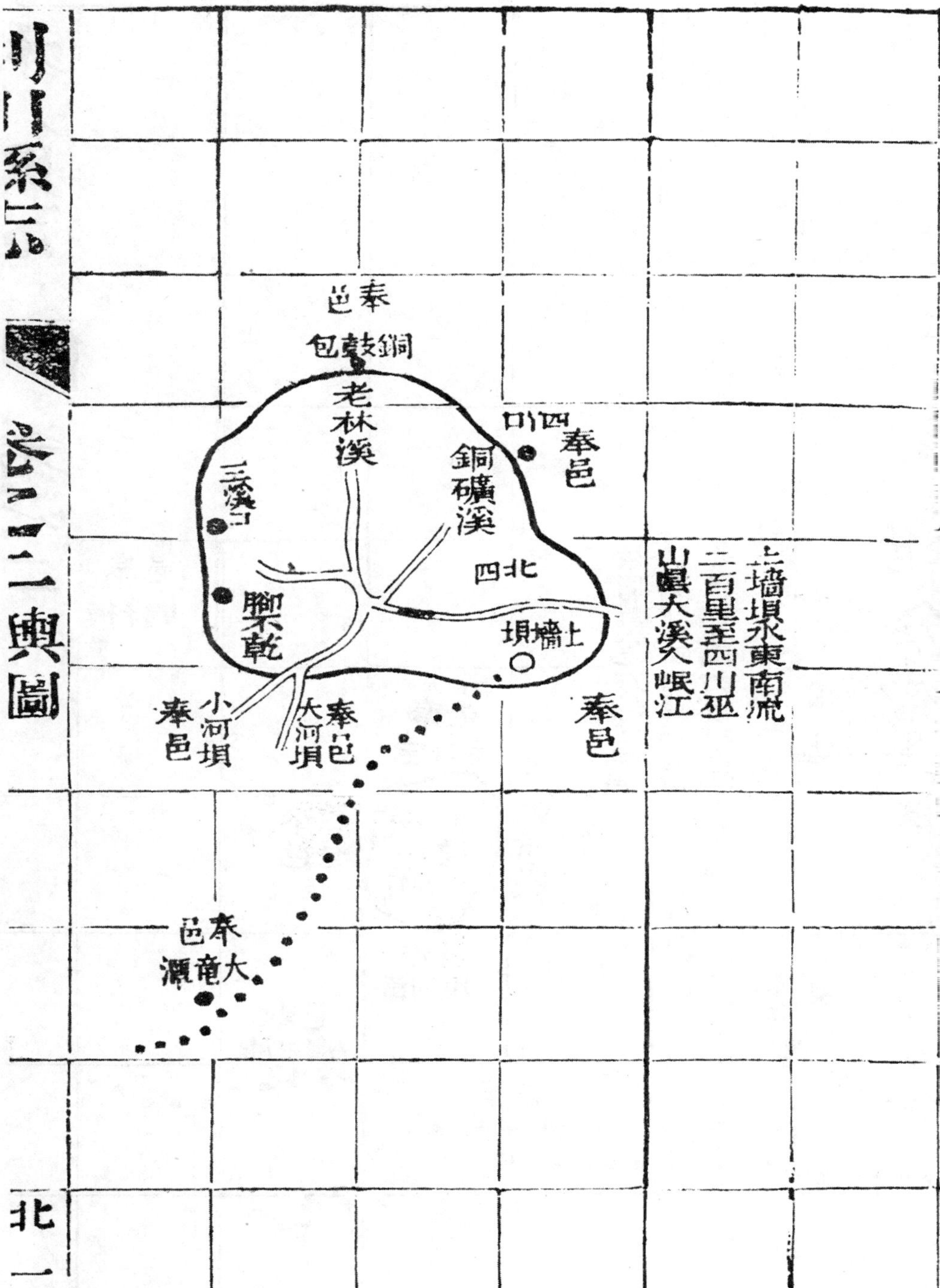

川縣志 卷之二 輿圖

北一

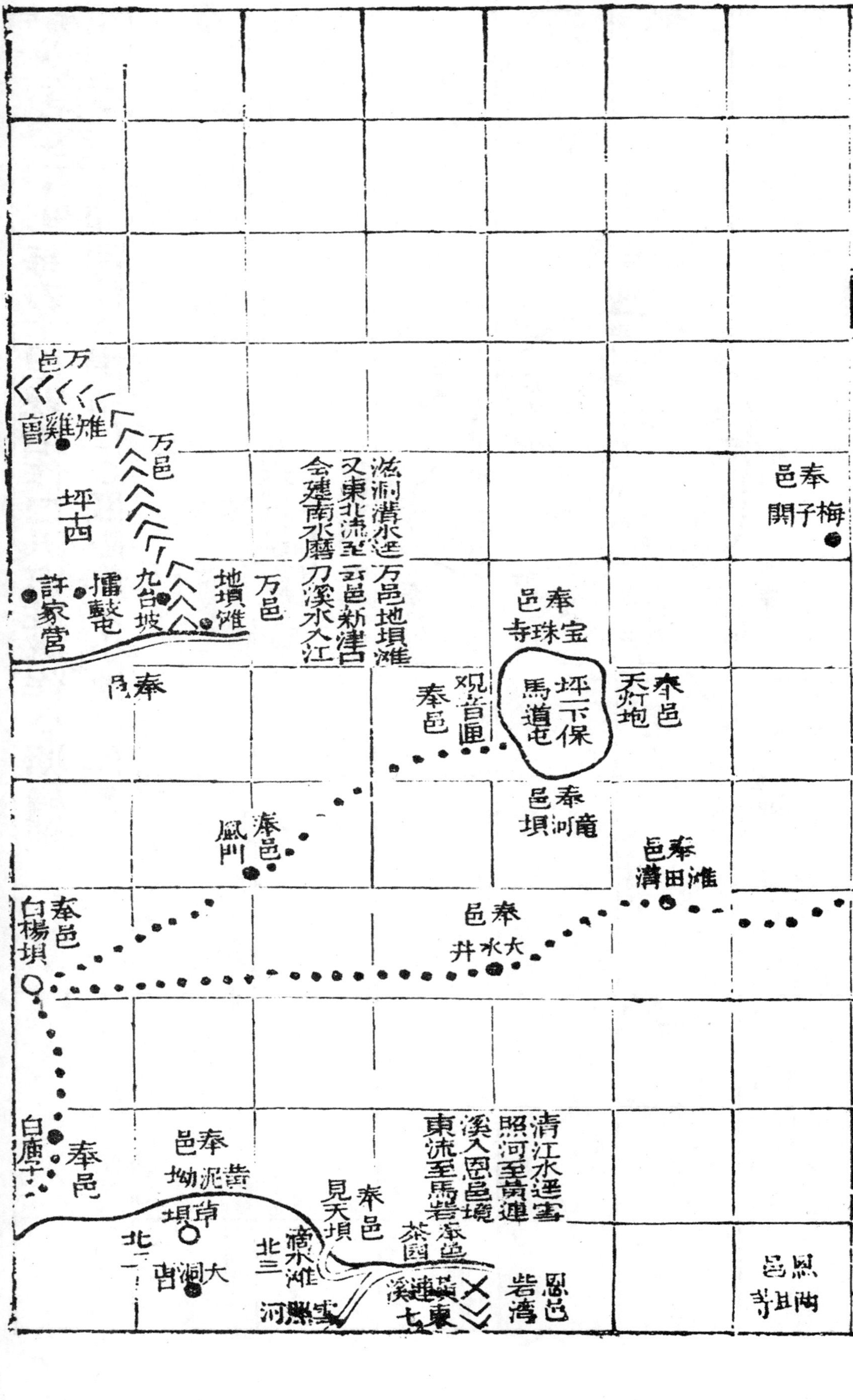
万邑
万邑
西坪
許家營
擂鼓屯
九台坡
地墳灘
万邑
滋洞溝水逆万邑地墳灘又東北流至云邑新津口会建南水磨刀溪水入江
奉邑
奉邑 梅子關
奉邑 宝珠寺
坪下保 馬道屯
奉邑 天灯坳
奉邑
奉邑 竜河壩
奉邑 風門
奉邑
奉邑 大水井
奉邑 白楊壩
白鹿
奉邑
奉邑 黄泥坳
草壩
大洞口
見天壩 奉邑
北三
清江水逆害照河至黄連溪入恩邑境東流至馬岩
奉邑 茶園
恩邑 岩湾

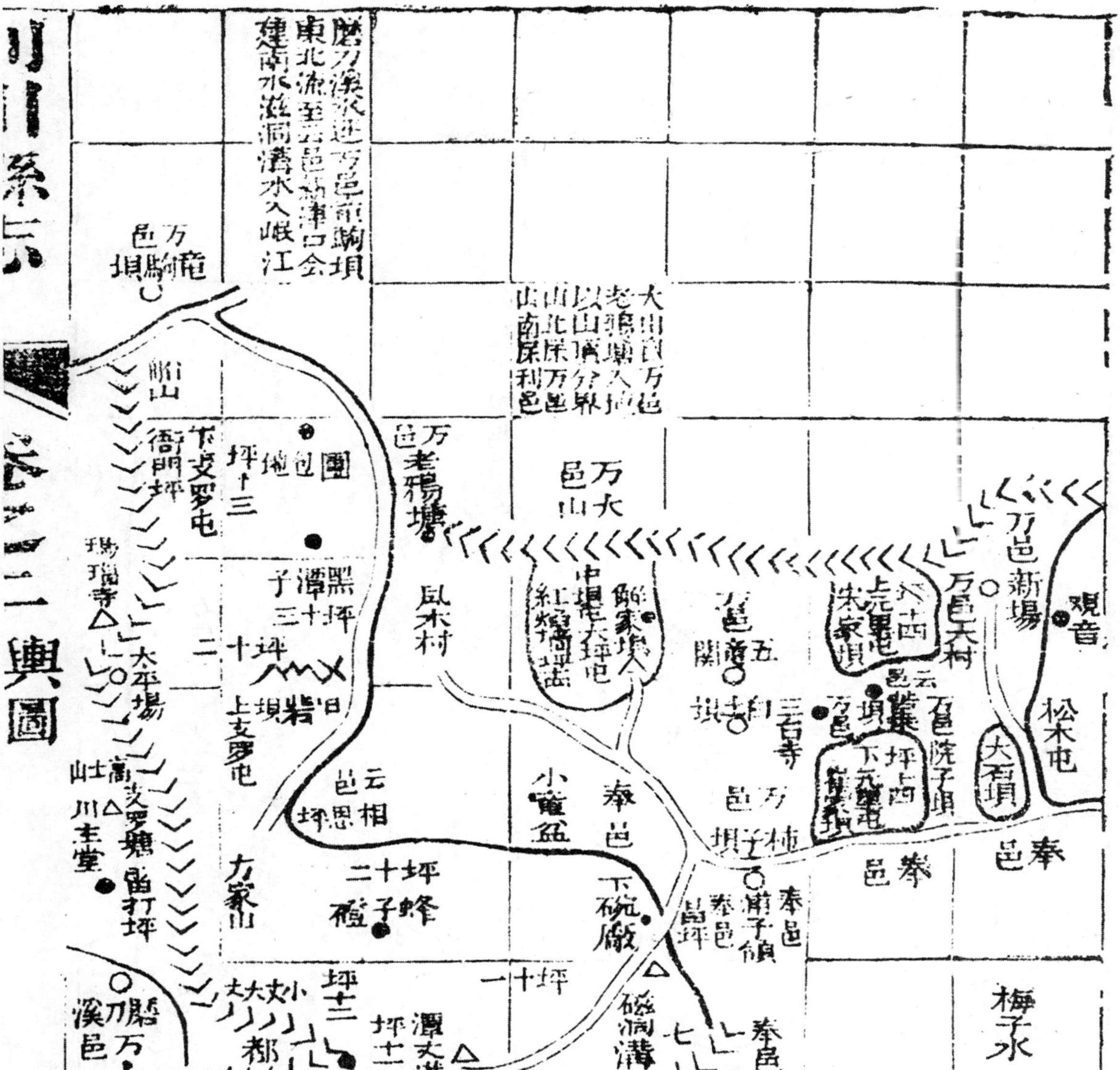
興圖
北二
磨刀溪水逆万邑前駒垻東北流至云邑湯溪口会建南水滋洞溝水入岷江
奉邑
梅子水
松木屯
大石垻
万邑新場
觀音
下碗廠
上支罗屯
下支罗屯
方家山
磁洞溝
響水洞
石板水
十字路
小箐口
鹿子垻
陳家垻
野茶垻
陳池口
涼務山
乾堰塘
潮陽濟
長堰塘
高家塆
二渡峽
西会
渾水溝
鰲魚寺
上碗廠
太平場

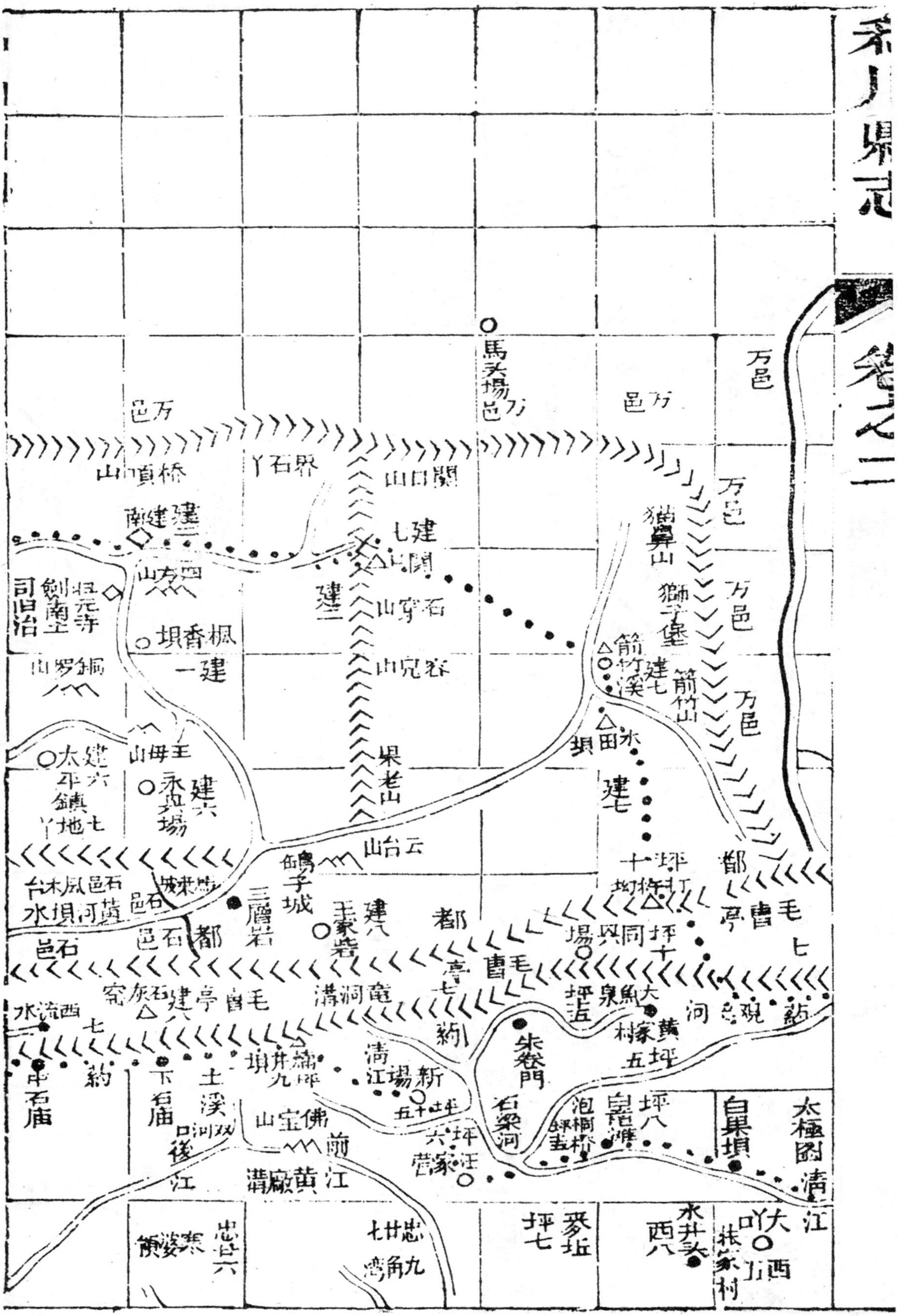
利川縣志
卷之二
馬头場
万邑
界石丫
桥頂山
關口山
七建
建三
四方山
枫香坝
一建
石穿山
猫鼻山
獅子堡
箭竹溪
建七
箭竹山
水田坝
建七
王母山
建六
太平鎮
七地丫
永興場
建六
云台山
鸽子城
三層岩
王家岩
建八
都
石邑
毛曹亭
七
都亭
同兴場
坪十
石灰窑
建八
毛曹亭
清洞庵
大鱼泉坪
黄家村
五坪
西流水
七
下庙
土溪
佛宝山
前江
黄廠溝
江
清江
新場
石梁河
泡桐树
坪八
自果坝
太極图
清江
九角湾
坪七
西八
林家村

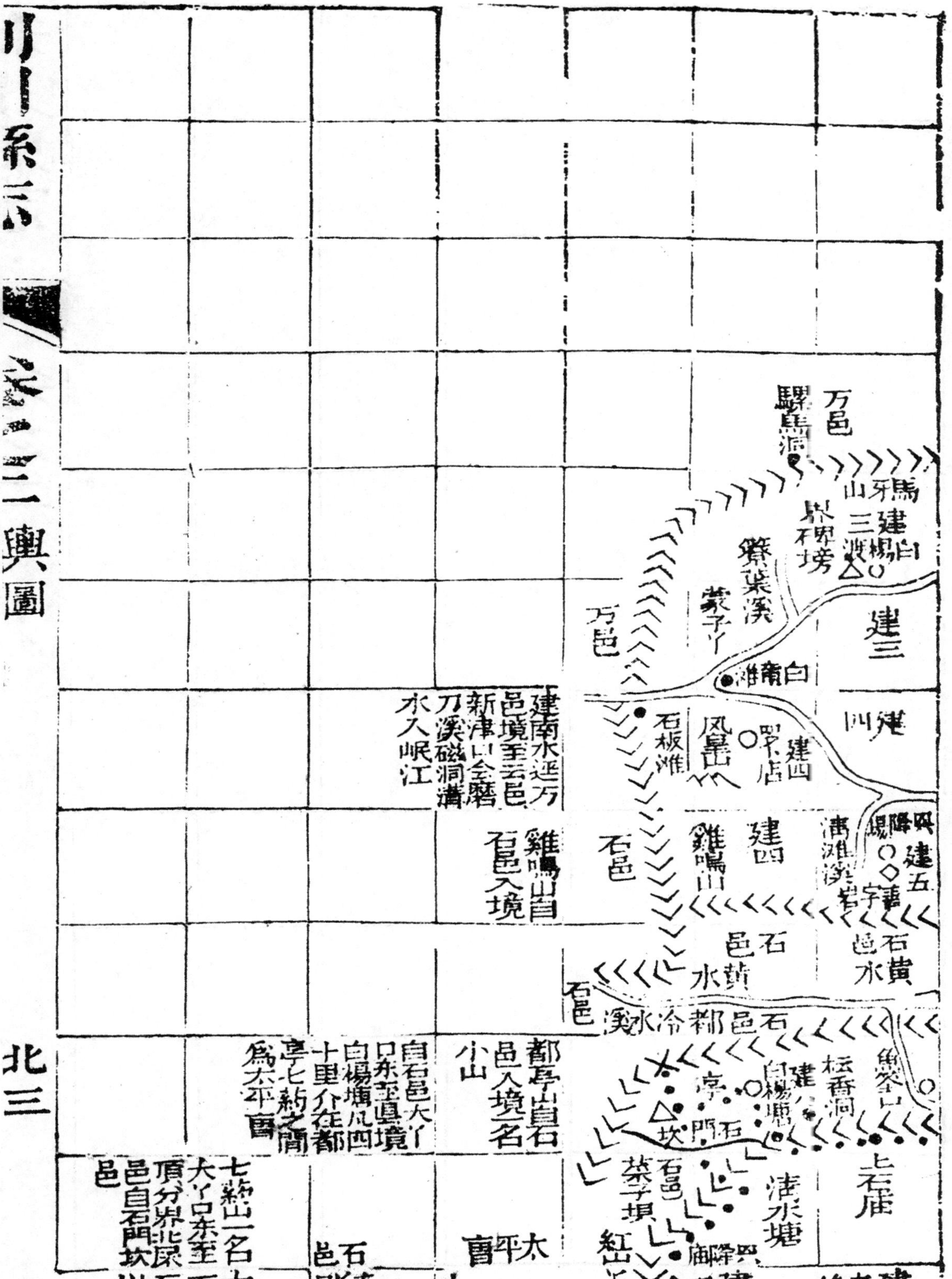
輿圖
北三
万邑
建南水逕万邑境至云邑新津口会磨刀溪磁洞灘水入岷江
雞鳴山自石邑入境
都亭山自石邑入境一名小山
石邑
石邑黄水
冷水溪
太平會
建九
後九建
江

利川縣志 卷之二

竹山縣志　卷之二　輿圖　南一

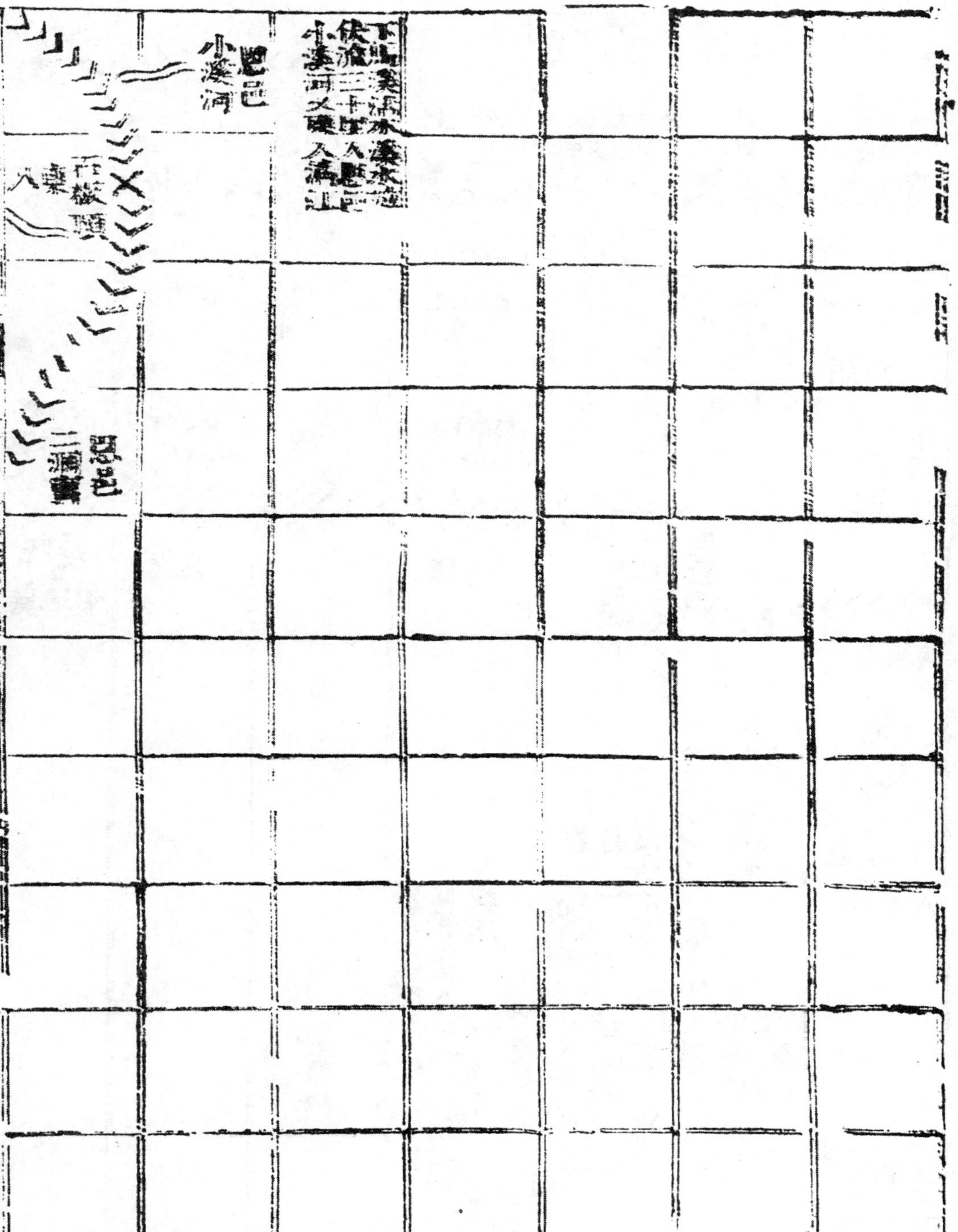

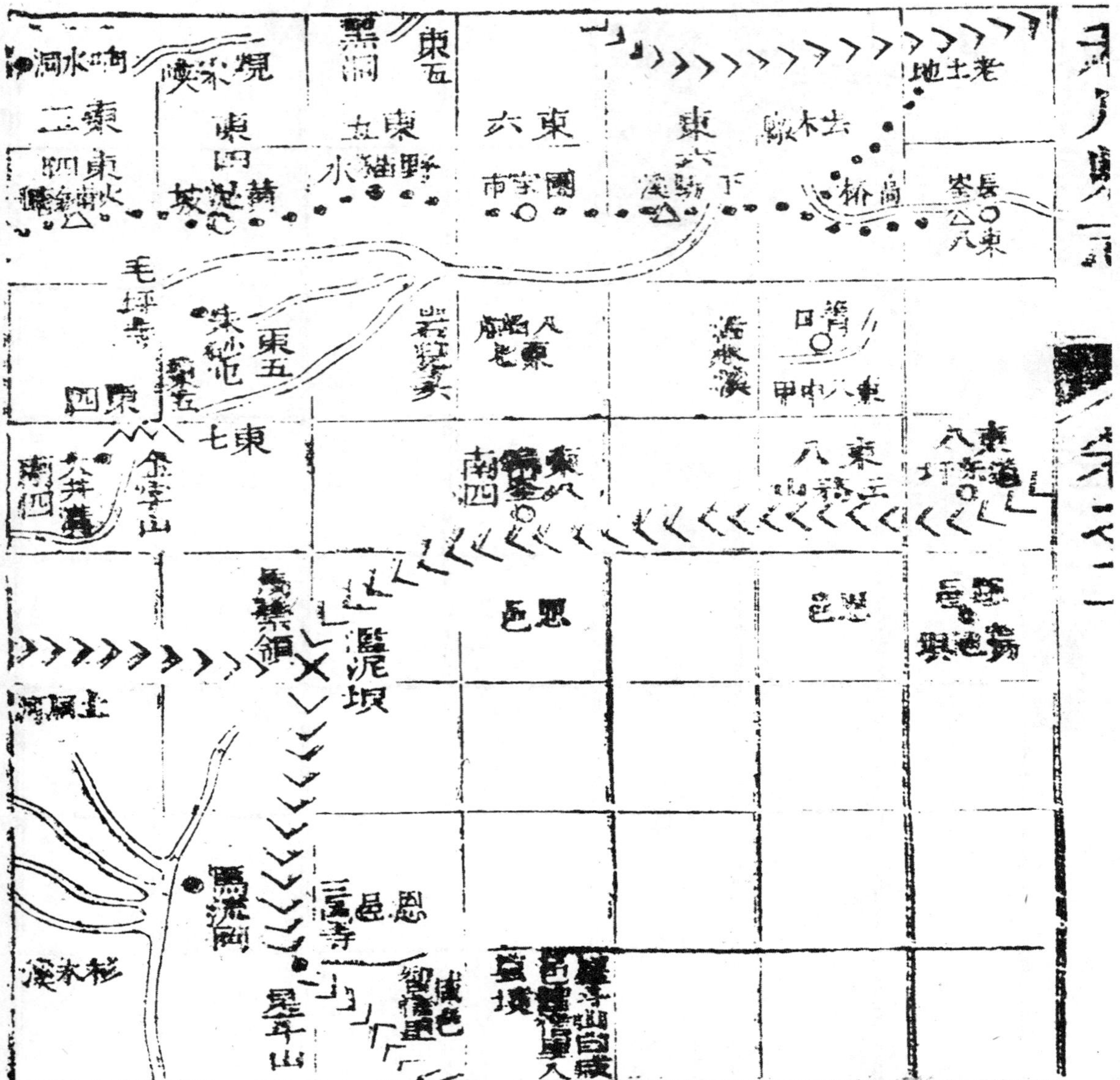

響水洞
老土地
東三
東四
東五
東六
東七
東八
市字團
高橋
毛坪寺
南四
馬鬃嶺
臨泥壩
恩邑
星斗山
杉木溪
南七
門扇溪
咸邑
興隆寺
林家壩

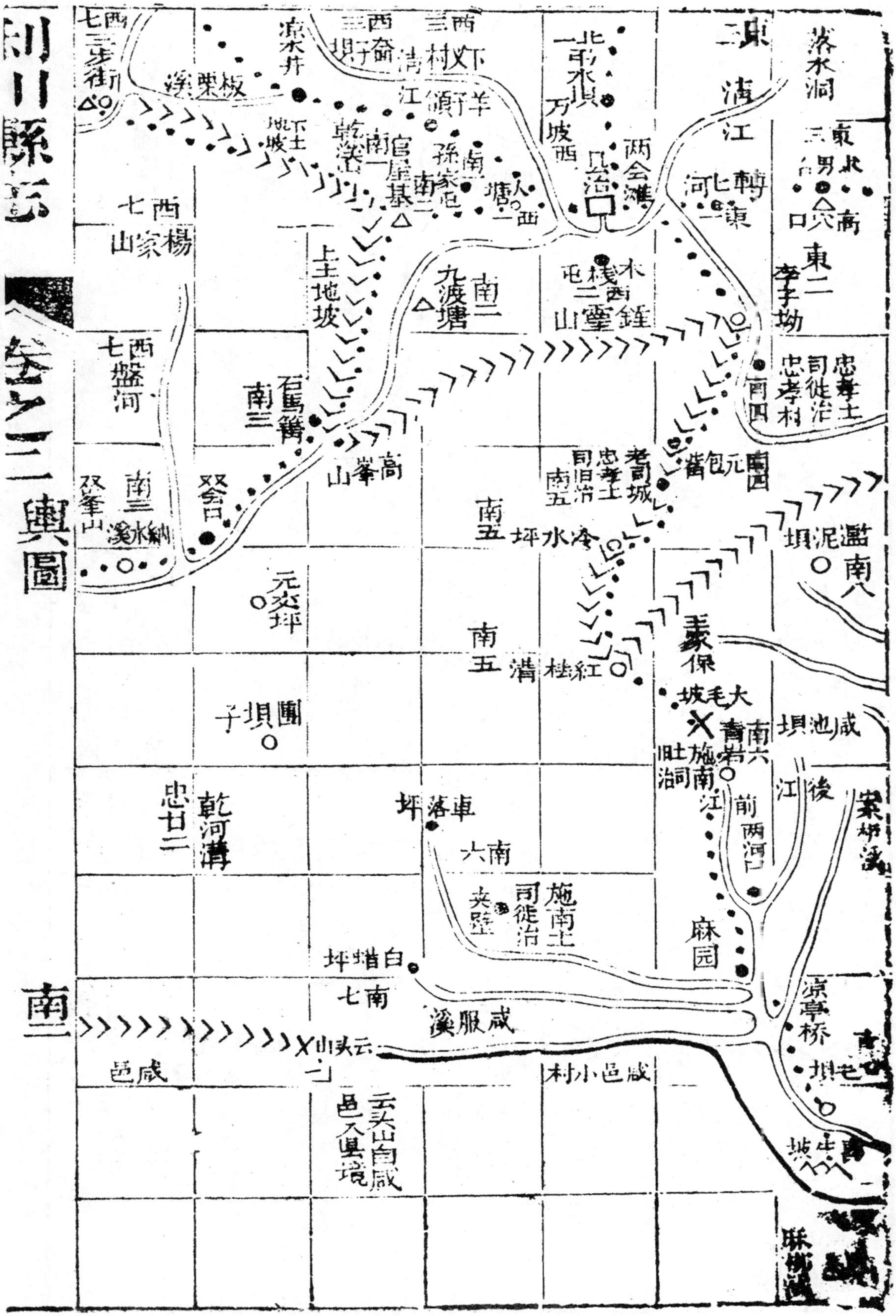
利川縣志
卷之三 輿圖
板栗溪
凉水井
下村坎
羊角嶺
官屋基
乾溪沿
孫家屯
兩會灘
北水
治
楊家山
上土地坡
九渡塘
木栈
西盤河
石馬箐
高峯山
納水溪
老司城
元包箐
冷水坪
紅桂溝
元炎坪
團子壩
大毛坡
乾河溝
車落坪
白蜡坪
咸服溪
咸邑
咸邑小村
云头山
麻园
清江
落水洞
東二
孝子坳
忠孝土司徙治
忠孝村
濫泥壩
咸池壩
後江
凉亭桥
南一
南二
南三
南五
南六
南七
忠廿二
西七

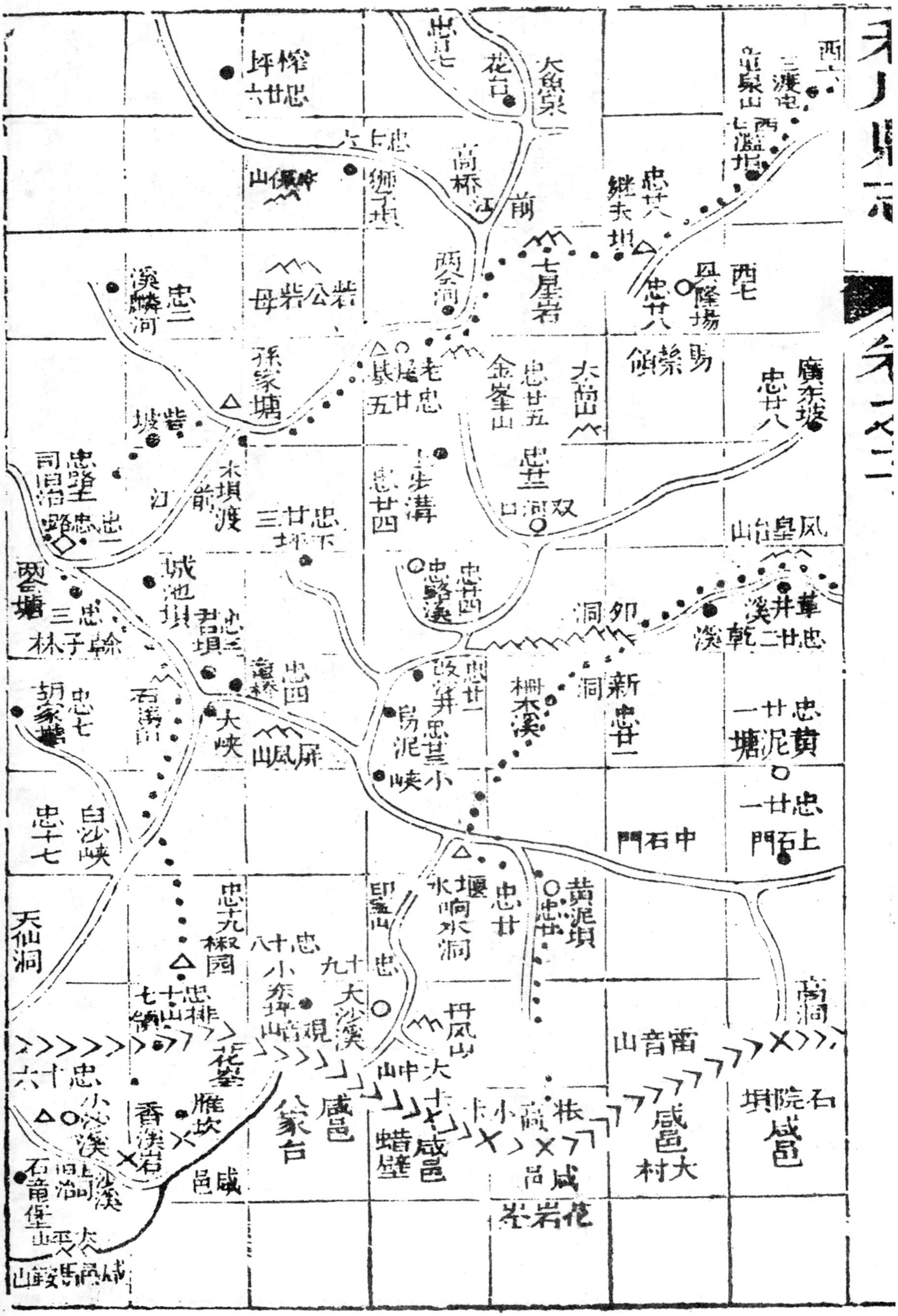
七星岩
孫家塘
城池垻
大峡
屏風山
中石門
上石門
黄泥垻
雷音山
石院垻
咸邑
大村
天仙洞
白沙峡
鳳皇山

縣志　卷三　輿圖

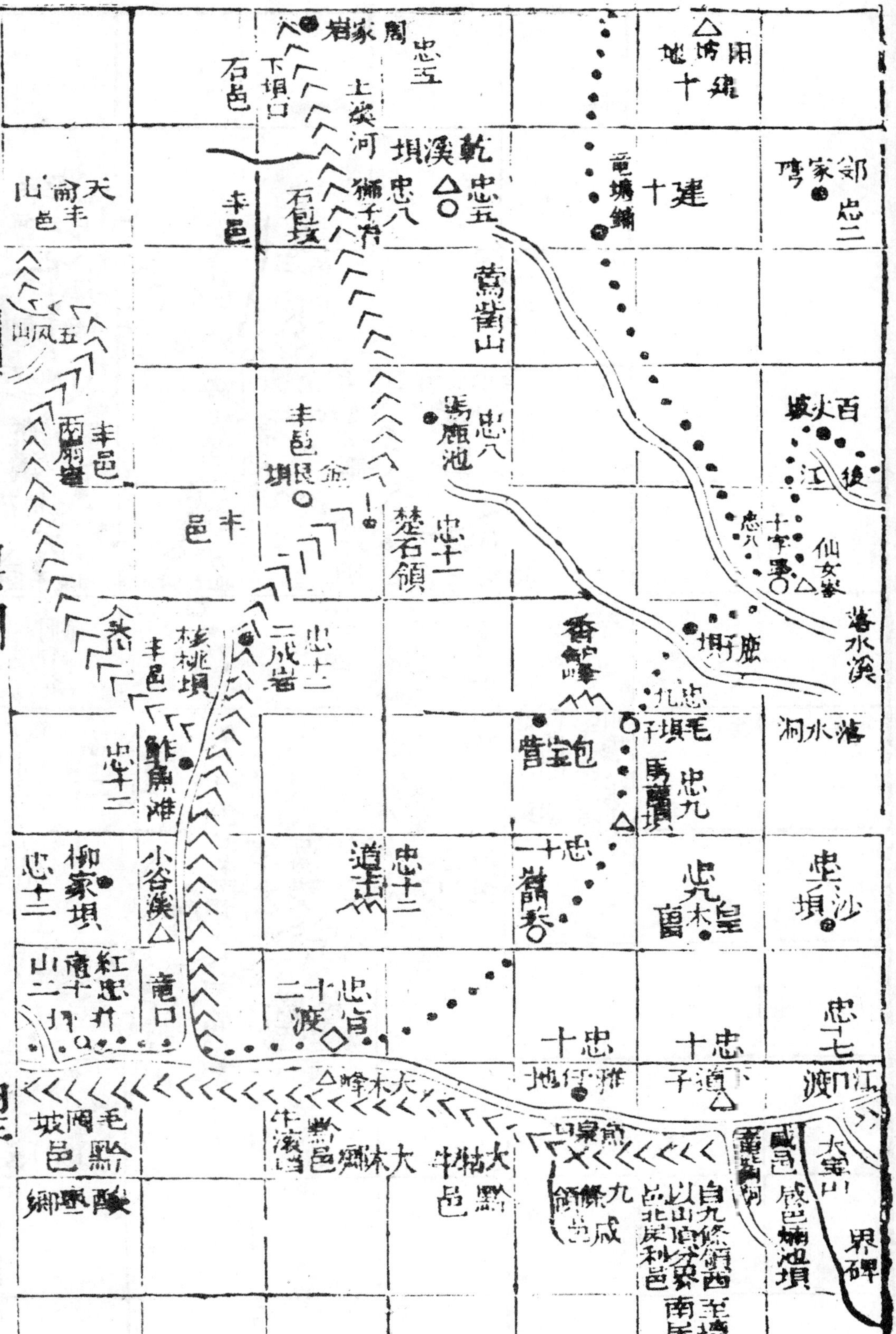
周家岩
忠五
石邑
下垻口
上溪河
乾溪垻
忠八
丰邑
建十
郭家
忠二
馬鹿池
楚石領
忠十一
落水溪
落水洞
香爐峯
忠九
馬蘭垻
柳家垻
小谷溪
忠十二
道士
大木峰
界碑
南

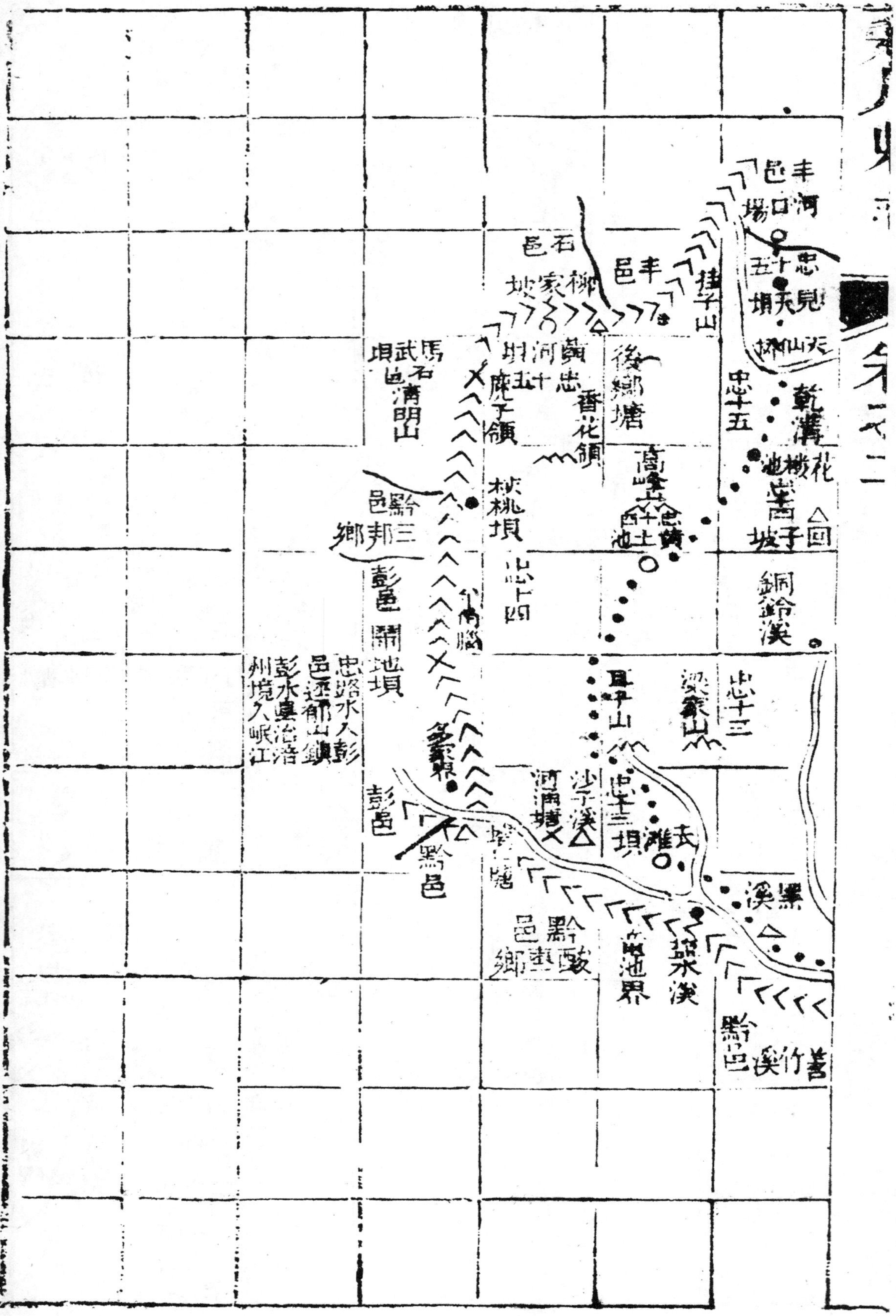
丰河口場邑
忠十五
見天坝
石邑
丰邑
柳家坡
掛子山
馬武坝
清明山
鹿子嶺
香花嶺
後鄉塘
乾溝
黔邑
三邦鄉
桃坝
忠十四
銅鈴溪
彭邑
關池坝
忠路水入彭邑逕鬱山鎮彭水縣治涪州境入岷江
忠十三
沙子溪
黑溪
黔邑
善竹溪
彭邑

利川縣志卷之三

職官表一

利川置亭州資田郡鹽水縣始於後周故職官亦始於後周其時尙書令盧辯改創章程州有刺史長史司馬司錄別駕治中列曹參軍郡有守丞縣有令隋廢資田郡改亭州爲庸州置清江郡州有刺史長史司馬錄事參軍事功曹郡有太守丞尉功曹主簿縣有令丞尉功曹主簿唐省鹽水縣入清江縣改庸州爲施州清江郡爲清化郡而利川之州郡縣竝廢其地入於清江縣五代宋元仍之故紀唐五代宋元職官

以縣令爲斷（唐置令丞主簿尉縣令闕縣佐攝令曰知縣事宋興始以朝官爲知縣知縣之名始此）明隸施州衞其衞官姓名具郡志不復重序

國初隸恩施縣雍正十三年改土歸流始置利川知縣一縣丞一巡檢二典史一乾隆三十七年復以歸州學訓導移設利川縣學訓導因次其年代始自周隋迄於近今爲職官表施南府督捕同知雖駐縣境非知縣所得轄故未著於篇

後周	刺史 長史 司馬 司錄 別駕 治中 列曹參軍	郡守 丞	縣令	
隋	刺史 長史 司馬 錄事 參軍事 功曹	太守 丞 尉 功曹 主簿	縣令 丞 尉 功曹 主簿	

唐	縣令	丞	主簿	尉
五代	縣令	丞	主簿	尉
宋	知縣	丞	主簿	尉

此為清江县簿尉似不应入利川志盖清江則宋县令间有不改者

趙彥成
任伯雨
張昂英 寶祐中任
張震珪 寶祐中任

右宋主簿三人尉一人

元

知縣

丞

主簿

典史

教諭

明

同知

教授

訓導

經歷

國朝

知縣

馬昉義 直隸唐縣貢生雍正七年恩施縣知縣
紐正己 江蘇吳縣進士雍正十年恩施縣知縣
李行修 山東歷城舉人乾隆元年任
湯應求 廣東臨川舉人

訓導

張承堯 黃陂舉人雍正七年恩施縣訓導
解澤
洪 鍾祥

縣丞駐忠路

任應辰 山西汾陽例貢乾隆元年任
何讜

南坪巡檢

俞世發 直隸大興供事乾隆元年任
徐猷

建南巡檢

關繼宗 直隸安肅吏員乾隆元年任
樊鎰 浙江山陰供事乾隆十四年任
王懋仁

典史

沈應銓 直隸武清吏員雍正七年恩施縣典史
楊瓆

乾隆四年任有傳
龔師勝 直隸盧龍舉人乾隆七年任
莊熊芝 江蘇陽湖進士乾隆十四年任
鄭鵬 福建霞浦舉人乾隆十七年任
馮湛 直隸南宮舉人乾隆十八年任

歲貢恩施縣訓導
吳寗咨 湖南善化舉人恩施縣訓導
戴廷杞 蒲圻

直隸宛平監生乾隆九年任
高世俊 江蘇陽湖監生乾隆十四年任有傳
葉道

鐸 湖南巴陵吏員乾隆七年任
陳淮 浙江山陰供事乾隆十四年任
孟懷

四川成都監生乾隆五十年任
鮑士彬 安徽青陽供事乾隆五十三年任
徐誠 江西宜黃供事乾隆五十七年任

直隸宛平吏員乾隆元年任
王允明 山東福山吏員乾隆四年任
任振

徐泓 直隸大興舉人乾隆十九年任
金祖昌 江蘇吳縣進士乾隆二十五年任
程瑄 江蘇儀徵進士乾隆二十八年任
李常吉 浙江海鹽舉人乾隆三十三年任
彭同祖 江蘇溧陽舉人

舉人乾隆三十七年任有傳
石世守 咸寗歲貢乾隆五十二年任
衛大

傅 江蘇無錫監生乾隆三十年任有傳
劉永誠 江西南豐舉人乾隆三十四年任

遠 浙江會稽供事乾隆二十五年任
宋述環 安徽石球監生乾隆二十六年任

知縣陳春波重修武廟碑作余誠
呂偉儀 嘉慶初署任見施南府同知朱炘重修城隍廟碑舊志漏
范地光

聲 浙江山陰監生乾隆八年任
張國襄 直隸大興吏員乾隆十九年任

乾隆三十六年任
王萬高 江蘇寶應舉人 乾隆三十八年任有傳
湯廷芳 浙江仁和廩貢 乾隆四十一年任
李延渭 山西安邑舉人 乾隆四十三年任
陳象渭 江西高安進士 乾隆四十六年任有傳
管應祥 浙江海寧舉人 乾隆五十二年任
張宗孔 山西鳳臺舉人 乾隆五十四年任
陳春波 福建侯官進士 乾隆五十七年任有傳
程鼎 安徽休寧舉人 嘉慶八年任
達清阿 滿洲正白旗進

章 南漳廩貢 乾隆五十四年任
張定模 當陽歲貢 乾隆五十九年任有傳
王三傳 宜昌廩貢 嘉慶十年任
李世傑 當陽歲貢 嘉慶十八年任
石懷

景啟昌 直隸宛平吏員 乾隆三十八年任
武淩霨 山西汾陽監生 乾隆四十二年任
李寶第 山東惠明監生 乾隆四十五年任有傳
楊界 漢軍正黃

凌良培 直隸宛平供事 乾隆三十八年任
徐梅 浙江仁和監生 乾隆四十三年任
王霖 浙江山陰供事 乾隆五十二年任有傳
李光地 山西歲貢 嘉慶

山西平遠貢生 嘉慶八年任
陳寶善 直隸慶雲監生 嘉慶十二年任
嚴聲 浙江烏程監生 嘉慶十九年任
童鳳梧 浙江山陰供事 嘉慶二十三年任
劉聯第 四川隆昌吏員 道光二十一年任
李如璠 廣東香山監生

王芳 直隸大興吏員 乾隆二十五年任
劉旭昌 福建武平監生 乾隆三十八年任
賴國佐 四川肅陽監生 乾隆四十二年任
涂一雲 福建長汀監生 乾隆四十

士 嘉慶十一年任
韓厥田 山東淄川進士 嘉慶十六年任有傳
張兆槃 直隸寶坻舉人 嘉慶二十一年任有傳
王星楡 安徽合肥進士 嘉慶二十五年任有傳
齊廷芳 直隸寶坻舉人 道光二年任
黃照 廣東東莞舉人 道光五年任
姒朝琯 四川瀘州舉人 道光八年任
王汝澎 河南信陽監生 道光九年任
李恂 安徽鳳陽舉人 道光十二年任
李彥昭 福建侯官舉人

遠 黃梅舉人 嘉慶二十四年任
郭文琇 蘄水歲貢 道光三年任
楊文煒 江夏優貢 道光六年任
廖昇 黃州舉人 道光十六年任
李泰齊 安陸

旗監生 乾隆五十一年任
王三錫 河南泌陽拔貢 乾隆五十三年任有傳
何澤茂 福建光澤拔貢 嘉慶三年任
鈕鈞鰲 江蘇武進供事 嘉慶九年

初署任有傳
徐綸章 直隸宛平供事 嘉慶七年任
藍菘 湖南巴陵
吏員 嘉慶八年任
陳璞 直隸大興供事 嘉慶十六年任
張成濬 浙江山陰供事

道光二十六年任
胡傳濂 江西南昌監生 道光二十七年任
徐錫齡 直隸大興人 咸豐九年任
喬楨 陝西富平監生 咸豐十一年任
韓登科 直隸宛平人 同治五年署任
陳光致 湖南巴陵人 同治七年任

九年任有傳
李裕泰 河南武安吏員 乾隆五十六年任
李公翰 嘉慶
初署任 見知縣陳春波重修武廟碑 舊志漏
張裕莊 安徽桐城監生 嘉慶五年

道光十六年任
段旭 江西都昌舉人道光十八年任
王本立 河南羅山進士道光十九年任
金寶樹 江蘇元和進士道光二十一年任
彭惠疇 江西新昌進士道光二十一年任
吳人彥 安徽涇縣監生道光二十二年任有傳
袁景暉 河南光山舉人道光二十八年任
常懿麟 山西鳳臺增貢道光二十八年任
徐文灼 直隸宛平增貢咸豐元年任
祁埰 山西高平廩生咸豐

廩生咸豐六年任
楊必昌 襄陽廩生咸豐八年任
危淩漢 安德增貢同治三年任
徐崇文 黃州附貢同治四年任
張成嶅 京山廩生光緒二年以施

任
杜瀛 福建龍巖監生嘉慶十七年任
繆廷瀅 江蘇江陰監生道光七年任有傳
賀檠 山東歷城人道光十九年任
郭翰京 山西介休監生道光十九

道光二年任
將見坒 直隸宛平人道光十二年任
彭昌齡 湖南湘潭人咸豐十年任
淩治鑑 陝西長安人咸豐十一年任
萬定 直隸大興

將溶 江蘇陽湖人同治八年署任有傳
江杰 安徽黟縣人同治九年任有傳
方穀 湖南長沙人同治十二年署任
劉崇基 江西南城人同治十三年任
梁春麟 直隸大興人光緒七年以恩施縣典史代任
王之棟 江蘇江都人光

任有傳
趙中培 河南固始監生道光元年任
章模 直隸大興供事道光六年任
王錫慶 直隸大興人道光十五年任
朱雲璈 直隸大興監生

二年任
趙廣恩 河南洛陽舉人咸豐四年任
張積祺 山東濱州監生咸豐四年任
陳文灼 四川華陽吏員咸豐六年任
高炳臨 福建光澤舉人咸豐七年任
文桂 滿洲舉人咸豐八年任
陳文炤 浙江山陰監生咸豐十年任
楊宗時 直隸涿州供事咸豐十年任
黃調佑 安徽合肥舉人同治元年任
何蕙馨 河南息縣增貢

南府訓導兼任
張鳳藻 安陸廩貢光緒二年任
張恆泰 穀城舉人光緒七年以恩施縣教諭兼任
李鍾嶽 鍾祥廩生光緒七年任
程燮奎 孝感

年任
沈松齡 浙江仁和監生道光二十年任
龍柏齡 廣東順德監生道光二十四年任
楊鎮邦 廣東香山監生咸豐二年任
蕭汝鵬 江西

人同治三年署任
朱念慈 江蘇江寧人同治五年任
劉名良 四川三臺人同治九年署任
周鵬齡 湖南漵浦附貢同治十一年任光緒十六年復任

緒八年署任
方朝鍵 湖南巴陵人光緒九年代任
趙岫雲 四川蒲江人光緒十一年任有傳
黃廷樞 福建漳平附貢光緒十五年代任
許景栒 浙江山陰人光緒十六年署任
郭燦章 河南洛陽人光緒十七年任

咸豐元年任
殷槐 江蘇上元供事咸豐十年任
張符德 河南桐柏監生同治元年任有傳
沈其鋒 河南光山人同治四年代任
王濟光 浙江

同治二年署任有傳
鄧師韓 江西瀘溪拔貢 同治四年署任
潘滋榎 山東夏津人 同治六年任有傳
鍾觀光 光緒二年以忠路縣丞代任
李希鄴 江蘇江寧人 光緒二年以東湖縣知縣署任
陳國棟 直隸大興人 光緒四年任
魏慶昭 四川涪州人 光緒十年代任
趙毓楠 直隸青縣人 光緒十年署任
徐嘉禾 直隸天津舉人 光緒十一年任
段承霖 雲南呈貢進士

舉人 光緒十二年以恩施縣教諭兼任
汪國椿 沔陽廩貢 光緒十三年任

萍鄉人 咸豐五年任
高拱辰 安徽貴池人 同治三年任
鍾觀光 廣東嘉應直隸州人 同治四年任有傳
薛紹正 陝西西鄉人 光緒四年任
李茂先 安徽

董承宣 四川長壽人 光緒十五年代任

諸暨人 同治五年署任
王化方 河南密縣人 同治七年任
姜相 安徽懷寧人 同治十一年署任
張英 陝西蒲城人 同治十二年任
林春昉 湖南巴陵人 光

光緒十三年署任
祝汝嘉 浙江錢塘附貢 光緒十五年代任
孫克勤 安徽無為附貢 光緒十六年以大冶縣知縣署任
黃世崇 湖南湘陰舉人 光緒十七年任

霍邱增生 光緒七年署任有傳
蕭湘 四川富順人 光緒七年以建始縣縣丞兼任
沈道源 直隸大興人 光緒八年署
郭兆璪 四川石泉廩貢 光緒九年

緒三年署任
田鳴玉 江西瑞昌人 光緒四年任
董承宣 四川長壽人 光緒十三年代任
惲錫蕃 江蘇陽湖人 光緒十五年任

任

右　國朝知縣六十一人內恩施縣知縣二人訓導二十三人內恩施縣訓導三人縣丞二十七人南坪巡檢二十一人建南巡檢二十八人典史二十七人內恩施縣典史一人

利川縣志卷之三

職官表二

利川周隋爲鹽水縣唐以後併入清江縣五代宋元仍之其武職官無可攷明初施州衞設左右中千戶所千戶百戶所千戶百戶掌印各一員佐貳各二員隨操者無定員續文獻通攷利川駐百戶一隸中千戶所縣北南坪十四保中壩屯碧雲菴明嘉靖二年鐘文擂鼓屯石牛寺明正德元年鐘文並稱施州衞中千戶所胡百戶是知利川駐百戶一隸中千戶所嘉靖四十四年支羅峝長黃中叛討平之遂割半置所立屯以百戶二鎭之爲支羅鎭守百戶所復移施州荊瞿守備駐南坪其後仍駐

施州歲巡歷荊瞿南坪語在武備志舊衞志荊瞿守備五十人其駐南坪者不著中千戶所胡百戶亦無能舉其名者而支羅百戶所傳楊偉一人而已

國朝康熙三年廢指揮千百戶設流衞以把總一駐支羅屯吳逆平復以把總一駐箐上雍正十三年改土歸流以施州衞爲施南協駐副將一轄左右二營其右營守備駐縣西忠路右營千總二一駐縣城把總五一駐縣西北建南歸源寺一駐縣北南坪外委千把總五一駐忠路一駐縣西官渡嶺外外委二一駐建南清灘溪其餘千總一把總三外委千把

總三額外外委一所駐皆非縣境舊志據府志錄武職官自
國朝道光元年始而遺明荆瞿守備中千戶所百戶支羅鎮守百戶所百戶
國朝支羅把總箐上把總因略加補輯並近二十餘年可攷見者著於篇

明

荆瞿守備駐南坪	中千戶所百戶支羅鎮守百戶所百戶
	楊偉嘉靖中任有傳見衛志舊志漏

右明百戶一人

國朝

支羅把總箐上把總	守備駐忠路	千總駐縣城
王偉雍正五年任見衛諸生譚偉法光寺碑舊志漏	張朝鳴江夏人嘉慶二十一年任	蘇艮柱嘉慶初任見知縣陳春波重修武廟碑舊志漏
	王洪剛鄖縣人道光四年任	楊敏賢嘉慶中任見千總羅渭鷹義祀所記舊志漏
	曹維藻恩施人道光十五年署任	姜忠懷東湖人嘉慶二十年任
	張金榜江夏武舉道光	譚永祿本縣人道光二

支羅把總箐上把總	守備駐忠路	千總駐縣城
	十七年任	年任
	黃維祚巴東人道光二十六年任	胡名揚大冶武舉道光七年任
	黃開甲恩施人咸豐二年署	王宏遂東湖人道光二十年任
	魏金榜江夏武生咸豐五年任	袁開炳恩施人道光二十二年任
	歐成忠東湖人同治二年任	羅渭鷹荆門直隸州武舉道光二十四年任
	德亮荆州駐防滿洲正白旗人同治七年任	談尚榮遠安人道光二十八年任
	胡秉忠襄陽人光緒十一年署任	秦殿魁孝感武舉咸豐五年任
	李清泉江夏人光緒十三年署任	黃占超四川崇寧人咸豐七年任
	王洪林恩施人光緒十五年署任	安祥荆州駐防滿洲正黃旗人同治八年署任
	陳有信恩施人光緒十	張天慶江夏人同治十

六年署任						
三年任	牟秉智 東湖人光緒十七年署任					
建南把總	許應太 恩施人道光元年任	宋聯陞 東湖人道光六年任	邢偉成 穀城人道光十三年任	劉發科 東湖人道光十九年任	孫廷彪 監利人咸豐元	
南坪把總	覃光斗 恩施人嘉慶十七年任	胡名揚 大冶武舉道光四年任	譚永祿 本縣人道光七年任	燕宗賢 咸豐人道光七年任	嚴先登 遠安人道光二	
忠路外委	楊應忠 恩施人道光元年任	袁大才 恩施人道光四年任	鄧士科 咸豐人道光八年任	黃元吉 恩施武生道光十一年任	陳廷栩 恩施人道光十四年任	熊湘琳 恩施人咸豐十年任　燕啟檽 恩施人同治元年任
官渡外委	張如奎 宣恩人嘉慶十一年任	楊永海 恩施監生道光十五年任	田際楞 恩施人同治三年任	鄒配章 鶴峯人同治十三年任	鄔啟恆 恩施人同治十	
額外外委	張元安 恩施人道光元年任	余兆升 恩施人道光七年任	王廷芳 恩施人道光十三年任	朱占鰲 恩施人道光十六年任	袁廷燦 恩施人道光十八年任	樂瑞璽 恩施人道光二十年任　王桂森 恩施人道光二十二年任

年任	袁太來 恩施人咸豐七年任	劉大榜 大門人同治六年任	田際楞 恩施人同治八年任			
十二年任	蔡長德 鄖縣人同治六年任	李正廷 恩施人光緒三年任	孫雲林 恩施人光緒十六年署任			
	張宗瑞 恩施人同治四年任	陳有信 恩施人同治十三年任	潘占魁 恩施人光緒四年任	陳際樑 恩施人光緒八年任		
三年任	高光福 恩施人光緒八年任	毛雲程 恩施人光緒十一年任				
孫世和 恩施人道光二十四年任	鄧朝儀 恩施人道光二十七年任	李得榮 恩施人咸豐四年任	寇廷嗣 恩施人咸豐八年任	王子安 恩施人光緒十一年任	趙世壽 恩施人光緒十六年任	

右國朝支羅把總一人守備十三人千總十四人建南把總八人南坪把總八人忠路外委十一人官渡外委七人額外外委十三人

利川縣志卷之四

選舉表

施南府志詹邈都亭鄉人宋元祐三年中博學宏詞科第一都亭鄉隸利川縣境語在沿革表今縣西楊家溝有詹狀元墓一云邈之祖墓又曰詹狀元故里故語選舉者首邈府志又稱元進士七人而黃勝黃升亮皆都亭鄉人元都亭鄉即宋都亭鄉是知勝升亮亦利川人牟鳳衞陳襄敏㕑名史傳功業爛然利邑武功號爲施郡之冠其餘起家科舉名列搢紳自改流後代有其人因序次宋元以來制科進士舉人武

舉貢生薦舉武功爲選舉表自籌餉事例興以貲郎起家者所在多有亦列之薦舉中而附以世職封贈先是土司得專制其境內賦稅獄訟其民人亦得擅授土職故縣南夷姓蔣有雍正九年正月初六日施南宣撫司覃禹鼎給其先世夷宗土千總印劄其餘受諸土司土職者所在多有因非奉朝命故未著於篇

	制科	進士
宋	詹邈 都亭鄉人元祐三年中博學宏詞科第一	
元		黃勝 都亭鄉人興隆府同知 黃升亮 都亭鄉人建州判官
國朝	夏昌平 光緒元年孝廉方正四川候補縣丞署按察司司獄有傳	李耀瑚 嘉慶己卯科陳沆榜雲南易門縣知縣有傳 李日躋 耀瑚第五子寄籍雲南易門縣光緒丙子科曹鴻勛榜刑部直隸司主事

右宋制科一人元進士二人　國朝制科一人進士二人

	舉人	武舉	貢生	薦舉
明			向得豪 都亭里人明初歲貢交州府同知有傳 申潮 嘉靖時歲貢淮安府知事有傳	
國朝	李耀瑚 嘉慶癸酉科見進士	冉超羣 同治癸酉科 牟豐垣	冉時雍 牟漢勳 冉萬崇	夏鼎 江西候補縣丞署南康府經歷有傳

潘樹之 道光己酉科有傳
李日躋 同治庚午科順天鄉試見進士
光緒壬午科代理咸豐縣城守把總
胡憲章 光緒癸巳恩科

譚一信
冉紹捷
張世昱
解朝宗
冉武清
譚鍾漢
冉正義
黃世澤
牟天元
譚紀修
牟天偉
鍾惟翰 已上并乾隆時歲貢
李光南 乾隆己酉拔貢
牟承佩
牟承勳
譚鍾科
鄧世煜 有傳
郭文選

李烜 耀珊子安徽婺源縣典史
夏昌言 日湖子刑部浙江清吏司主事
夏昌申 四川候補按司獄署龍安府經歷代理平武縣知縣
涂濂 咸豐時四川宏雅縣典史在任候選通判
曾憲榮 咸豐時湖南候補縣丞

蔣德馨 已上并嘉慶時歲貢
冉大進 有傳
羅才美
王應壖 有傳已上并嘉慶時恩貢
吳尚貴 嘉慶辛酉拔貢
賀伯厚 嘉慶癸酉拔貢有傳
李天德
張宗顏 有傳
牟秀簡
冉武清 與乾隆時歲貢冉武清同名
李明桂 有傳
田大業
郜鵬
翁懋 有傳
賴宗德
劉菁
牟天禧
曾以魯 有傳

姜際清 咸豐時湖南湘潭縣黃茅司巡檢
譚大勳 咸豐時分發試用通判加同知銜
王先郁 咸豐時湖南試用從九品代理綏甯縣典史
謝桂林 咸豐時湖南試用巡檢
夏餘慶 同治時湖南候補巡檢

解學純　已上幷道光時歲貢

劉仕俸　有傳

冉大璽　有傳

牟維思　有傳

覃梓彬　有傳

劉雲宮　有傳已上幷道光時恩貢

夏曰瑚　道光乙酉拔貢甘肅秦州州判有傳

潘澍之　道光己酉拔貢見舉人

鄧賢才　有傳

潘周仁

吳江　有傳

部鼎　已上幷咸豐時歲貢

鄭盛僑

李耀瑃　已上幷咸豐時恩貢

潘潤之　咸豐辛酉拔貢四川平武縣知縣有傳

冉復初　同治壬戌歲貢有傳

李宗白　同治壬戌恩貢

譚大寶　同治時湖南試用從九品

李曰乾　耀瑚第六子寄籍雲南易門縣甘肅洮州廳同知

李華清　耀瑚孫甘肅候補巡檢

冉壽益　同治甲子恩貢有傳

吳小鵬　同治乙丑歲貢

吳藩　同治戊辰歲貢

冉有林　同治辛未歲貢

夏昌厚　同治癸酉拔貢

陳麟　同治甲戌恩貢

吳化南　同治甲戌歲貢

劉盛芳　光緒乙亥恩貢有傳

周之俊　光緒丁丑恩貢

冉有恆　光緒丁丑歲貢

馬上襄　光緒庚辰恩貢

易光瑜　光緒庚辰歲貢

曾瑞泰　光緒癸未歲貢

潘元義　光緒乙酉拔貢竹溪縣訓導

何書誥　光緒乙酉恩貢

向紹猷　光緒乙酉府學恩貢

袁汝梅　光緒丙戌歲貢

夏昌謨　光緒己丑歲貢

曹昌大光緒庚寅恩貢
周秀蘭光緒辛卯恩貢
吳定陞光緒辛卯歲貢

右明貢生二人　國朝舉人三人武舉三人貢生七十八人薦舉十四人

會典拔貢生每十二年一舉直省府學二人州縣學各一人順天及各省鄉試取中副榜升入太學曰副貢生各學廩膳生員食餼年久依序貢入成均府學歲一人縣學二歲一人府縣新建者或府視州而縣更年送貢

曰歲貢生遇
覃恩以本歲正貢爲　恩貢生仍以需次待貢之生爲歲貢生學政歲科試竣擇優生尤者送部考試曰優貢生諸生有從軍者以功升諸太學曰功貢生利川自乾隆三十六年立學至今應得拔貢生十八而乾隆四十二年道光十九年兩屆丁酉皆以才不充選闕如府學拔貢以及副貢優貢功貢利川虛無一人附著於此以備參考

武功　世職　封贈

周

巴蔓子將軍有傳

明

部貞叔都亭里人洪武十六年充總旗管軍百戶

覃洪化忠路安撫司寅化弟以功授副總兵見府志幷覃氏譜舊志漏

黃龍沙溪人嘉靖時以平黃中功授山東青州鎮總兵官

覃勷勳忠路安撫司寅化子萬歷時援剿副總兵見府志舊志漏

覃載勳忠路安撫司寅化子萬歷時援剿總兵官見府志幷覃氏譜舊志漏

向有功都亭里人萬歷時總兵官見府志　有功墓在縣北支羅郎其故里

黃宗潤萬歷時把總見五龍寺萬歷十六年鐘文舊志漏

牟海鸞都亭里人天啓四年以黔功授貴州守備

向儒選有功子天啓中游擊見府志舊志漏

牟海龍都亭里人崇禎二年以復重慶功授漢中守備

部勝貞叔子永樂八年襲百戶

部友貴勝子襲百戶

部文貴友子宏治十年襲百戶

部斌繼文子正德十三年襲百戶

部永管斌繼子嘉靖元年襲百戶陳氏紀路稱外

牟景武崇禎十五年以曾孫文綬貴贈榮祿大夫

牟永貞崇禎十五年以孫文綬貴贈榮祿大夫

牟正諫崇禎十五年以子文綬貴贈榮祿大夫　牟文綬於崇禎十五年授榮祿大夫妻向氏贈一品夫人繼妻葉氏封一品夫人文綬向氏葉氏誥軸現存縣西大塘牟氏文綬誥軸皆雙絲絹織有雲鶴厚如今之制錢軸面

牟海師　崇禎時川北鎮左營副將

牟世瓊　崇禎時山西平陽鎮副總兵

牟文綬　崇禎時鳳泗總兵官封鳳備侯有傳

黃登明　沙溪人崇禎時江南鳳陽總兵官

牟世龍　崇禎時蘄水守備

牟之龍　崇禎時隨征副總兵

牟世勳　崇禎時參將降守備

牟國安　崇禎時川北副將

牟文祿　崇禎時川北副將舊志武功內牟正道翼將軍

家黃氏世傳百戶黃氏得襲之由與所襲之入皆無可攷坿著於此

與今式同凡十二幅以灰色鵠黃鵝黃銀白紫色爲次周而復始每一幅橫一尺四寸五分縱九寸五分第一幅中織奉天誥命篆文左右龍形第二幅至第八幅皆制文推第六幅朱書餘皆墨書第九幅墨書崇禎十五年月日有璽文

日勅誥之寶幅尾騎縫有半璽文曰廣運之寶璽旁墨書智字叄號第十幅至第十二幅皆空白第十三幅織崇禎九年月日造七字

牟登巍明威將軍牟大元號騎將軍明代無此官名疑譚宏據蜀時所授僞職附著於此

黃樞　沙溪宣撫司中和次子永歷時援勦總兵官沙溪黃氏藏有永歷五年孫可望印諭舊志作援勦都統誤可望印諭首曰秦王令諭援勦總兵官黃樞末曰永歷五年十一月二十四日印縱橫各三寸四分文曰秦王之寶篆書諭紙縱一尺四寸廣一尺七寸五分中書諭文上下繪雲龍四左右二僭妄無上已可想見永明王方倚重之欲無速亡得乎

黃檄　中和第三子永歷時鳳翔總兵官

黃杓　中和第四子永歷時副將投誠後授山東壽光營千總

余應登　永歷時守備縣北中壩屯藏有永歷三年鳳衛侯牟文綬所給守備余應登劄付舊志漏

牟國棟　文綬子崇禎時鳳泗前營游擊見牟氏紀略舊志漏

牟國卿　文綬子永歷時錦衣衛指揮僉事右軍都督同知見牟氏紀略舊志漏

牟國俊　文綬子永歷時錦衣衛指揮僉事見牟氏紀略

舊志漏

國朝

陳世凱　康熙時浙江提督世襲騎都尉卒賜祭葬謚襄敏祀溫州名宦國史有傳

陳世奇　世凱從父兄康熙時總兵官都督僉事有傳

牟大寶　康熙時松江提督有傳

牟大耀　大寅弟隨征都司見康熙十六年定海總兵牟大寅劄付舊志漏

牟大定　康熙時副將見馬橋屯牟氏墓碑舊志漏

陳天培　世凱長子康熙時襲騎都尉官浙江提督有傳

陳恩遠　天培子乾隆十四年襲騎都尉

牟文彪　康熙十四年以曾孫大寅貴贈驃騎將軍二十年晉贈榮祿大夫妻黃氏贈夫人晉贈一品夫人

牟海碧　以孫大寅貴贈驃騎將軍晉贈

碑立於乾隆四十六年文曰誥封一品夫人牟門張夫人之墓副將男牟大定浙江提督壻陳世凱譚天爵總兵壻覃盡聯浙江提督外孫陳天培世凱兩娶同里牟氏則大定當爲利川人天爵盡聯里居無攷

牟大壽 康熙時四川保甯等處總兵官

牟大襲 康熙時副將有傳

牟大猷 康熙時隨營副將

牟之輔 康熙時頴橋副將

牟之弼 康熙時遼東副將

陳紀 世凱養子磐石營副將有傳

陳天開 世凱次子由侍衛官廣西江左鎮中營游擊

陳有年 原名天錫世凱第三子由侍衛官湖南提標右營游擊

陳光漢 原名天輔世凱第四子浙江台州協守備

陳天德 世凱第六子陝西長安營守備

牟登豫 大寅長子湖廣彝右營守備

牟承瑛 康熙時江南河標中軍副將

牟承珏 康熙時孟河營游擊

官廣東潮州鎮游擊恩遠舊志作思遠誤

陳重穀 恩遠子乾隆三十三年襲恩騎尉

陳賢叡 重穀子乾隆四十六年襲恩騎尉

陳才振 賢叡子嘉慶時襲恩騎尉

陳奮烈 才振子道光二十九年襲恩騎尉以千總候補

榮祿大夫妻冉氏贈夫人晉贈一品夫人

牟世先 以子大寅貴贈驃騎將軍晉贈榮祿大夫妻冉氏贈夫人晉贈一品夫人大寅授驃騎將軍晉授榮祿大夫妻黃氏封夫人晉封一品夫人

陳志道 康熙二十年以曾孫世凱貴贈榮祿大夫妻熊氏贈一品夫人

陳代文 康熙十四年以孫世凱貴贈驃騎將軍二十年晉贈榮祿大夫妻江氏贈夫人晉贈一品夫人

張成榮 康熙時陝西留壩營守備

李如會 康熙時陝西潼關鎮千總

黃天燦 明鳳翔總兵官檄長子康熙時四川黎雅營游擊

黃天煒 檄次子康熙時援勦副將

黃天熠 檄第三子康熙時山東青州營參將

黃天熺 檄第四子康熙時援勦都司

張文星 康熙時投誠總兵授總兵都督僉事見康熙十八年四月初四日揚威大將軍和碩簡親王劄付舊志漏

王希聖 雍正時浙江黃巖鎮標左營左哨右司把總見雍正十三年覃恩勅命舊志漏

陳重乾 原名重義世凱曾孫乾隆時四川彭黔營守備

曹夢熊 乾隆時宜恩千總

牟奇仕 武生嘉慶時六品軍功

朱聘遠 武生嘉慶時六品軍功

吳三才 嘉慶時六品軍功

牟承煜 嘉慶時八品軍功

覃殿勇 嘉慶時六品軍功

代理來鳳利川城守千總咸豐建始城守把總南坪建南崔壩大旺各汛把總舊志世職內李殿揚世襲雲騎尉莫明其得襲之由附著於此

陳守先 以子世凱貴贈驃騎將軍晉贈榮祿大夫妻黃氏贈夫人晉贈一品夫人世凱授驃騎將軍晉授榮祿大夫妻牟氏贈夫人晉贈一品夫人繼妻牟氏封夫人晉封一品夫人康熙六十一年世凱子天培以覃恩贈祖父如其官天培授榮祿大夫妻牟氏贈一品夫人繼妻余氏封一品夫人

王國藩 雍正十三年以子希聖貴封奮力校尉妻牟氏封孺人希聖亦於雍正十三年

譚永祿道光時本縣城守千總南坪把總
譚得芳咸豐時由武生積功授施南協左營左哨千總署右營守備賞戴藍翎五品頂戴
何廷楹六品軍功咸豐九年攻拔石牌僞城賞戴藍翎
張鵬飛由軍功洊保藍翎千總同治二年以攻破陝西倉頭洞巢擢守備留湖北補用加都司銜賞換花翎
黃占魁由軍功洊保外委同治三年隨同四川總督駱秉章剿辦滇黔邊防擢守備賞戴藍翎
丁培義由軍功保花翎五品頂戴同治七年隨同克復綏德州城池賞加都司銜
張陞德由軍功洊保守備賞戴藍翎同治九年以陝西全境肅清擢都司
冉玉品由軍功保千總同治九年雲南戰歿給予雲騎尉世襲
牟振魁由軍功洊保藍翎守備同治九年以川軍赴援徽縣力保危城擢都司賞換花翎
陳鳳鳴世凱七世族孫由軍功洊保都司賞戴藍翎

授奮力校尉封妻牟氏孺人
覃建侯雍正時忠路安撫司乾隆十六年以子梓楚貴贈武德將軍二十六年晉贈武翼大夫妻牟氏封宜人晉封淑人
譚修禊同治元年

以子得芳貴封武略騎尉妻陳氏贈安人繼妻趙氏封安人德芳亦於同治元年授武略騎尉妻周氏封安人
淩文典同治十一年以孫連山收復貴州上游功贈昭武都尉妻孫氏贈恭人

同治十年以蕩平金積堡賊巢擢游擊
蕭正發由軍功洊保參將同治十年以蕩平金積堡賊巢擢副將賞戴花翎
陳聯陞由軍功保外委同治十三年以四川馬邊洪雅逆匪全股蕩平擢把總賞戴藍翎
鄭文邦由軍功保外委同治十三年以攻克普安城擢千總
鄭文超由軍功洊保參將留四川補用賞戴花翎同治十三年以全黔肅清擢副將
江世文由軍功洊保守備留湖北補用加都司銜賞戴花翎
朱乾山由軍功洊保湖北補用參將光緒二年在貴州都勻府八寨廳屬排調寨遇游匪戰歿
朱福隆由軍功洊保花翎副將光緒四年克復新疆吐魯番城擢總兵光緒五年新疆南北路一舉蕩平賞給三代從一品封典
淩連山由軍功洊保甘肅補用參將光緒七年署甯夏鎮右營游擊

淩登位以子連山功贈昭武都尉妻戈氏封恭人
朱遠維光緒五年以曾孫福隆貴贈振威將軍妻牟氏贈一品夫人
朱必用以孫福隆貴贈振威將軍妻牟氏

贈一品夫人
朱高宇以子福隆貴贈振威將軍妻蔣氏贈一品夫人福隆授振威將軍妻牟氏封一品夫人
潘昌萬光緒五年以子潤之貴封奉政大夫妻何氏封宜人

潘克復 以弟潤之貴封奉政大夫妻袁氏封宜人

右周武功一人明武功二十六人世職五人封贈三人

國朝武功五十一人世職六人　封贈十六人

利川縣志卷之五

人物表

明一統志巴蔓子周季人巴國葬其身於都亭山都亭山在縣西語在沿革表故利川人物必以巴蔓子稱首其次則宋詹鴻博邈明牟鳳衞侯文綬　國朝陳提督世凱牟提督大寅最著然大抵以科第武勳起家列名選舉其非由選舉而其人卓然可傳未可任其泯焉無聞爰據舊志並搜輯所及首忠義孝弟學行行誼耆壽終以流寓方技爲人物表故事忠義孝弟例得奉　旌入祠其壽民百歲已上者亦得　賜銀建坊利川奉　旌入祠　賜銀建坊之典闕如因備列　國朝嘉慶時祀昭忠祠之兵丁義勇於忠義而以其餘分類序次惟流寓方技自前明始

忠義

國朝

張仲勝 康熙初隨陳世凱剿賊劉二虎歿於陣

李世章 嘉慶

孝弟

翁展昌 字景文乾隆時人嘗刲股愈繼母陳氏疾妻陶氏亦以孝聞子鴻海

學行

牟承五 字建極乾隆時廩生從夏

行誼

何東洋 雍正時爲沙溪宣撫司舍人多所匡正改流後大府欲官之辭不就

耆壽

黃大松 康熙時人少鰥不再娶教授鄉里知名士多出

初兵丁以剿賊陣亡祀昭忠祠同時兵丁陣亡祀昭忠祠者有賈光祿羅世俊武生朱承鵬黃國棟覃章經李昌茂張仁義賈玫金萬富高宏明馬應鳳張明甲石天明吳天爵谷面成鄧國

明卞世國金魁谷勝放羅仁義楊應宗劉玉魏朝安陳正義楊與貴李國相孫開國楊文明楊作倫劉俊楊大魁鄧廷魁楊宗明王大魁謝世華吳天明鄂學明陳才申楊之友向學義錢國

附貢生

丁志道 字明德嘉慶時人有孝行孫南山例貢生

歐陽子京 字惠卿嘉慶時諸生以孝友聞子梅諸生亦有學行

蕭湛露 嘉慶

時諸生事母以孝聞

王永貴 道光時人以樵採為生事母以孝聞嘗墜百仞嚴下不死歿年七十八

牟百川 道光時諸生嘗刲股愈親疾歿年八十五

驊農太史江漢書院受學凡十餘年才名藉甚州郡交聘歷主鹿門蘭臺墨池書院講席所造

就多知名士

瞿世鎬 嘉慶時廩生有學行時達清阿以庶常改知縣事語人

何文林 東洋子乾隆時諸生嘉慶初率鄉人禦賊有功辭不受賞

李宗成 嘉慶十四年與甥鄭光明路拾遺金守待遺金者不至以其金修路鄉人號曰君子道宗

成子澍霖諸生光明之後亦以富有聞

田萬麟 嘉慶十九年二十三年兩次捐貲賑饑

顏丙爾 嘉慶時人蚤孤有叔父母貧而贅為傭養之終身

其門歿年九十三

何以蓮 乾隆時人初為梁山祝氏贅壻祝氏無子以其產畀之以蓮為祝氏娶妾生子還其產嘗鬻貨

沙市主者多予值百金以蓮行至中途知其誤卒還之後年百歲子孫多讀書為諸生長子華最知名

王錫三 乾隆時人好善

賓鍾志順連世遠冉明蔣達林李國榮蕭長青部文舉謝太馬大貴夏長鳳牟秀禮陳景文凡五十四人

牟承煜 嘉慶初武生賞軍功以勦賊陣亡祀昭忠祠同時鄉勇陣亡祀昭忠

祠者有冉明康莊老幺方來新冉天仁譚宇英冉光美劉洪才張榮錦冉大常劉通富楊明都蔡善元年楚才楊明受譚甫義牟振先柏占魁陳德明向元鳳舒貴英鄒大明朱勝功吳存義

徐德貴 道光時人刲股愈母覃氏疾母歿廬墓

朱福厚 咸豐時監生事父兆驥以孝聞

翁鴻安 咸豐時人父歿於外鴻安三次徒步尋得之負

骨以歸人咸敬之子順圖監生

方克昌 字曉亨諸生事繼母譚氏以孝聞咸豐年粵賊之亂克昌詳放成法指陳時弊著團練說里人舉之賴以安堵

日利邑吾得二士李耀瑚瞿世鎬而已世鎬竟以諸生終士論惜之

向昌蹤 嘉慶

時增生樂施予孫達先曾孫桂一竝諸生

冉光綜 道光時諸生以耿介稱

冉紹

江通選 嘉慶時諸生嘗歲饑出穀賑貧知府佟棐文旌其間

黃再成 嘉慶時人有行誼

覃章組 忠路土司之後以廉潔稱同里

雷正元

甘氏子二歲而孤撫之成立有盧姓者負債窘甚將赴水死代償其債道光十三年大饑里人有鬻子者多方振卹卒得不鬻人皆義之

甘世範 字承職道光二十九年大

樂施歿年八十一

趙晉三 嘉慶時諸生以耿介聞歿年八十

謝名揚 道光時人年八十三有行誼弟

漢昭亦年八十天門蔣立鏞襄陽單懋謙竝推重之

瞿先進 道光二十七年捐義倉穀一百石歿年九十六曾孫唐諸生

利川縣志 卷之五 人物表 四

丁德明牟大志楊克修譜三陽鄧誠寶歐國安姚奇章黃世太譚在揚何以禮周伯成王德安向昌佩冉廷舉黃成武游士倫譚興位冉明士周遠富冉玉連譚俊修劉秀富冉明舉牟奇佳

陳臺富 同治元年賊至臺富依父金龍不忍去賊刃傷臺富卒不死人謂孝行所感　彭師古 諸生事繼母以孝聞同治五年知縣鄧師韓旌其閭

先 道光時諸生有學行　蕭勳舉 道光時諸生好學編五經纂要未成而歿

饑多所賑濟子受和兩和並諸生有學行　張世綏 道光時人人有負債難償者焚其券　周正國 道光時人以直諒聞　王法朝 道光時捐錢八百緡入書

安天明 光緒二年年一百一歲五世同堂知縣李希鄰旌其閭　羅百泰 以剛正著歿年九十三　羅世科

楊洪張選杰冉光彥章富楊禮富熊世祥凡五十四人　張正乾 嘉慶二年罵賊死諸生何書維有詩哭之　朱朝堂 監生嘉慶二年以團練禦賊不受賞知府譚光

任學蘭 事孀母李氏以孝聞歿年七十六子用休從九品孫鴻瀛諸生　向鍾珍 與兄鍾川力農自給川病惡寒鍾珍與之同衾臥十餘年無間　倪乾惠 二歲

藍易青 咸豐時諸生有學行　陳察安 咸豐時諸生有學行　冉洪

院買城東田　袁成太 道光時人有行誼　何協和 慷慨急公道光時知府王協夢旌其閭　陳福宗 道光十三年大饑出穀平糶里人德之子世忠

百泰子見年八十九子培之諸生　羅支元 歿年九十九　夏昌瑚 歿年九十六　冉光升 字發庸光緒十

利川縣志 卷之五 人物表 五

祥旌其閭　于東庠 從九品嘗出貲賑饑助饟同治元年賊踞來鳳東庠以團練禦賊賊恨之一日卒至入東庠室劫之去不屈死子克成諸生　于尚俊 同治

喪父母病惡寒乾惠夜必溫席母以壽終　劉益廣 事母以孝聞母歿廬墓三年　王永貴 以樵採奉母撫姪終身不娶母歿廬墓　瞿一端 二年

陶 同治時廩生好學能文年二十四歿於江漢書院子小陶諸生　蔣立鑒 家貧

從九品文超監生孫麟恩貢生翰藻從九品翼雲諸生會孫作霖武生光緒十四年知縣段承霖旌其閭　吳祖林 道光十七年饑偕弟祖法出穀賑貸焚其券

二年年九十二　牟秀泰 光緒十三年年九十二　黃正級 道光十二年饑疫偕諸生牟天衢建義倉置義家里人德之歿

元年遇賊死賊火其屍　郜典 諸生同治元年以團練禦賊賊自來鳳至劫之行典奪賊短刃斃數人賊圍之被數十創罵不絕口死典孫清廉諸生清源武生

十二封肝療父疾　馬志魁 母病封股　楊順元 年二十三母病封股　瞿世臺 年十七封股愈母病歿年八十一　張應光 年二

力學授徒奉親宗族賢之　陳道新 廩生有學行　蔣子元 諸生有學行

譚則榮 富於貲好施予道光時知縣吳人彥旌其閭子大受諸生　李遠德 然諾不苟嘗見里人周常才以錢匿地窖中不以告人常才死卽以其錢葬之

年九十五世同堂子文學監生文彬諸生孫極五武生　周田瑯 字山輝好施予歿年八十六　黃秀興 歿年八十五

冉永忠　同治時人以勇力雄鄉里會飲酒醉賊縛之去既醒脫歸聞弟爲賊所得復往索弟賊誘之降不屈死賊義之縱其弟返

何士寬　字東江同治時人父歿廬墓三年會賊至奉母避賊弟某陷於賊母慟不欲生士寬入賊中求之不得怒罵賊賊殺之

鄒宗仁　富於貲同治二年賊卒至索金帛不得賊殺之時年八十有六

十二母病封股

向萬璋　武生封股愈母譚氏疾舊志萬璋作萬彰母疾作父疾竝誤

蔣言源　母病封股

蔣功明　善事繼母數十年如一日子八人皆克家

袁大江　例貢生以孝友稱子汝梅歲貢生汝榦汝明竝諸生

張繼仲　諸生以孝友聞子汝霖諸生

劉光鑑　事母

翁鴻仕　廩生有學行

柯煥若　增生有學行

柯修五　廩貢生有學行

吳懋　有學行

陳魁　縣西北黃土池場與蜀爲鄰常苦嘓匪民逃亡殆盡縣丞繆廷瀠既毀賊巢魁偕里人林洪陞招流亡設防堵商旅始集咸豐九年知府朱啟仁檄修羊角腦沙子溪鹿子嶺諸卡頗倚重之

羅敦禮　家累鉅萬咸豐九年知府朱啟仁巡閱邊邑宿敦禮家命之捐貲修卡贈詩云旺畝連三縣人家仕萬山丈人多古貌隱士本孱顏嘉爾十年讀兪吾半

黃洪智　歿年八十五

陳華夏　事父榮景以孝聞歿年八十子經筵監生

陳金龍　年九十七以盛德稱子臺富有孝行

溫開祥　與弟開裕同居有內行竝年八十孫國棟國華竝諸生

段永長　有行誼見年八十八子治邦諸

鄒文魁　宗仁子賊殺宗仁文魁大哭罵賊賊以火焚其背以死

周謹　諸生弱冠有時名同治元年罵賊死見府志續編

鄧士蘭　同治元年遇賊不屈死

吳允高　字德元同治年六十四年遇賊不屈死

吳金鳳　同治元年於賊死

牟承英　監生同治元年避賊巖中嚴洞不屈死

牟天申　承英

以孝聞子夢璋諸生

胡洪亮　監生家貧兄弟異居洪亮善治生積產千金復與兄弟同財子憲章武舉

魏啟發　幼時父死母嫁母後夫死家貧啟發迎歸孝養喪葬盡禮

解宗信　事父孝父患癰以口吮之而愈

朱配三　字文才以孝友聞

李照陽　幼爲兄所逐兄老貧甚迎兄同居事之甚謹子

日間時艱勤擘畫努力築嚴關子敬典蔭之竝諸生

何士瞻　以友愛聞里有因貧出妻者出貲贖之同治元年賊入境相戒不入其室子書維諸生書詰恩貢生孫秉禮廩生

吳周藩　有行誼同治時知縣潘滋榎旌其閭

譚英升　字翠山與兄英槐同居歲數饑賑貧不倦咸豐時粵賊之亂修一品山寨費萬金避賊者

生

嚴先禮　見年八十七

劉本明　幼孤撫弟成立析居讓產見年八十五

向萬盛　事母以孝聞母歿廬墓見年八十

子從九品同治元年承英死於賊天申怒與賊鬬賊殺之

牟彝仲同治時從提督周達武軍甘肅階州戰歿

劉仕傑同治元年罵賊死孫夢璋諸生

錦春諸生

程建璠事親以孝聞子茂林監生

段永興監生事母以孝聞家貧

高大文事母以孝聞家貧

甘培禮力學事父以孝聞歿年三十六

周運啟事繼母劉氏以孝聞

郜倫仲繼母譚氏喪明舐之三年目復明

多往依之嘗買譚德璋向英升孫學優產值四千金還之焚其券同治四年知府王庭楨奉檄勸修縣境石路捐鉅貲庭楨有記

賀興邦字坦修武生同治元年以團練保鄉里知縣黃調佑倚重之

吳應順有行誼同治十年知縣潘滋榎旌其閭

黃祖輝字杏園有行誼子庭芳孫初竝諸生

周顯祥與弟

顯魁同居嘗焚券施寒衣

陳天錫負擔為業路拾遺金守待遺金者至還之積儲值以修險路至今賴之

陳永清有鄰以罪逃亡者矜卹其家歿年七十六子貞幹心齋竝諸生

牟維先嘗捐貲獨修縣東高橋至老土地石路子奇恆監生孫紹寅武生

右國朝忠義一百二十八人孝弟三十八人學行一十六人行誼三十一人耆壽二十三人

流寓

方技

明

何金枝麻城人崇禎時諸生除四川南部令擢監察御史奉命采木沙溪國變後遂家焉川督李國英以原官屢徵不起疾革遺命題其墓曰明生員何金枝之墓

鐵筆和尚峩嵋僧崇禎初知張獻忠將寇蜀寓居縣北乾谿山石峯寺與邑人陳世凱之父守先善預知世凱必貴

耳壽禪師里居無攷明末寓居古峯寺說法多奇驗甲申後不知所終

僧錫極蜀人崇禎初寓居縣南忠路七保香爐峯下善占驗人多信之

僧破山舊居梁山雙桂堂張獻忠之亂寓居縣南忠路鎮國寺與宣慰司覃世藩善畫敗荷葉相傳可以辟火

鐵眉禪師永歷時居西六保蓮池寺眉橫如綫不斷故名又號憨和尚

右明流寓一人方技五人

國朝

谷際岐南雲進士嘉慶初來訪縣令陳春波留署中流連不忍去

舒墨林巴人寓縣城南華宮善

采藥道人順治初結廬七藥山麓十三家賊擾縣境道人嘗糾眾擊敗之後莫知所之

鍾靈子張姓四川成都人乾隆時結茅鍾靈山居之語多元妙後不知所往

癡道人乾隆時人喜吟詩其郎景詩云木落山容瘦氷添水面肥鐘鳴棲鳥散果墮睡猿驚地僻蒙塵少窗寬受日多人傳誦之

僧清遠嘉慶時人居一品山後寓都門龍泉寺邑拔貢吳尚貴歿於都門清

畫人寶貴之

遠歸其喪邑人義之遂甯張問陶訪清遠詩云經聲纔起市聲遥人海中分路一條佛地光明惟有月宦途消長不如潮僧閒未肯輕饒舌官冷何須畏折腰坐看秋風搖落久莫將堅固問芭蕉

僧惟一僧清遠弟子謝姓縣東長崒人寓居都門龍泉寺蘄水蔡紹江稱其洞人情富事理天門蔣立鏞襄陽單懋謙皆與之友

僧伴雲字鑑空縣西趙家巖人寓居施南府城工詩著有亦樂齋集

右國朝流寓二人方技六人

利川縣志卷之六

列女表

聖清發潜闡幽有加無已凡節孝貞烈婦女應　旌表者府州縣衛建節孝祠一祠外建大坊以題應　旌表者名歿則設位祠中春秋致祭其奇節苦行者賜銀建坊里門其守節妻若妾自年三十以前守節至五十或年未五十而歿其守節已及六年皆得　旌表未婚貞女年例視節婦其在夫家守貞及未符年例而歿者一律　旌表孝女以父母未有子孫終身奉親不嫁者一如孝子　旌表仍題名設位節孝祠

中烈婦與節婦同老婦年百歲以上者亦得　旌表建坊縣有應　旌表者則族鄰具狀白之學自學而縣而府而司而院展轉上達胥吏視爲利源不慊所欲則毛舉細故以相駮詰非歷數年費巨貲則不得所請以故茹苦完貞不得上達天聽者所在皆是而邊遠尤甚同治三年　廷議改由州縣逕達巡撫具題於是胥吏不得因緣爲奸而邑節婦白崑岳妻李氏始於同治四年題奏　旌表凡舊志請旌婦女大抵由學政郡縣有司旌其閭而已光緒三年知府無錫王公庭楨以郡屬婦女鮮知禮義恩所以激勵之檄縣廣採貞烈節孝以次上之巡撫題奏　旌表而山僻窮黎先後仰邀特典一邑之中蓋已數十人焉迺類次邑中節婦烈婦貞女孝女烈女孝婦壽婦爲列女表節婦頗多故分姓以紀而以時代爲次焉

縣多守貞不嫁之女如陳烈志蕭明孅蕭明婌羅榮嬌張天香皆得題奏　旌表惟劉光珺女夢月以母病弟幼守貞不字光緒八年巡撫長洲彭公祖賢題請　旌表　廷議以夢月與未婚貞女過門守貞者不同又與父母未有子孫奉親不嫁之孝女有間應無庸議其餘守貞如夢月者亦有數人雖例不應　旌表茲附列表中以存其名焉

節婦

國朝

張啟蛟妻王氏　年二十五守節道光六年學政王霞九旌其閭歿年七十

張武妻郭氏　年二十九守節撫夫姪爲嗣歿年八十

張九芳妻聞氏　年二十守節孝翁姑撫幼子歿年七十

張世璵妻陳氏　年二十六守節撫孤桑爲諸生歿年六十四

張開組妻周氏　年二十八守節歿年七十三子介三孫輝廷並監生

張大鼎妻黃氏　年二十四守節咸豐十年年五十五

烈婦

陳開榜妻牟氏　同治九年遇賊於趙家巖賊欲污之負其子投巖死

張合慶妻吳氏　張天用之孫婦年二十四守節歿年七十　已上七人竝見舊志

張天用妻楊氏　乾隆四十六年守節時年二十二家赤貧撫二子會彩會璽成立歿年八十孫九鵬州同銜光緒五年奉旌

張萬光妻楊氏　張天用之曾孫婦道光二十七年守節時年二十七歿年六十二光緒五年奉旌子世揚

張家政妻鄧氏　咸豐五年守節時年十九光緒十二年年五十奉旌

張世榜妻王氏　年二十八守節光緒二年知縣潘滋楨旌其閭歿年六十七

張元有繼妻曾氏　同治七年守節時年二十八撫前妻子世裕如己出見年五十

張維妻鄧氏　年二十三守節撫孤齊全成立見年五十

張信長妻周氏　年二十一守節見年五十

李俊明妻胡氏　年三十守節歿年七十七

李俊盟妻胡氏　年二十三守節歿年八十六

李世海妻尹氏　年二十守節事姑克孝撫孤通維成立歿年七十六

李世旂妻陳氏　年二十四守節事衰姑撫孤通衢通甲成立歿年七十五通衢監生

康大昭妻朱氏　同治元年正月遇賊仙女洞不受污而死

吕德孝妻王氏　同治元年正月遇賊虜家坡罵賊死

司明禮妻蔣氏　同治元年正月避賊楊家山賊至自經死時年三十五

于之宗妻錢氏

李忠美妻楊氏　年二十四守節孝事病姑撫孤成立歿年七十四孫友山監生

李某妻蔡氏　年三十守節撫三子成立歿年七十五子朝陽諸生

李某妻曾氏　年二十二守節撫姪承祧歿年五十八

李開秀妻劉氏　年三十守節同治四年年七十

李正龍妻陳氏　年二十八守節同治四年年六十　已上九人竝見舊志

李耀瑚繼妻徐氏　道光十九年守節時年二十九歿年八十二光緒十七年奉旌子日躋刑部直隸司主事日乾甘肅洮州廳同知

李日章妻王氏　李耀瑚之子婦道光元年守節時年二十六歿年五十六光緒六年奉旌子華林華勛

李華勛妻吳氏　李日章之子婦咸豐七年守節時年二十九光緒八年年五十四奉旌子孝達廩生孝純諸生

李成蹊妻夏氏　甘肅秦州州判夏日瑚之女道光十八年守節時年十九光緒四年年六十奉旌

李長梅妻曾氏　諸生曾昭道之女年二十八守節撫遺腹子茂選成立歿年五十二

李長河妻鄧氏　咸豐二年守節時年二十五撫子法金法玉成立見年六十六

夫歿無子依姪守節同治元年正月遇賊投巖死時年五十

于尚文妻趙氏　孝事翁姑同治元年正月遇賊投巖死時年二十

于尚俊妻伍氏　同治元年尚俊死於賊其子亦被劫伍氏忿罵賊身被數刃死

涂步德妻吕氏

牟元弼妻譚氏年十九守節遺腹生子家貧母勸之嫁矢死不二歿年五十四
諸生牟承睿妻向氏年二十五守節撫二子成立歿年五十九次子天譜諸生
牟登岸妻譚氏年二十一守節子殀撫孫成立歿年六十三
牟照林妻陳氏年二十八守節撫遺腹子成立歿年五十八　舊志又載牟陳氏無夫名守節之年疑即一人
牟元高妻譚氏年二十七守節撫孤歿年四十五
牟維斗妻張氏年二十一守節事翁姑撫幼子歿年七十二

牟天錫妻胡氏年二十五守節見年八十五
牟登俊妻陳氏
牟承矯妻田氏已上九人竝見舊志
牟奇彩妻張氏年二十二守節撫遺腹子彝孝成立同治十三年學政王文在旌其閭歿年七十五孫玉衡諸生曾孫顯榮武生
牟義先妻劉氏年三十守節歿年七十六子廷芳武生候選千總孫恆垣武生豐垣武舉
牟維義妻譚氏年十九守節撫孤宗文成立歿年七十二
牟秉槐妻李氏年二十三守節撫孤成立歿年五十二

四川洪雅縣典史涂濂子婦同治元年正月避賊乾谿山賊至攜幼子赴池水死時年二十二
千總秦殿魁妻楊氏同治元年正月避賊鐵鑪寨龍泉寺賊至與尼元善廣勝同時自經死
孫學優妻譚氏同治元年年三十遇賊自經死

牟彝華妻譚氏年二十八守節孝事翁姑撫二子成立見年五十三
諸生黃舉妻牟氏年二十守節遺孤甫數月撫之成立養葬翁姑以禮歿年七十
黃光太妻牟氏年二十八守節撫三子成立歿年七十四
黃通達妻王氏年二十一守節咸豐六年年五十六學政馮譽驥旌其閭　舊志又載黃某妻王氏夫故守節咸豐六年獎給匾額疑即一人
黃再義妻吳氏年二十六守節撫孤成立歿年七十六孫萬品監生
黃正祥妻朱氏年二十八守節撫孤同治四年年六十一
黃興山妻邵氏年二十八守節咸豐十年年五十一　已上六人竝見舊志

黃光龍妻楊氏乾隆二十七年守節時年二十八歿年七十九光緒六年奉旌
黃正宗妻王氏黃光龍之曾孫婦道光十六年守節時年十九光緒六年年六十三奉旌見年七十六子永禧監生
黃正興妻向氏道光二十七年守節時年二十撫孤大福成立歿年六十六
諸生黃元泰妻牟氏年二十四守節撫孤文達爲諸生夫兄伯仲各有子三人牟氏命文璉與夫兄之子六人均受業財墨人義之歿年八十五文璉元孫綱

王天縱妻孫氏同治元年年二十遇賊自經死
張某妻韋氏同治元年賊至韋氏以死衞病姑賊欲污之罵賊不屈死
周彩明妻金氏同治元年年二十二遇賊赴天坑死
鄒宗仁妻張氏同治二年宗仁

金麇生

黃承敘妻向氏　咸豐元年守節時年二十四光緒四年年五十二奉　旌

黃和鈞妻龍氏　年二十六守節光緒五年年五十見府志續編　府志續編有兩龍氏一作建始人夫姓名守節之年竝同

黃萬邦妻鄒氏　年二十五守節孝事翁姑撫孤世治成立光緒九年學政高釗中旌其閭見年六十

譚鍾璽妻陳氏　浙江提督陳世凱孫女未嫁而鍾璽死矢志守節立夫姪英亨爲嗣歿年六十

譚忠龍妻趙氏　年二十一守節撫孤歿年七十六

譚正孝妻覃氏　年二十守節歿年八十

譚志富妻程氏　年二十二守節歿年八十八

譚瓊英妻牟氏　年二十二守節撫二子成立歿年六十五

譚家炳妻梅氏　年二十守節撫孤成立歿年六十四

譚永彝妻牟氏　年二十二守節撫夫幼弟及三子成立同治四年年七十六

譚正儒妻胡氏　已上八人竝見舊志

州同銜譚品山妻牟氏　監生譚英槐之長子婦年三十守節歿年六十一子德潤監生

死於賊張氏慟哭赴水死

鄒文魁子婦魏氏　同治二年文魁死於賊魏氏負其幼女投井死

張家桂妻鄒氏　鄒宗仁女孫同治二年賊殺其翁劫氏去鄒氏以家有藏金給賊賊返取金遂攜二子投井賊以矛刺之罵不絕口死

都司銜武生譚修禧妻溫氏　監生譚英槐之次子婦年二十九守節孝翁姑卹鄰里人以爲賢歿年五十六子德敦德光竝監生

諸生譚修吉妻牟氏　州同銜譚英璧之子婦年二十八守節見年七十子德川德治竝監生

譚德勝妻牟氏　年二十八守節見年六十子烱烈諸生

覃世襲妻馬氏　年十八守節撫遺腹子成立歿年八十六

覃珺侯妻牟氏　年二十五守節撫子梓舉梓品成立梓舉梓品相繼死其妻亦竝能繼姑志牟氏年八十知縣黃調佑旌其閭　已上二人竝見舊志

覃子元妻向氏　年二十三守節撫孤章美章見成立章美妻冉氏年二十二守節能繼姑志冉氏子啟秀諸生見府志續編

覃章顯妻陳氏　年二十二守節歿年七十一見府志續編

覃正綱妻邊氏　道光十八年守節時年二十九光緒五年年七十一奉　旌

覃大敏妻王氏　年二十六守節撫遺腹子萬象成立歿年七十八

覃奉侯妻辛氏　年二十一守節撫孤養姑歿年七十四子梓傑

覃梓傑妻張氏　年十七守節孝事孀姑辛氏歿年三十六

覃大文妻于氏　年二十九守節事姑孝撫二子成立見年五十八

劉應榮妻牟氏　年二十八守節撫孤歿年八十二

吳正保妻曾氏　同治元年春遇賊死於白巖山邑諸生吳風平有記

何士芹妻鄒氏　同治元年年二十五賊至忠路攜女赴水死

黃澤輝妻李氏　夫故守節同治元年年二十八賊至忠路自經於南華宮以死

余世榮

劉世政妻湯氏年三十守節撫孤歿年六十六已上二人竝見舊志

劉光明妻舒氏道光二十一年守節時年二十二光緒十五年年六十八奉旌

劉光和妻夏氏道光二十二年守節時年二十九歿年六十一光緒十五年奉旌子春錦從九品

劉繼祥妻邊氏道光二十五年守節時年十七光緒五年年五十二奉旌

劉紹珍妻楊氏咸豐二年守節時年二十七光緒五年年五十五奉旌

劉必鑄妻吳氏年十七守節見年五十

劉固典妻李氏年十九守節撫遺腹子邦憲成立見年五十

吳宗碧妻向氏年二十五守節撫孤先聰先第成立歿年六十五

吳先第妻劉氏吳宗碧之子婦年二十九守節孝事孀姑向氏咸豐十年年五十一知縣楊宗時旌其閭子化南貢生

吳國蘭妻鍾氏年三十守節家貧撫孤成立歿年七十九孫廷梅諸生兆萬武生

吳祖朝妻楊氏年二十四守節撫孤魁成立咸豐十年知縣楊宗時旌其閭歿年七十八

吳正綱妻楊氏已上五人竝見舊志

妻曾氏夫故守節同治元年賊至欲污之投巖以死

牟維金

妻向氏增生向達先之妹同治元年遇賊墜巖死子奇千

袁明第

妻黃氏同治元年遇賊不屈死

曾憲坤

妻趙氏同治元年遇賊自經死

吳世韜妻李氏年二十八守節撫孤事姑以孝聞歿年七十九光緒四年知縣陳國棟旌其閭

吳安樂妻田氏咸豐五年守節時年二十七光緒五年年五十二奉旌見年六十四

吳元和妻牟氏年二十四守節見年五十

向永侯繼妻周氏年十九守節撫前妻二子成立歿年七十八周氏舊志重見

向宜春妻覃氏年十七守節撫孤歿年九十二

向廷龍妻謝氏年三十守節撫二子成立歿年七十四子顯容妻劉氏亦早寡守節同治四年年五十六

武生向登甲妻趙氏年二十七守節咸豐十年年五十知縣楊宗時旌其閭

向英璋妻吳氏年二十六守節咸豐十年五十六知縣楊宗時旌其閭

向地瓊妻楊氏年三十守節咸豐十一年年五十二知縣楊宗時旌其閭

向天碧妻吳氏已上七人竝見舊志

蕭善正妻朱氏年二十九守節撫孤湛露爲諸生

蕭光海妻陳氏年二十四守節奉翁姑撫孤明松成立歿年七十

蕭志和妻李氏年二十守節撫孤成武成立歿年八十九

白定岳

妻藍氏同治元年遇賊不屈死

吳小文

妻白氏白定岳之女同治元年賊刃傷母藍氏怒罵賊賊竝殺之

陳洪蘇

妻王氏同治元年正月遇賊自經死時年三十六

牟天申

妻田氏同治元年隨翁

蕭明學妻周氏　年二十六守節事孀姑撫幼子歿年七十四

蕭明金妻梁氏　年三十守節奉親撫孤歿年六十一

蕭明德妻蔣氏　年三十守節家貧撫孤歿年七十八　已上六人並見舊志

楊順達妻張氏　年二十四守節撫孤歿年七十

楊鳳祥妻賴氏　道光八年守節時年二十七同治十年年七十一奉旌子朝玉孫清善皆蚤卒

楊祖興妻謝氏　年二十二守節撫孤德朝成立歿年七十四

楊勝榜妻鄧氏　年二十守節撫孤歿年四十三　已上四人並見舊志楊勝榜府志作唐勝榜

楊顯福妻滕氏　年二十守節撫孤光前成立歿年六十

楊某妻廖氏　年二十守節撫夫姪光奇爲嗣歿年八十

曾廣璠妻趙氏　年二十八守節同治四年年八十知縣何蕙馨旌其閭

曾先達妻張氏　撫姪承祧守節三十餘年

曾廣瓊妻周氏

曾廣碔妻李氏　已上四人並見舊志

曾憲應妻楊氏　年二十六守節立夫姪成意爲嗣歿年五十

曾慶善妻劉氏　年二十二守節見年五十

承英夫天申避賊鷹嵜巖洞中賊至殺承英夭申田氏痛哭罵賊以死同時有梁志倫妻盧氏避賊山中路遇賊欲污之乃奪賊矛刺賊死里人壯之

陳思任妻牟氏　年十九守節遺腹生女斷髮矢志歿年五十一

陳世家妻楊氏　年二十九守節孝翁姑撫幼子歿年七十五　已上二人並見舊志楊氏舊志重見

陳仕義妻蕭氏　道光二十年守節時年二十八歿年六十一光緒十五年奉旌

陳華富妻林氏　年二十八守節撫孤奉親歿年五十六孫禹門武生

陳世珍妻楊氏　年二十八守節家貧撫孤見年六十二

陳世進妻魏氏　年二十九守節孝事繼姑見年五十六

鄧子貴妻彭氏　年二十四守節歿年八十道光六年學政王霞九旌其閭

鄧長春妻劉氏　年二十四守節咸豐十年年五十一　已上二人並見舊志

鄧子文妻張氏　年二十守節歿年五十三見府志續編

鄧正亮妻吳氏　年二十八守節撫遺腹子成立孝事翁姑歿年五十八子婦段氏亦以節著

鄧永鑄妻譙氏　年二十四守節立夫姪爲嗣孝養孀孤見年五十六

鄧正興妻劉氏　年三十守節撫孤大學大廷成立見年五十

羅大義妻張氏　年二十一守節撫孤成立歿年八十九曾孫培之諸生

羅宗富妻吳氏　年二十四守節撫孤承槐承梅成立承槐承梅死承槐妻

蕭氏能繼姑志同治四年吳氏年七十七　已上二人竝見舊志

羅宗堂妻張氏道光十三年守節時年二十八光緒八年年七十八奉
旌

羅淑韜妻吳氏年二十二守節撫孤仲蘭仲豈成立歿年六十元孫廷獻
武生

羅明炳妻劉氏年二十四守節撫子顯啟成立見年七十

羅餘珂妻何氏年二十四守節撫夫弟餘璡之子爲嗣見年五十二

周德亭妻劉氏年二十七守節歿年八十一道光七年學政王霞九旌其
閭

周德利妻張氏年三十守節歿年七十八道光七年學政王霞九旌其閭

以上二人竝見舊志

周賓賢妻彭氏年二十九守節光緒五年年六十學政溎耀樞旌其閭見
府志續編

周才傑妻翁氏年二十六守節光緒九年年六十三見府志續編

周大坤妻朱氏年三十守節事衰姑撫二子光鼎日成成立歿年六十三
孫龍章增生府志續編大坤作大紳孫龍章作子明珠竝誤

冉光寅妻向氏年二十四守節撫孤歿年八十五

冉繼昌妻牟氏年三十守節子復初生甫三月撫之成立歿年九十一復

初歲貢生

冉明魁妻譚氏年二十八守節事繼姑撫四子成立歿年六十四　已上
三人竝見舊志譚氏舊志重見

冉永家妻易氏年二十二守節見年五十八

廩生冉洪陶妻向氏年二十四守節斷指矢志撫夫兄子小陶爲嗣
見年五十四小陶諸生

孫韜順妻覃氏

孫興德妻牟氏已上二人竝見舊志

孫啟鏡妻湯氏年二十八守節歿年七十六

孫起敬妻冉氏年二十守節見年六十七

賀道友妻趙氏嘉慶二十一年守節時年二十六撫孤成立歿年七十九
見舊志

賀富榮妻周氏道光十二年守節時年二十光緒五年年六十六奉
旌

賀太護妻吳氏年二十七守節歿年五十四

賀丕顯妻劉氏丕顯無賴以罪死氏年二十五兄欲嫁之以死自矢歿年
三十

江千祥妻李氏年二十六守節歿年四十九子卜生見舊志

江德宗妻周氏年二十八守節歿年七十八

江永清妻謝氏年二十一守節見年六十
江世彪妻秦氏年二十八守節見年五十六
朱維妻楊氏年二十八守節事孀姑撫子女歿年八十八
朱天睿妻牟氏年二十三守節咸豐十年年六十五　已上二人竝見舊志
朱自進妻蔣氏咸豐二年守節時年二十四光緒五年年五十二奉旌
朱福康妻牟氏年二十一守節孝事翁姑撫孤成立見年五十一
翁思泰妻余氏年二十五守節撫孤歿年七十見舊志
翁錦圖妻邱氏咸豐五年守節時年二十七光緒五年年五十一奉旌
翁思發妻胡氏年二十八守節立夫姪展睿爲嗣歿年七十八
郭隆光妻朱氏年三十守節撫四子成立歿年七十七
郭興坤妻張氏年十九守節奉孀姑撫幼孤人無閒言
郭世倫妻王氏已上三人竝見舊志
謝成珍妻劉氏年二十二守節歿年六十四
謝裕明妻袁氏年二十九守節咸豐十年年五十　已上二人竝見舊志
謝廷均妻吳氏年十九守節見年五十
王家溢妻張氏年二十二守節孝事衰姑撫嗣子先嗣如已出歿年七十同治十二年捐錢百緡入節孝祠勒碑祠中

王奇清妻劉氏年二十四守節歿年五十二
王明翼妻馮氏年二十四守節撫孤恩蔭恩達成立咸豐十年年六十學政俞奎垣旌其閭已上三人竝見舊志
譚考科妻滿氏年二十七守節撫孤成立同治四年年七十
譚義昭妻田氏年二十九守節咸豐十年年五十一
譚義彬妻張氏年二十九守節咸豐十年年五十三　已上三人竝見舊志
鄭昌賢妻李氏年二十六守節撫孤成立同治四年年七十一
鄭興周妻劉氏年二十守節咸豐十年年六十三　已上二人竝見舊志
鄭士蘭妻姚氏同治元年年二十四夫死於賊守節撫孤見年五十六
何正斌妻張氏年二十五守節咸豐十年巡撫胡林翼旌其閭同治四年年六十三見舊志
何昭文妻蕭氏年二十三守節撫孤歿年三十二
何祖元妻張氏年二十四守節撫孤薦鎰成立見年五十
胡正邦妻汪氏年二十五守節撫孤洪義成立歿年六十六見舊志
胡洪陶妻王氏年二十一守節見年五十一子恆章
胡洪亮妻連氏年二十六守節見年五十子憲章武舉
趙廷佐妻秦氏年二十四守節撫孤歿年六十七見舊志

趙新一妻蔣氏年二十六守節孝事翁姑撫孤啟倫成立歿年八十四孫炳諸生

文頌選妻李氏年二十八守節咸豐十年年五十

文雅璠妻季氏已上二人並見舊志

潘有才妻鄺氏見舊志

潘廣譽妻袁氏咸豐二年守節時年二十光緒十二年年五十二奉旌

瞿必賢妻雷氏雍正六年守節時年二十六歿年九十一光緒五年奉旌

瞿永元妻張氏道光十二年守節時年二十三歿年五十六光緒五年奉旌

廖世勳妻黃氏年二十九守節撫姪承祧同治四年年六十

廖世應妻文氏年二十六守節撫孤成立同治四年年六十已上二人並見舊志

馬世萬妻黃氏年二十三守節事翁姑撫孤子歿年七十見舊志

馬壽文妻李氏年十九守節撫孤成立歿年四十四

夏昌熾妻譚氏道光二十五年守節時年二十七子政生甫三日撫之成立孝事衰姑光緒五年年六十奉旌見年七十五子政候選都司

夏承祥妻賀氏年三十守節歿年七十子天富監生

宋加元妻季氏道光二十九年守節時年二十七歿年五十七光緒十五年奉旌

宋仕榮妻瞿氏年二十八守節有欲奪其志者以死自矢撫一子成立歿年七十一

余錦華妻劉氏同治七年守節時年二十二歿年三十二光緒五年奉旌

監生余遠銘妻方氏年二十二守節孝事孀姑歿年二十七

甘大賢妻雷氏道光二十年守節時年二十八撫孤登頤成立事姑以孝聞歿年五十八光緒五年奉旌

甘登東妻周氏年二十七守節撫孤朝典朝言成立侍病姑衣不解帶者兩月見年五十

蔡代祥妻張氏年二十五守節光緒九年年五十有一見府志續編

蔡道遠妻覃氏年二十一守節光緒九年年五十見府志續編

呂盛富妻張氏同治元年夫被賊劫去不反時年十九矢志奉親立夫姪道新為嗣見年五十

呂盛貴妻陳氏年二十四守節撫孤道理成立見年五十

鄒美桂妻陳氏節婦陳楊氏之女年二十六守節孝養孀姑撫孤德富成立歿年五十七

鄒際傑妻陳氏節婦陳蕭氏之女年二十八守節見年六十子培五監生年七十五孫太星監生

袁光福妻姚氏嘉慶二十一年守節時年二十七家貧撫子昌落成立歿

袁暉吉妻謝氏咸豐五年守節時年二十七光緒五年年五十一奉 旌

梁仲繼妻吳氏年二十守節撫前妻子成立歿年七十八見舊志

姚國泰妻楊氏年二十八守節撫三子成立歿年七十四見府志舊志漏

白崑岳妻李氏道光十七年守節時年二十撫孤允中成立同治六年年五十奉 旌見年七十六見舊志

金三玉妻蔣氏見舊志

陶某妻曹氏諸生曹宗相之女年二十守節母欲嫁之不可撫孤長青成立同治四年年五十三見舊志

藍正舉妻鄧氏年二十三守節撫族姪承祧同治四年年五十五見舊志

段永祿妻蕭氏年二十八守節奉翁姑撫夫姪如己出同治四年年五十九見舊志

左應鳳妻周氏年二十九守節咸豐十年七十三見舊志

方正洪妻黃氏年二十九守節咸豐十年六十三見舊志

賴宗文妻宋氏年二十九守節咸豐十年五十一見舊志

季國義妻陳氏年二十一守節咸豐十年五十六見舊志

倪大倫妻趙氏年二十二守節咸豐十年八十一見舊志

殷斯瓊妻蒲氏年二十八守節歿年八十八子大碎從九品見舊志

戴自麟妻袁氏年二十七守節咸豐六年六十一見舊志

解傳心妻金氏年二十八守節道光二十五年知縣吳人彥旌其閭歿年八十六子兆蓉武生見舊志

從九品董虞蔚妻李氏道光二十六年守節時年二十九光緒八年六十五奉 旌子廷楨監生廷翰附貢生

馮金偉妻周氏年二十一守節光緒九年年六十七見府志續編

胥達臣妻嚴氏年二十八守節歿年九十三見府志續編

洪振南妻牟氏年二十一守節撫孤成立乾隆二十一年知府王如珪旌其閭歿年六十七

歐陽成玖妻陳氏年二十二守節撫孤歿年八十四

康代順妻田氏年二十八守節撫孤成立歿年六十八

隆地銀妻辛氏年二十七守節撫孤鍾光成立歿年九十

諸生彭達仁妻葉氏年二十四守節撫孤歿年四十三

鄺考麟妻黃氏年三十守節同治五年知縣鄧師韓旌其閭歿年八十八子昌喜亦年八十八孫大珍大明

田某妻羅氏年二十守節撫孤道倖成立歿年八十

裴鼎操妻黃氏 年二十二守節撫夫兄子爲嗣歿年八十
温修文妻牟氏 年三十守節撫孤德樑成立見年八十三
邱明學妻王氏 年三十守節撫孤岐山步瀛成立光緒十六年學政趙尙輔旌其閭見年六十六步瀛諸生
于尙林妻趙氏 年二十八守節撫孤全才成立全才蚤死與孀媳譚氏撫育孤孫見年六十
蔣功燕妻歐陽氏 年二十五守節孝姑撫孤見年六十
柯崇善妻張氏 年二十五守節見年五十九子德光
章美妻冉氏 年二十四守節撫孤登雲成立見年五十

右國朝節婦二百五十八人烈婦二十七人

國朝

貞女
杜氏女 康熙時人幼許嫁呂氏子未嫁呂氏子死守貞歿年八十一
劉若玉 劉廷楨女年二十三守貞

孝女
李昌榮女 乾隆時人守貞不字孝養父母歿年六十
陳烈志 陳世富女世富

烈女
田洪遠妹 嘉慶二年洪遠家被賊妹年十五賊欲污之罵不絕口賊殺之

孝婦
朱某妻黃氏 夫故家貧事病翁以孝聞
喻年鴻妻石氏

壽婦
郭佑鳴妻李氏 子八孫二十六曾孫十五元孫五來孫二道光元年年百歲六世同堂知縣王星楡旌其閭歿

不嫁歿年七十三
向二秀 向睿奇女幼許嫁牟秀壽長子年十二牟氏子死守貞以終咸豐十年年五十二
何金蘭 何其萬繼女年十四所許嫁某氏子死守貞咸

豐十年年五十
蕭明孃 蕭光潮女幼許嫁文垂綱道光七年垂綱死明孃年十四守貞不嫁光緒五年年六十六奉旌
蕭明[女余] 蕭光海女幼許嫁李同瀚

無子烈志孝事父母守貞不字光緒五年年五十二奉旌
楊清濂 父朝玉夫婦相繼歿一子蚤夭清濂年十二矢志守貞孝奉祖母顏氏光緒十九年年五十二奉旌
陶玉成 陶正相女守貞事親
田綠鈞 田宗輝女幼讀書守貞奉親見

秦戊秀 同治元年正月女年十五遇賊佛寶山不屈死
陽成洪女 許嫁伍姓同治元年正月遇賊墜巖死
陳鹿鳴 陳洪蘇女許嫁趙姓同治元年正月隨母王氏避賊白玉山賊至罵不絕口死時年十九

姑病封股
李某妻張氏 夫不孝於親張氏常力諫之同治四年六月大雨水暴至屋圮夫歿於水張氏獨全
牟奇高妻朱氏 姑瞽朱氏日以口吮之目復明
安邦均妻邢氏 孝養翁姑光緒八年六月饑邢氏以養親力竭赴水死里人感

年一百五歲
瞿必賢妻雷氏 歿年九十
羅百泰妻黃氏 有賢聲歿年九十六
董方梅母張氏 夫故守節歿年九十三
張鳳廷妻王氏 光緒十一年年百歲知縣鍾覲光旌其閭
朱某妻李氏 歿年九十
牟秀泰妻覃氏 光緒九年年八十八

道光六年同翰死明姈年九歲比長守貞不嫁光緒五年年六十二奉旌

羅榮嬌 州同衙羅章漢之女道光二十九年所許嫁之某氏子死矢志守貞時年二十光緒八年

年五十

劉桃姑 劉懷明妹道光時人守貞不字事母以孝聞

之爭出米以養其親

謝榮輝妻

曾氏 佐夫盡道教子有方周卹里閭賢聲卓著光緒十九年年百歲五代同堂奉旌子昌作監生

王孝廉妻

夏氏 甘肅秦州直隸州州判夏日瑚

年五十三奉旌

張天香 監生張守廉之女幼許嫁段長青道光二十三年長青死女年十歲守貞不嫁光緒八年年五十八奉旌

向宣秀女 幼許嫁任氏子同治

之姊見年百歲五代同堂子義正武生

冉光升妻

孫氏 見年九十二

彭芝永母

卓氏 見年九十有賢聲

江西候補

元年任氏子陷於賊三年不反其父欲以女嫁董姓女聞之不食死見邑諸生黃庭芳向貞女詩

劉夢月 劉光琚女母病弟幼守貞不字光緒八年年五十一知府王庭楨旌

縣丞夏鼎

妻王氏 見年十九

其閭

胡洪玉 武生胡洪毅之姊守貞不字見年六十

李霜梅 幼許嫁郭傳德年十八未嫁傳德死依母守貞三十餘年立有嗣子

右國朝貞女十二人孝女六人烈女四人孝婦五人

壽婦十八人

利川縣志卷之七

戶役志

都里　戶口　坊市　田賦　倉庫　鹽引　雜稅

領款　錮卹　善堂　物產

利川本恩施縣之都亭里及施南忠孝忠路沙溪建南五土司地宋元爲都亭鄉（舊衛志宋元清江縣有都亭鄉選舉志都亭鄉人其墳塋子孫在縣境故知宋元爲都亭鄉）明改爲都亭里（舊衛志選舉志明部貞叔向有功年海鸞年海龍都亭里人貞叔有功海鸞海龍升邑人又明崇禎九年朝陽觀鑄鐘記稱湖廣施州衛都亭里乾谿山人淩汝明鑄鐘乾谿山在縣南十五里故知明仍爲都亭里）其後以土司滋擾設衛興屯凡土著之民爲里籍

調撥而來者爲屯籍利川爲屯十有五欲使官省餽運而人自爲戰也而日久弊生

國朝革屯里之弊而全資於备於是有里糧有屯糧雍正十三年改土歸流以施南忠孝忠路沙溪建南五土司地置利川縣割恩施縣之都亭里入焉分四汛編戶六里爲保八十有三中汛曰都亭里講讓里市郭里忠路汛曰懷德里興仁里南坪汛亦曰都亭里建南汛曰向化里其後以都亭里地廣改南坪汛爲興仁里而以忠路汛統爲懷德里以今地勢求之中汛三十保曰中一保（在城廟東南）曰中二保（在城廟西北）曰東

一保至東八保皆爲都亭里宋元明舊里也曰南一保至南八保皆爲講讓里曰西一保至西八保曰北一保至北四保皆爲市郭里忠路汛二十八保皆爲懷德里南坪汛十五保皆爲興仁里建南汛十保皆爲向化里先是明嘉靖四十四年上下支羅峝長黃中叛討平之置上下支羅屯又先後置官渡馬橋朱砂孫家木棧九渡忠孝三渡馬道松木元里中壩擂鼓大坪諸屯今南坪十二保十三保爲上下支羅屯地十四保爲松木元里中壩擂鼓大坪諸屯地皆屯糧也其中汛中一保官渡屯東一保馬橋屯東五保朱砂屯南一保孫

家屯南二保九渡屯南四保忠孝屯西二保木棧屯西六保三渡屯南坪汛一保馬道屯一保之中不皆屯地屯糧或一二甲或三四甲爲一保或一二甲或三四甲爲一屯而甲與屯統於保保統於里里統於汛其大較也（明總兵向有功支羅屯人其墳墓子孫今並在支羅舊衞志稱有功都亭里人是知屯與保皆統於里也）

舊志編戶七里忠路曰懷德里興仁里南坪曰都里今忠路無興仁里南坪有興仁里無都里舊志所云七里則誤增興仁里於忠路而改南坪興仁里爲都里也南坪十五保諸生羅培之言所居號都亭里蓋南坪初隸恩施縣爲都亭里乾隆初置縣始改爲興仁里以別於中汛之都亭里其十五保曰都亭里者仍其舊稱也

利川山僻絶無富商鉅賈民間米鹽交易或期以三日或期以五日其交易之區曰場亦有以市鎭街店稱者縣治及忠路縣丞南坪建南兩巡檢駐處商旅麕集不以場名其餘村坊野市所在多有其在中汛者曰李子坳場（東二保）縣東十五里　國初設曰黃泥坡場（東四保）縣東四十里曰團寳市（東六保）縣東六十里邑中一大聚落也曰箐口場（東八保）縣東七十里場左右皆山中夾一溪曰活水溪有橋其水源出龍潭河伏

流三十里入小溪河爲恩施境又東入清江一曰長坣場（東八保）一名長慶場縣東九十里一曰道東坪場（東八保）縣東九十里場旁有洞深五里同治初居民多避賊洞中以免一曰納水溪場（南三保）一名豐樂場縣南七十五里場近有瓷窰製瓷頗工一曰圓包嘴場（南四保）縣南三十里今廢一曰偏坣場（南四保場東隸東八保）縣東南五十里乾隆三十二年設一曰紅椿溝場（南五保）縣南六十里一曰青巖場（南六保）一名復興場縣南八十里爲施南土司覃氏舊治語在沿革表場西二十里夾壁爲施南土司從治相傳有向姓者逐覃氏據有其地覃氏再徙

龍孔故夾壁一名向家營一曰毛壩場南七保縣南一百二十
里乾隆元年設繁庶亞於團寶市一曰濫泥壩場南八保縣東
南五十里一名太和場一曰大塘場西一保縣西七里相傳縣
初治此旋徙今治一曰涼霧山場西四保縣西三十里一曰復
興場西五保大丫口縣西五十里今廢一曰三步街西七保縣西四十
里明季設一曰興隆場西七保場西隸忠路二十八保縣西七十里乾隆三
十年設一曰草壩場北三保茅田壩縣北六十里立草舍交易牛馬
無市肆一曰土牆壩場北四保縣北二百里場東隸奉節其在
南坪汛者一曰長堰塘場三保縣西北四十五里乾隆二十三

年設嘉慶初官軍擊破奉節賊於此改名得勝場舊頗繁庶
近因堰水淤塞時有水患市井蕭然一曰野茶壩場四保縣西
北七十里一曰汪家營場一名永興場六保縣西七十里場舊
無村落　國初流寇餘黨擾境有汪姓者率鄉人立營禦賊
因以爲名乾隆二年設場繁庶爲一邑最光緒十七年施南
府同知署徙此一曰同興場十保茅壩縣西北一百里同治二年
設一曰太平場十二保縣北一百二十里即下支羅峝也場舊
在雷打坪涼水井乾隆初設後徙此故一名新場其在建南
汛者一曰楓香壩場一保縣西北一百八十里道光初設一曰

白楊渡場三保縣西北二百里一曰蘿蔔店四保一名樂福店縣
西北二百四十里場西南一里豬市壩有塔七級高五丈嘉
慶時建一曰興隆場五保即額外外委所駐清灘溪塘也縣西
北二百三十里　國初設場西南三里大堰有塔高數仞光
緒初建一曰太平鎮六保縣西北二百一十里一曰箭竹溪場
七保縣西北一百四十里乾隆時設一曰魚筌口場八保縣西一
百二十里乾隆五十二年設一曰王家寨場八保縣西一百三
十里同治四年設一曰白楊塘場八保縣西一百四十里乾隆
時設一曰雞公嶺場九保縣西一百四十里今廢一曰小河場

十保縣西一百六十里有施南同知廢署場舊在小河南五里
陽坡地有塘有鋪乾隆三十六年場廢徙此其在忠路汛者
一曰永興場五保乾谿縣西南一百九十里一曰十字路場八保一
名中正場縣西南一百六十里場東涼風洞巖泉下滴響如
鼓琴南有大梁子山如屏霧起占雨霧散占晴一曰茅壩子
場九保縣西南一百八十里場近皇木壩即明季內府採木處
一曰巖門頭場十一保一名樂義場縣西南二百里乾隆二十
一年設一曰井坪場十二保一名錦屏場縣西南二百五十里
道光二十年設一曰長灘壩場十三保一名長順場縣西南二

百七十五里瀕河河東十五里鹽水溪舊產鹽溪岸卽黔江太平山一曰黃土𣲖場十四保　一名復興場縣西南三百五里場南有𣲖場東一里石船山望之如船舊頗繁庶後廢近始復一曰小沙溪場十六保　縣西南一百九十里場西五里石龍堡爲沙溪土司舊治一曰大沙溪場十九保下甲　縣西南一百四十里乾隆四十八年設舊爲沙溪土司分治處一曰椒園場十九保上甲　縣西南一百三十里乾隆三十六年設今廢一曰黃泥墹場二十保　縣西南一百二十里今廢一曰黃泥塘場二十一保一名雙峯場縣西南九十里乾隆三十六年設一曰雙河口

場二十二保　縣西南一百里今廢一曰忠路溪場二十四保　縣西南一百一十里今廢一曰老屋基場二十五保　縣西九十里乾隆十年設

利川舊爲土司地其戶口無可考乾隆初改土歸流六縣戶口統於施南府道光十二年奉文編查保甲利川凡爲戶三萬八千七百九十五丁口一十九萬二千一百二十三同治四年經粵逆之亂復加編查凡爲戶三萬三千三十八丁口一十九萬三千四百四十三光緒十八年復加編查凡爲戶五萬三千五十三丁口二十九萬二千七百有八

利川土田瘠磽厥賦下下凡原額竝續加正力人丁共一百一十丁五斗內正丁八十九丁五斗每丁徵銀九錢七分力丁二十一丁每丁徵銀三錢共銀九十三兩一錢一分五釐內除逃故正力人丁六十三丁無徵丁銀六十四兩四錢四分共徵銀三十二兩六錢七分五釐又原報屯丁十名每名徵銀二錢該銀二兩共徵銀三十四兩六錢七分五釐歸入闔省糧銀攤徵計減銀二十五兩四錢一分二釐實徵丁銀九兩二錢五分三釐又續墾攤增丁銀十七兩三錢七分七釐二共實徵銀二十六兩六錢三分內除撥歸川省地畝開

除丁銀二分四釐外實徵丁銀二十六兩六錢六釐又原額民屯幷勘出成熟水旱田地共四百四十一頃八十畝七釐派徵丁銀十二兩九錢六分三釐不科糧外實徵民屯各科則不等額糧一千三十九石五斗六升四勺該銀四百三十二兩七錢八分八釐內除荒糧五百五十一石七斗四升五合六勺該銀二百四十八兩二錢八分六釐成熟糧四百八十七石八斗一升五合實徵銀一百八十四兩三錢一分五釐又開墾額外田地一百四十一頃六十畝八分四釐內除開墾改土地方水旱田地一百六頃七十七畝八分徵銀五

兩一錢九分一釐開墾民地三十四頃八十三畝四釐該糧六十九石六斗六升八勺該徵銀二十兩八錢九分八釐二共銀二十六兩八分九釐　以上民屯丁銀並秋糧共徵銀五百八十四兩三錢三分三釐內除逃故人丁無徵丁銀六十兩四錢四分三釐又闔省均攤人丁應減銀二十五兩四錢二分二釐又餘荒糧無徵銀二百四十八兩二錢六分六釐並撥歸川省地畝糧銀一錢八分八釐丁銀二分四釐外實徵銀二百四十九兩九錢七分三釐又乾隆四十三年至五十三年陸續陞墾成熟田地共徵銀九十六兩三錢九釐

闔縣實徵原額民秋糧銀三百四十六兩二錢八分二釐

常平倉在縣署儀門左斗級四舊存京斗常平穀四千石嘉慶二十二年附存逆產租穀八百四十二石七斗七升六合四勺咸豐四年撥給施南協營兵穀六百四十石五年又撥給施南協營兵穀一千六十一石二斗七升六合四勺實存常平穀二千二百九十石七斗二升三合六勺逆產租穀八百四十二石七斗七升六合四勺庫在大堂西庫丁四道光中知縣吳人彥建社倉二十有五積穀三千一百一十四石三斗一升八合一勺同治元年粵匪入境劫掠社倉穀無存者同治七年知縣潘滋楨續捐社穀光緒五年知縣陳國棟復行續捐凡爲京斗社穀二千六百二十石四斗五升其中汛附入常平倉市斗穀二百一十五石七斗十六年六月知縣祝汝嘉買穀平糶十月仍買穀二百一十五石七斗入倉忠路汛收入汛倉穀市斗三百一十九石南坪汛收入汛倉穀市斗三百一十九石一斗建南汛收入汛倉穀市斗一百七十二石一斗其餘分存各保社倉中

施郡例食川鹽乾隆三年始由縣招商領引隨鹽運赴食鹽地方城鄉設店分銷其稅銀由四川夔州府鹽捕通判代楚

徵解仍由地方官將經征鹽稅數目於年底造冊賫請本府核明報銷利川額行川鹽水引一百三十張陸引六百張經兵燹後鹽稅日絀光緒六年四川總督丁葆楨提歸官運萬縣設售鹽分局雲安大寧兩廠設購鹽分局招商領鹽赴縣行銷縣城設分卡委員駐卡防護引路仍於縣城汪家營忠路設店分銷自是川鹽暢銷額稅日增

利邑雜稅有二一曰田房稅每歲無定額一曰牙帖稅光緒十年商民劉子書請領偏僻下則牙帖在縣南一百二十里毛壩場開設永泰和山貨行十五年商民郭大厚請領偏僻

下則牙帖在縣東門内開設聚興油行每歲共納稅銀九錢

利邑領款有三一曰祭銀凡　文廟祭銀四十兩　崇聖祠祭銀七兩　名宦祠　鄉賢祠祭銀七兩　武廟祭銀三十五兩七錢四分五釐　文昌廟祭銀三十五兩七錢四分五釐　社稷壇　神祇壇祭銀二十兩　先農壇祭銀五兩常雩祭銀五兩　霜降祭旗銀二兩又香燭米折銀一兩五分　邑厲祭米折銀一兩二錢二分　一曰俸廉凡知縣俸銀四十五兩養廉銀一千兩訓導俸銀四十兩縣丞俸銀四十兩養廉銀一百兩南坪巡檢俸銀三十一兩五錢二分養

廉銀七十五兩建南巡檢典史俸銀養廉銀幷與南坪巡檢同一曰役食知縣役一百一十名共銀六百六十兩訓導齋馬門役銀三十三兩縣丞役十四名共銀八十四兩器械銀八兩南坪巡檢役二十名共銀一百二十兩器械銀八兩建南巡檢役食銀與南坪巡檢同典史役六名共銀三十六兩一曰雜項凡義學廩餼銀三十二兩廩生糧膳銀二十二兩額内孤貧銀二十兩一錢六分硝價銀一百一十兩七錢三分七釐先是乾隆五十年總督勒成額巡撫吳垣以湖北各營及銀匠需硝購自河南湖南施南土硝尚堪采用奏請督商開采五十四年總督畢沅巡撫惠齡招商開采利川歲采硝二千斤光緒三年改歸軍需局采買發交軍裝局收存備領於是利川硝價銀一例停領

利川未改流以前蠲䘏之典闕如縣南七保夷姓藏有雍正六年七月二十六日施南土司覃歲饑免夫役牌其印文曰施南宣撫司之印此蠲䘏僅見於土司者　乾隆元年始設縣隸施南府三年定施南賦額豁免乾隆二年未完秋糧嘉慶元年七月蠲免施南府六縣應徵正項耗羨雜課錢糧二年正月蠲免恩施利川二縣應徵錢糧九月恩施利川建始以旱乏食給賑三月是月以兵勇殲滅奉節賊再蠲免恩施利川

奉節錢糧一年五年二月以四川教匪滋擾緩征石砫等十四廳縣竝南坪巡檢所屬額賦

利川善堂凡三一曰普濟堂在縣北乾隆初建收養縣民孤貧凡八名歲領孤貧銀二十兩一錢六分其後收養日多由知縣捐廉給領光緒九年知縣陳國棟出社倉穀平糶於城隍廟亦曰普濟堂一曰因利局在城隍廟左光緒十二年知縣徐嘉禾建凡局產二十有二一曰東二保巖子山田郭敬承賣價錢二百三十串一曰東二保邵家壩田李榮厚賣價錢三百六十串一曰南二保杉木堰艾家灣田郭同香等賣價錢一千三百四十串一曰南二保杉木堰田郭大猷賣價錢五百六十串一曰南二保艾家灣田郭大勳賣價錢三百二十四串一曰南四保忠孝

田田□元賣價錢五百一十串一曰西二保木棧屯大山坵田李誠齋等當價錢一百二十串一曰西四保大梁子田牟奇友等賣價錢五百三十串一曰西五保偏嶺寨田陳發東等賣價錢一千一百四十串一曰西八保毛兒溝田牟耀廷賣價錢一千六百串一曰西八保大壩溝田牟向榮等賣價錢一千五百六十串一曰建南二保河壩樓房田張景燦等捐當價錢六百串一曰建南七保龍塘田吳元祥賣價錢二百八十串又秦永江捐押佃錢一百五十串一曰建南七保龍塘上段田鄧永壽捐價錢四百五十串又吳元祥賣價錢一百六十串一曰建南七保龍塘下段田秦永芝捐價錢一百五十串一曰建南八保區土地土袁開松賣價錢一百三十六串一曰建南八保大山腳下地土曾敬亭當價錢一十七串一曰建南九保七藥山中壩田吳邦欽等捐當價錢三百六十四串一曰忠路二保團壩子上劉熙才賣價錢二百串一曰忠路十九保大沙溪小茶園地吳修交等當價錢一百四十串一曰忠路二十五保大池塘田陳秀龍賣價錢三百一十五串五百一曰忠路二十五保馬搭坵田朱羅氏當價錢十五串　一曰育嬰堂凡四一在

城隍廟左附因利局一在忠路城隍廟一在南坪武廟一在建南三聖宮光緒十八年知縣黃世崇建

利川物產古無所徵明史土司列傳巡撫劉慤以覃璧平條議五事一謂施州衛延袤頗廣物產最饒利川明隸施州衛地廣物饒爲施郡冠其可紀者於穀則稻凡二種曰稉曰秔各數十種俗書稉爲糯呼秔曰黏一種香秔可雜他秔食之產支羅者尤佳世所稱支羅米也粱俗名小米玉蜀黍俗名苞穀邑產爲多土人呼稻曰大穀以別之本草苗葉似蜀黍苗上別出一苞故名苞穀一名玉米蜀黍俗名高粱麥來小麥麰大麥別種蕎麥又一種燕麥六楞麥麻有實曰苴無實曰枲實可成油俗呼無實者曰麻有實者曰蘇麻實圓小與脂麻異豆有青皮豆羊眼豆紅飯豆巴山豆黑豆綠豆之別又有曰四季豆曰扁豆俗名蛾眉豆曰刀豆曰豇豆莢長盈尺俗名豆角莢皆入蔬品於蔬則蘆菔俗名蘿蔔一曰萊菔一種胡蘿蔔芥有青芥白芥紫芥三種菘俗名白菜別種曰包白菜狀如毬一名繡毬菜蕓薹俗名油菜一種臘菜實可成油芹有紫白二種皆水芹也陸產者曰陸芹莧有赤白二種別種馬齒莧一名長命菜菠薐俗名菠菜葵子可食謂之向日葵冬葵俗名冬莧菜薇蕨根可成粉療飢筍有冬筍春筍二種茼蒿形氣與蓬蒿同苦苣形似萵苣有二種曰香藚曰苦藚芋一名蹲鴟羅漢芋芋之別種磨漿煮食名磨芋一種鬼芋俗名洋芋產高山上藷蕷俗名山藥甘藷一名番藷有紅白二種洋荷苞似未開荷花根似薑百合一名蒜頭諸可成粉木耳說文萸木耳也蕈桑耳也本草桑耳槐耳艮柘耳次之藼一作萱忘憂草又名宜男草俗名黃花菜菌蕈似釘蓋者名菌一種凍菌羊肚菌紫蘇一名桂荏蒝荽張騫得種於西域一名胡荽薑御寒之菜別種艮薑可充藥品椒大者秦椒小者蜀椒韭一種野韭根似蒜而小蔥有春冬二種又有四

季蔥蒜有大小二種又有野蒜薤形似韭俗名藠蕪菁一名蔓菁俗名青菜茭生水澤中俗名茭筍一名茭瓜蔬之餘則茶蚤採者爲茶晚採者爲茗一名荈產縣西南鳥洞東南毛壩者艮產縣西南界牌嶺者味甘曰甜茶煙草一名淡巴菰蒻根可成粉於瓜蓏則南瓜色黃有白紋種出交廣冬瓜十月區種故以冬名今皆夏種秋收王瓜即胡瓜一名黃瓜與月令王瓜即今栝樓者異越瓜俗名菜瓜布瓜俗名絲瓜綫瓜有絲如綫苦瓜一名錦荔枝一名癩蒲桃筍瓜味如筍鐵瓜皮硬如鐵金瓜色黃不可食瓠俗名瓠子一名白瓜壺盧有甘苦二種茄有紫青赤三種於絲枲則桑柘苙可飼蠶苎麻可以績布於果則梅一作楳桃別種曰鸎桃核桃一名胡桃李杏銀杏一名白果縣北南坪十一保白果壩有銀杏高三十丈蔭數畝千年前物也梨產縣署者艮木瓜棗柹俗作柿山樝枇杷林檎俗名花紅土人又以樹低小實少者爲林檎高大實多者爲花紅

柰一名頻婆安石榴出安石國故名橘橙柑柚小曰橙大曰柚櫧子有苦甜二種枸櫞
一名香櫞橡實一名芧栗有板栗茅栗之別蒲桃俗名葡萄葧薺茨菇小者爲葧薺大者爲
茨菇一名地栗又名慈姑一種山茨菇可入藥品於藥則人蓡一名人參冒上黨名故一名黨蓡沙
蓡一名白參苦蓡黃連邑產最多似雞腳者良防風萎蕤一名玉竹杜仲黃精根如
嫩生薑色黃前胡根似柴胡而柔軟獨活一名獨搖草自羌中來者曰羌活天麻升麻一名
周麻艾可以乂病故名香薷續斷一名屬折黃芩惡實一名牛蒡牛膝其莖有節似牛膝
車前一名芣苢香附茴香蒲公英射干貫眾穀精草生稻田中虎掌一名
天南星半夏當夏之半而生栝樓根名天花粉淫羊藿地骨皮木瓜天門冬
一名虋冬百部俗名八棒頭何首烏一名馬肝石葛根土茯苓一名仙禹糧女貞

子苦楝子荊芥白芍茜草一名蒨俗名紅花通草一名木通鉤藤一名弔藤薏
苡馬勃一名牛屎菰茱萸粉丹芒硝白石英蘗木一名黃蘗俗名黃柏厚朴
以皮厚名枳似橘子名枳實金櫻子一作金罌花椒覆盆子馬蹄香五倍子內有
蟲邑產最多五加皮五葉者良益母草桑上寄生一名蔦龍骨石產縣西北七藥
山山洞中又產石筍磁石石筍天然形似石鐘乳石羔土脂一名觀音泥方書謂之禹餘糧甘平性濇
可以療飢多食者得腹脹疾丁公籐一名南籐莖如馬鞭有節紫褐色葉如杏葉而尖產小溪河猴子巖南史
孝義傳解叔謙母有疾夜聞空中語云得丁公籐爲酒便差乃求訪至宜都郡見山中老公伐木問之答云此丁公籐療
風尤驗叔謙拜伏流涕具言來意此公愴然以四段與之幷示以漬酒法依法爲酒母病卽差東醫寶鑑湯液篇丁公籐
性溫味辛無毒主風補血衰者於竹木則竹邑產有紫竹斑竹荊竹水竹風竹慈竹南竹油竹苦竹鳳尾竹

龍頭竹白夾竹之別松柏縣東五里法光寺有古柏四數百年物也樧俗作杉有赤白二種邑產最多在上中年
久者曰陰沈樧堅而不腐色黑者良桂本名木犀有花梧桐一種子可成油縣西南井坪長灘壩產最多槐
有青黃黑白數種檀彊韌之木楓厚葉弱枝善搖縣東三保向家壩縣北南坪十一保龍神祠前並有楓高數
十丈皆千年前物也白楊以葉白名黃楊楊之別種縣西南忠路產者良可製人物柳一名小楊杝似樗
而香俗作椿櫟似樗有實柟俗作楠邑產者良在土中年久與陰沈樧同漆木汁可以髹物有大木小木之
別邑產頗多樟苦桃櫻櫚俗作棕冬青一名凍青柞一名鑿子木蠟樹本草蟲白蠟李
時珍曰蠟樹四時不凋其蟲食汁吐涎剝取其渣煉化成蠟邑產者其色黃爲蠟之別種於花草則蠟梅
與梅同時香相近牡丹一名木芍藥芍藥有赤白二種海棠樹葉類棠故名紫荊紫薇
俗名癢樹月季花一名四季花杜鵑一名映山紅有紅白黃藍四種山㮈花似㮈而大故名木

槿迎春薔薇木筆瑞香玫瑰山丹合歡水仙鳳仙一名指甲花雞
冠狀如雞冠罌粟西洋人採實中汁爲膏名阿芙蓉菊有黃白赤三種玉簪狀如玉簪茉莉一名
柰花卮子俗作梔有海梔子山梔子二種芭蕉一名甘蕉蘭一名蕳別種澤蘭產澤旁荷一名芙蕖又名
芙蓉爾雅荷芙蕖其實蓮其根藕木芙蓉花似芙蓉虎耳一名石荷葉藍染青草於鳥則
雞雉禽經首有采文曰山雞俗名野雞鷩雉禽經腹有采文曰錦雞雉之別種竹雞一名泥滑滑因
其聲也秧雞居田澤中綬雞一名吐綬鳥毛五色頂下皮毛至春夏下垂若綬作朱翠色亦雉之別種鴿
一名鵓鴿雀一名瓦雀俗名麻雀畫眉雀之別種鳦爾雅燕燕鳦俗名燕蝙蝠一名伏翼又名仙鼠鼺
鼠一名飛生鳥皮毛與孕婦持之令兒易生俗名催生子毛色似狐故又名飛狐烏一名慈烏一名孝烏又名慈鴉
鴉一名烏鴉又名老鴉鳩一名斑鳩布穀一名鳴鳩鳩之別種鸜鵒俗名八哥亦鳩之別種鷺一名

黃鳥一名黃鸝啄木一名鴷鵲一名喜鵲鷹一名角鷹即爽鳩也鵰一名鷲鶚一名雎鳩鴟一名
隼一名鷂一名雀鷹鶻似鷂而大俗名鳴虎鴟鵂一名怪鴟杜鵑一名子規又名黃雀鷸爾雅翠鷸注似
燕紺色李巡曰鷸一名翠其羽可以爲飾漢書賈山傳飾以翡翠注雄曰翡雌曰翠今統名翡翠鵝一名家鴈鴈
小者曰鴈大者曰鴻鶩一名鴨鳧一名沈鳧好沒鷗說文鷗水鴞也一名鷺鸕鷀一名水老鴉鷺
一名白鷺邑產最多土人又名曰白鶴於獸則豕一名豬一種野豬害禾稼農民鳴鼓驅之又一種曰豪豬
其鬚如筆犬一名狗又名地羊一種野狗又有毛狗皮可爲裘羊今名縣羊山羊牛馬驢騾一種
野馬能傷人虎豹別種曰馬豹犬喙馬尾牛腰豹爪好食野豬野豬盡遂食牛馬產忠路十五保鹿一名麏
麞一名麕貓貍野貓曰貍頭銳如貙曰虎貍善緣樹食果一名果子貍面白又名玉面貍皮可爲褥肉味良
狐皮可爲裘貒一名豬貛貛一名狗貛豺俗名豺狗狼一名毛狗兔山獺鼠鼷鼠一名田鼠

鼬鼠一名黃鼠狼獮猴一名狙產白沙峽中大者毛青於鱗介則龍魚山海經龍魚陵居狀
如狸一曰鰕爾雅鯢大者謂之鰕注今鯢魚似鮎四腳周益公記宜興洞有四足鮎宋乾道六年行都北關有鮎魚色黑
腹下出人手於兩旁各具五指邑東南金字山產龍魚長三寸首尾象龍四足五指黝色首左右各有角三歧角端有毛
當即山海經龍魚但魚小不陵居有角三歧所以異耳陽鱎荀子榮辱篇鯈鮮者浮陽之魚也注魚好浮水上就
陽也一名陽鱎邑產魚多者曰陽魚細鱗味美雷鳴始出亦就陽之意當即鯈鮮一名陽鱎曰陽魚者省文也魴俗名
紅尾魚鯈俗名游魚鯉鱖鯊鰷鯽鱧鱔俗名烏魚桃花魚黃魚黃角魚
白甲鼈一名團魚蟹邑產甚小不可食蠃螺一名於蟲則蠶蛾鼅蝥俗名蜘蛛蠨
蛸俗名喜子蠭釀蜜者俗名蜜蠭一種木蠭俗名黃蠭尾有毒蟋蟀一名促織一種竈馬生竈下名竈雞莎
雞一名樗雞俗名絡緯蛺蝶一名蛈蝶蟬蜻蛉一名蜻虰螢一名熠燿蟾蝦蛣蜣一名蜣蜋

蛇蝍蛆一名蜈蚣螻蛄俗名土狗蚓俗名曲蟮蚿俗名草鞋蟲螘一作蟻鼠負俗名地蝨
蟫俗名蠹魚螌蝥一名斑蝥蝤蠐亦名桑蟦蛸蛭俗名馬蟥蝸又名蝸牛又有縣南毛
壩之紙縣西七藥山之煤漢書地理志豫章郡出石可然爲新徐陵春情詩石炭擣輕紈正字
通石炭即今西北所燒之煤縣東南偏峯之硝舊採供軍用今無縣北磁洞溝下
碗廠縣西南納水溪之磴縣東鄁家山之石可作硯縣西南
忠路之石可作杯盌他如石灰炭說文炭燒木餘也禮月令草木黃落乃伐薪爲炭縣境
山多木伐薪爲炭謂之白炭布縣境惟南坪十一保產木緜其餘不宜木緜製布之緜皆購之他處絹縣境高寒
不宜蠶桑惟城東吳氏城北彭氏偶一爲之製絹頗良鐵山僻道遠不利舟運有礦未開酒以玉蜀黍爲之味甚
薄皆邑產之利民用者光緒十六年邑大饑貧民取都亭山

七藥山所產穄似金剛豆者根食之謂之老米可以療飢亦
邑產也因附志之

利川縣志卷之八

學校志

學額　碑文　書籍　學田　試院　賓興　書院

義學

利川乾隆元年置縣未立學四年始以宣恩來鳳咸豐利川四縣編新字號每歲共酌取童生一二名隸恩施縣學三十六年立四縣學以歸州學訓導爲利川縣學訓導而以宜昌府學訓導爲施南府學訓導利川縣學取進童生四名府學減恩施縣學三名建始一名復於六縣中酌取四名凡八名

三十九年以利川人文較盛撥回縣學生六十餘名內實廩生八名候廩生三名乃減恩施縣原額廩生八名增生八名撥入利川即以撥回之見廩八名補實其候廩三名增三名以次收補序補如例府學俟設學十年後設廩增二名必食餼十年始出貢以後四年一貢至撥回利川之實廩在恩施食餼已久仍與恩施學校年分出貢俟本學應貢之期將未貢之生由本學出貢武童量減恩施三名建始一名入府學而利川取進武童二名乾隆六十年　恩詔增廣學額大學加取五名中學三名其取進六名以上者加取三名四

五名者增額二名二三名者一名利川取進四名應增額二名嘉慶元年四年兩次　恩詔增廣學額大學加取七名中學五名小學三名利川比於小學每次應增額三名十一年復還恩施建始學額仍加還府學額八名利川與宣恩來鳳咸豐幷坐撥一名其餘四名六縣分撥而武童進額四名如故又增設府學廩生四名幷原額爲廩生四名增生四名二十四年道光元年兩次　恩詔增廣學額利川每次仍增額三名咸豐十年總督遼陽官文公奏請凡捐輸軍餉一州一縣捐銀一萬兩加文武永遠學額各一名捐銀二

千兩加文武一次學額各一名是年利川以捐餉暫廣文武學額各四名同治三年暫廣文武學額各三名六年又暫廣文武學額各四名九年遂永廣文武學額各二名光緒三年　恩詔加廣一次學額三名十一年學政高釗中偕總督長白裕祿公巡撫長洲彭公祖賢以施南府宣恩來鳳咸豐利川四縣應試文童多至二三百名武童亦近百名奏請加額於是利川加文額二名武額一名幷原額助餉額永爲文學額八名武學額五名府學亦加武額二名幷原額爲武學額六名其文學額八名如故而宣來咸利坐撥府學各一名

者自是幷歸六縣公撥利川每試仍撥入府學文額一名武額一名

州縣學例得刊立　御製碑文藏貯　欽頒書籍利川立學百有餘年而欽奉　御製碑文在未立學以前者曰　欽頒臥碑順治九年頒光緒九年訓導李鍾嶽勒石曰　御製平定青海告成太學碑文雍正六年頒曰　御製平定金川告成太學碑文乾隆十四年頒曰　御製平定準噶爾告成太學碑文乾隆二十年頒曰　御製平定回部告成太學碑文乾隆二十四年頒在既立學以後者曰　御製平定兩金川告成太學

碑文乾隆四十一年頒其　欽頒書籍在未立學之前者曰　御製訓飭士子文康熙四十一年頒曰　御製　聖諭廣訓雍正二年頒曰祭祀樂章乾隆九年頒在既立學以後者曰　御書平定三省紀略嘉慶七年頒其奉頒而同治元年燬於賊者曰日講四書曰周易折衷曰書經傳說彙纂曰詩經傳說彙纂曰春秋傳說彙纂曰三禮義疏曰孝經註曰性理精義曰十三經註疏曰二十一史曰明史曰朱子全書曰通鑑綱目曰資治通鑑綱目三編曰唐宋文醇曰淵鑑古文曰四書文光緒十八年知縣黃世崇以士多失學購書貯鍾靈書院中曰十三經註疏曰二十四史曰　皇清經解

利川學田始於道光中鋪民羅亨祥捐西門外水田一區歲分穀二石南坪六保大溪口田一區歲納穀三石光緒十年訓導李鍾嶽有記光緒十二年節婦楊賴氏曾孫楊一中捐巖子山田一區入節孝祠歲納穀七石捐約存學署勒碑節孝祠中

利川舊無試院每歲科試書院月課皆就縣署扃試咸豐七年知縣高炳臨始勸捐於縣署左興修試院凡頭門三間頭門外爲左右鼓樓鼓樓前爲東西轅門中有牆儀門三間儀

門內左右長廊凡二十二間分列號棹一百七十有六大堂三間官房三間官房之左爲堂號右爲更衣處

賓興館附鍾靈書院邑人汪本墉吳啓新捐置其後黃德佑溫開玉等八人廣置田產每鄉試諸生人給賓興錢十五緡同治三年知縣何蕙馨捐加錢五緡光緒十二年知縣陳國棟清釐公款增爲二十緡其田併入書院中光緒十九年知縣黃世崇以文昌廟故址改作鋪屋歲取租錢入書院爲鄉試前扃試決科獎賞其詩文俱優名列超等者獎錢二十緡特等自十緡以至五緡隨賓興錢給領亦賓興也

鍾靈書院舊在縣南一里嘉慶二十一年知縣張兆棨勸捐購蔣姓田宅建講堂齋舍義民文天松牟承煇捐田三處以助膏火董事李光北等勸捐廣置田產同治五年知縣鄧師韓改建南郭外凡爲講堂三間齋廊二十四間師韓有記七年知縣潘滋榎重加修葺光緒十八年知縣黃世崇重修齋舍先是書院無山長邑貢生賀伯厚冉復初先後授徒其中多所成就官斯土者月課士給膏火以書院爲名而已自知縣鄧師韓改建書院南郭外始聘邑舉人潘澍之爲山長官與師月有課其後知縣潘滋榎陳國棟徐嘉禾清釐書院公

款多所裨益國棟剔積弊定章程書院尤賴之繼潘澍之爲山長者則有江蘇武進進士王國鈞四川萬縣舉人龔樹恆安陸進士翰林院編修劉玉珂施南府訓導郭逢源蒲圻舉人咸豐縣學訓導王懋功本邑訓導汪國椿亦嘗兼充山長光緒十六年因經費不足乃廢山長停月課十八年知縣黃世崇始復月課聘黃陂舉人柳焱春爲山長

凡書院之產七十有二一曰中一保圖寶山石灰窯田蔣春山賣價錢二千二百六十串　一曰中一保麻柳堰田楊海籌賣價錢五百八十串　一曰東一保小名巖田姚秀坤捐價錢十八串　一曰東一保偏巖子田劉永耀捐價錢無攷　一曰東一保跳蹬河楓香壩田胡元釗賣價錢五百五十串　一曰東二保魚泉壩田曾如山捐價錢一千二串　一曰東二保小槽門濫壩中壩楊家塝田李光迪賣價錢七百二十串　一曰東二保中壩田李光迪賣價錢六十四串　一曰東二保土埂壩濫壩牛滾壋田楊鍾英賣價錢一白六十六串　一曰東二保寨灣崔家壩田賣主價錢無攷　一曰東三保岐地灣土橋李家溝黃土埡核桃樹田吳金魁賣價錢四百串　一曰東三保落水洞田冉易氏當價錢九十二串　一曰東三保吐魚河田冉永福賣價錢六十串　一曰東三保白巖口田鄺大林捐價錢三十九串　一曰南一保林家村田李孝達賣價錢二百串　一曰南二保窰鎖廠奮子壩大河溝田牟奇元賣價錢六百二十串　一曰南二保窰鎖廠田郭同品等賣價錢七十串　一曰南三保劉家灣桃子園後增田董良杞捐價錢二百六十串　一曰南三保蚖蛟坪後增田譚朝清賣價錢一百串　一曰南四保毛鹹壩寶根腳田覃聲波捐價錢四十四串　一曰南五保圓包嵜冷水坪構家灣田汪本墉捐價錢七十三串　一曰南五保瓦窰壩舊司壩田蕭永高捐價錢四十五串　一曰南五保老司城向姓墳前水田三坵向達先劉夢德因訟充入價錢九串　一曰西一保瓦屋壩田

張世澤賣價錢二千串　一曰西一保廟門首田陳奮浚等當價錢四百串　一曰西二保楊家池田黃洪智捐價錢五十六串　一曰西二保但家溝田劉光舉賣價錢六百串　一曰西二保木棧屯田吳小受賣價錢三百五十六串　一曰西三保蜂桶巖藍家坪田牟介侯捐價銀四百八十兩　一曰西三保藍家溝上壩下壩田牟承熙牟承煇牟承煌牟承炆牟天松捐原名楊家溝價錢七百一串　一曰西三保徐家壩田牟承熙等賣價錢六百九十串　一曰西三保徐家壩田牟承熙等賣價錢四百二串　一曰西三保濫溝田牟維祚等賣價錢五十六串　一曰西四保小河堰大河溝大寨溝馬鞍山茶園灣上增中壩田王本太等賣價錢六百五串　一曰西四保小增田譚德潤捐價錢一百三十串　一曰西六保七坵田魏興林捐當價錢四十串　一曰西八保水井頭習武壩田牟奇忠捐價錢二百七十三串　一曰北二保弔水壩田胡仕佑賣價錢九百串　一曰北四保興隆街後田曾養國捐價錢無攷　一曰南坪二保邱家巷口房屋陸地朱應學捐價錢三十串　一曰南坪二保攔河堰唐家林田曹忠相等賣價錢一千七十六串　一曰南坪二

保青岡垉田鍾玉祥等賣價錢八百三十串一曰南坪二保橋頭壩竹園壩田劉世襲賣價錢八百二十串一曰南坪二保青林堝水漕林家漕大坵田牟奇雋等賣價錢四百六十七串一曰南坪二保橋頭壩田牟秉田等賣價錢二百四十串一曰南坪二保洪貴堡田曹仕廉賣價錢一百八十四串一曰南坪二保竹園壩濫邱田牟奇剛等賣價錢七十二串一曰南坪三保眾壩子田李太佩捐價錢九十串一曰南坪三保七藥山五股土中漕三夾漕山地鍾聲揚鍾錫因訟充入價錢無攷一曰南坪五保高橋田溫開玉捐價錢五百串一曰南坪五保四方山七藥山風竹林田劉本珍劉固用捐價錢一百四十串一曰南坪五保秦河溝田許正洪捐價錢九十串一曰南坪五保中村下村田韓學宗捐價錢九十二串二百一曰南坪五保銅盆壩土嶺腳田冉明高賣價錢四百三十串一曰南坪五保瓦屋溝乾堰溝濫壩田蔣福禮等賣價錢四百串一曰南坪五保官洞溝田邱源興賣價錢一百五十六串一曰南坪五保下村後堰塘田黃德佑賣價錢一百三十二串一曰南坪五保河堝中村大地堡野垸田黃德崇等賣價錢三

十二串一曰南坪十五保紅荷壩火地坪亂山溝田曾能定賣價錢五百二十串一曰建南四保周家嵩田朱繼益與朱繼碧因訟充入當價錢二百串一曰建南五保喻家溝七保箭竹溪田陳家照捐價錢三十四串一曰建南七保龍塘田楊光盛賣價錢一千二百五十串一曰忠路十三保一斗種田張廷相捐價錢一百八十串一曰忠路二十二保獺板橙田城隍廟因訟撥入買價錢二百串一曰忠路二十五保落鉞田尖梨樹田劉子書轉當價錢一百七十串一曰忠路二十七保花台濫板橙田謝明忠當價錢二百九十三串一曰忠路二十八保白果營田歐陽和捐價錢五十串一曰忠路二十八保蠟樹塝長沙田宋家壩田陽德普捐當價錢二百六十二串二百一曰忠路二十八保宋家塝田楊先培捐當價錢三十四串五百一曰北門十字街房屋駱復興捐當價錢二十二串一曰東門內梨子園田白秀楷賣價錢三十二串一曰梨子園坎下田莫廷太捐一曰東門內城下田張世澤妻王氏捐已上三田卽新建清江閣處由縣令擇邑中正紳司出納歲三人

邑中義學凡十有四一在縣城軒轅廟道光時知縣李恂捐錢一百緡歲久無存同治時知縣何蕙馨鄧師韓共捐錢二百緡歲取息錢三十二緡爲塾師脩脯一在忠路一保曰雙江書院一在建南二保竝乾隆五年奉文建歲領藩庫銀三十二兩一在南坪一保曰如膏書院乾隆五十八年巡檢王霖建同治四年知縣何蕙馨以團防羸餘錢一千二百緡分畀忠路建南南坪三處學買田收租以益膏火光緒十五年邑人李國茂捐錢一百四十七緡李本江蔣廷玉各捐錢一百緡姚邦治捐錢四十緡姚邦艮蔣朝銀各捐錢三十緡於

建南擬立筆峯書院亦義學也一在東六保團寶市同治四年知縣何蕙馨以團防羸餘錢二百緡歲取息爲塾師脩脯卽市北石龍寺爲義學光緒七年知府王庭楨知縣陳國棟捐貲改建市東庭楨有記一在南六保青巖同治四年監生劉玉成建一在南八保白石寺同治十三年邑人蔣大朝建諸生龍文奇有記一在西八保水井村乾隆五十八年邑人牟承上等建一在南坪六保汪家營同治四年知縣何蕙馨以團防羸餘錢四百緡建一在南坪十三保虎頭寨同治時建一在忠路十一保巖門頭道光時縣丞繆廷瀣邑人翁

懋建一在忠路十三保長順壩卽長灘壩一在忠路十四保黃土池今廢一在建南七保箭竹溪武生賀興邦諸生張繼仲建

祠祭志

大祀　中祀　羣祀私祀沿祀附　禨祥

利川祠祭載在祀典者凡大祀一曰　社稷壇在縣城東社右稷左巽位同壇皆北向歲以春秋上戊日致祭中祀五一曰　先師廟亦曰文廟在縣東門內乾隆五年知縣湯應求建四十六年知縣陳象渭重修五十七年知縣陳春波復加修葺歲以春秋上丁日致祭其制中爲　大成殿後爲　崇聖祠其前爲東西廡又前爲大成門門左爲　名宦祠　節孝祠右爲　鄉賢祠又前爲櫺星門又前爲泮池櫺星門以石爲坊其左右爲黌門明倫堂在大成門東其後爲學署同治十二年訓導徐崇文移　文昌廟於學署東而以　文昌廟爲節孝祠光緒十六年知縣黃世崇復移　文昌廟故處而以施南府同知廢署改建　節孝祠光緒十七年同知唐貞吉改建同知署於汪家營而售廢署於汪家營禹王宮十八年始捐入學宮改建　節孝祠十九年添建　忠義孝弟祠於　節孝祠前　大成殿中祀　至聖先師孔子南向其東位則　復聖顏子漢永平十五年祀七十二弟子顏子位第一魏晉祀孔子均以顏子配唐貞觀二年以孔子爲先聖顏子配饗　述聖子思子宋大觀二年從祀端平三年升列哲位咸淳三年配

饗北上西向西位則　宗聖曾子唐開元八年從祀宋咸湻三年配饗　亞聖
孟子宋元豐七年配饗　北上東向顏子曾子子思子孟子宋以前稱封爵元至順元年贈顏子兗國復
聖公曾子郕國宗聖公子思子沂國述聖公孟子鄒國亞聖公明嘉靖九年改稱復聖顏子宗聖曾子述聖子思子亞聖
孟子國朝因之　東序則　先賢閔子損冉子雍端木子賜仲子由
升唐開元八年以十哲從祀　卜子商唐貞觀二十一年以經師從祀開元八年以十哲從祀　有子若
唐開元八年從祀國朝乾隆三年升列哲位　西序則　先賢冉子耕宰子予冉子
求言子偃升唐開元八年以十哲從祀　顓孫子師唐開元八年從祀宋咸湻三年升列哲位　朱
子熹宋元祐元年從祀國朝康熙五十一年升列哲位閔子已下十二人宋以前皆稱封爵明嘉靖九年改稱
先賢某子國朝因之　東廡　先賢則公孫僑國朝咸豐七年從祀　林放唐開元二

十七年從祀明嘉靖九年改祀於鄉國朝雍正二年復祀原祀西廡移祀東廡　原憲南宮适商瞿
漆雕開司馬耕梁鱣冉孺伯虔冉季漆雕徒父漆雕哆公西
赤任不齊公良孺公肩定鄡單罕父黑榮旂左人郢鄭國原
亢廉潔叔仲會公西輿如邽巽陳亢琴張步叔乘秦非顏噲
升唐開元二十七年從祀　顏何唐開元二十七年從祀明嘉靖九年罷國朝雍正二年復祀　縣亶牧皮
升國朝雍正二年從祀牧皮原祀西廡移祀東廡　樂正克萬章升國朝雍正二年從祀　周敦頤
程顥升宋湻祐元年從祀　邵雍宋咸湻三年從祀　西廡　先賢則蘧瑗唐開元二十七
年從祀明嘉靖九年改祀於鄉國朝雍正二年復祀原祀東廡移祀西廡　澹臺滅明唐開元二十七年從
祀原祀東廡移祀西廡　宓不齊公冶長公晳哀高柴樊須商澤巫馬施

顏辛曹卹公孫龍秦商顏高壤赤石作蜀公夏首后處奚容
蒧顏祖句井疆秦祖縣成公祖句茲燕伋樂欬狄黑孔忠公
西蒧顏之僕施之常申棖升唐開元二十七年從祀　左邱明唐貞觀二十一年以經師
從祀　秦冉唐開元二十七年從祀明嘉靖九年罷國朝雍正二年復祀　公明儀國朝咸豐三年從祀原
祀東廡移祀西廡　公都子公孫丑升國朝雍正二年從祀　張載程頤升宋湻祐元年從祀
宋以前先賢從祀者皆稱封爵明嘉靖九年改稱先賢某子周張程邵五子嘉靖時稱先儒崇禎十五年改稱先賢位
七十子下漢唐諸儒上國朝稱先賢不稱子　東廡　先儒則公羊高伏勝升唐貞觀二十
一年從祀　毛亨國朝同治二年從祀　許慎國朝光緒二年從祀　孔安國唐貞觀二十一年從
祀　后蒼明嘉靖九年從祀　鄭康成范甯升唐貞觀二十一年從祀明嘉靖九年改祀於鄉國朝

雍正二年復祀原祀西廡移祀東廡　陸贄國朝道光六年從祀　范仲淹國朝康熙五十四年從祀
歐陽修明嘉靖九年從祀　司馬光宋咸湻三年從祀原祀西廡移祀東廡　謝良佐國朝道
光二十九年從祀　羅從彥明萬歷四十二年從祀　李綱國朝咸豐元年從祀　張栻宋景定二
年從祀　陸九淵明嘉靖九年從祀李綱張栻陸九淵升原祀西廡移祀東廡　陳淯國朝雍正二年從
祀　眞德秀明正統二年從祀　何基國朝雍正二年從祀　文天祥國朝道光二十三年從
祀眞德秀何基文天祥升原祀西廡移祀東廡　金履祥陳澔國朝雍正二年從祀履祥澔升原祀西
廡移祀東廡　方孝孺國朝同治二年從祀　薛瑄明隆慶五年從祀原祀西廡移祀東廡　胡居
仁明萬歷十二年從祀　羅欽順國朝雍正二年從祀　呂柟國朝同治二年從祀　劉宗周
國朝道光二年從祀　孫奇逢國朝道光八年從祀　陸隴其國朝雍正二年從祀劉宗周孫

奇逢陸隴其弁原祀西廡移祀東廡張伯行國朝光緒五年從祀西廡　先儒則穀梁
赤高堂生弁唐貞觀二十一年從祀董仲舒元至順元年從祀原祀東廡移祀西廡劉德國
朝光緒四年從祀毛萇杜子春弁唐貞觀二十一年從祀諸葛亮國朝雍正二年從祀王
通明嘉靖九年從祀杜子春諸葛亮王通弁原祀東廡移祀西廡韓愈宋元豐七年從祀胡瑗明嘉
靖九年從祀韓琦國朝咸豐二年從祀楊時宋宏治八年從祀韓琦楊時弁原祀東廡移祀西廡
尹焞國朝雍正二年從祀胡安國明正統二年從祀李侗明萬歷四十二年從祀呂祖
謙宋景定二年從祀李侗呂祖謙原祀東廡移祀西廡黃幹國朝雍正二年從祀袁燮國朝同
治七年從祀蔡沈明正統二年從祀原祀東廡移祀西廡魏了翁王柏弁國朝雍正二年從祀
原祀東廡移祀西廡陸秀夫國朝咸豐九年從祀許衡元皇慶二年從祀吳澄明正統八年從

祀嘉靖九年罷國朝乾隆二年復祀許謙國朝雍正二年從祀曹端國朝咸豐十年從祀吳澄
許謙曹端弁原祀東廡移祀西廡陳獻章明萬歷十二年從祀蔡清國朝雍正二年從祀王守
仁明萬歷十二年從祀原祀東廡移祀西廡陸世儀國朝光緒二年從祀呂坤國朝道光六年從
祀黃道周國朝道光五年從祀湯斌國朝道光三年從祀黃道周湯斌弁原祀東廡移祀西廡
光緒十八年復以宋儒游酢從祀明嘉靖以前先儒從祀者皆稱封爵嘉靖九年改稱
先儒某子稱先儒不稱子國朝崇聖祠舊名啓聖祠明嘉靖九年以祀
聖父叔梁紇　國朝雍正元年　詔封孔子先世王爵
合祀五代更名崇聖祠中祀　肇聖王木金父左右祀　裕
聖王祈父　詒聖王防叔　昌聖王伯夏　啓聖王叔梁紇

其東位　先賢則孔孟皮國朝咸豐七年配饗顏無繇唐開元二十七年從祀明
嘉靖九年配饗孔鯉宋咸淳三年從祀明嘉靖九年配饗西位　先賢則曾晳唐開元二十七
年從祀明嘉靖九年配饗孟孫激明嘉靖九年配饗東廡　先儒則周輔成明萬歷二
十三年從祀程珦蔡元定弁明嘉靖九年從祀西廡　先儒則張迪國朝雍正二
年從祀朱松明嘉靖九年從祀其　列聖欽頒　大成殿題額一
曰萬世師表康熙二十三年頒一曰生民未有雍正三年頒一曰與天地
參乾隆元年頒一曰聖集大成嘉慶四年頒一曰聖協時中道光元年頒一
曰德齊幬載咸豐元年頒一曰聖神天縱同治三年頒一曰斯文在茲
光緒六年頒

學宮例有忠義孝弟節孝名宦鄉賢諸祠利川舊無忠義
孝弟祠光緒十二年知縣徐嘉禾議建忠義祠於城隍廟
左十九年知縣黃世崇始建忠義孝弟祠於節孝祠後以
祀嘉慶以後兵勇士民之從祀昭忠祠者節孝祠舊祀節
孝婦女之奉　旌者名宦祠舊祀知縣陳象渭鄉賢祠舊
祀明鳳衛侯牟文綬　國朝浙江提督陳世凱松江提督
牟大賓象渭政聲甚著文綬世凱大賓以武功顯然皆無
崇祀明文莫明其入祀之由鄉賢祠又有明廣西都司楊
偉偉由施州衛百戶積功擢廣西都司世襲支羅百戶子

孫遂爲支羅人宜祀名宦其祀鄉賢則楊氏子孫私以入祀所宜釐正者也

一曰　先農壇乾隆元年建嘉慶二十年知縣韓厥田重修在縣東門外歲以仲春亥日致祭（先農壇有田四畝九分舊收穀六石二斗自光緒五年始歲收穀四石易錢入市以作祭費）　一曰　神祇壇在縣北門外中設　雲雨風雷之位左設　利川縣山川之位右設　利川縣城隍之位歲以春秋仲月諏吉致祭一曰　關帝廟亦曰武廟在縣東門內乾隆五年建嘉慶三年知縣陳春波重修其制前殿祀　忠義神武靈佑仁勇威顯護國保民精誠綏靖關聖大帝後殿祀　關帝之　曾祖光昭王位中　祖裕昌王位左　父成忠王位右均南嚮歲以春秋仲月諏吉致祭仲夏中旬三日亦致祭如禮一曰　文昌廟乾隆二年建於縣北門內後移於縣西門外嘉慶八年訓導張定模改建於學宮左同治十二年訓導徐崇文移於學署東光緒十八年知縣黃世崇仍移於學宮左其制前殿祀　文昌帝君後殿祀　文昌帝君之　前代歲以二月三日暨仲秋月諏吉致祭羣祀二一曰　龍神祠在縣南門內歲以春秋仲月辰日致祭一曰　厲壇在縣北門外歲以清明節七月望十月朔日奉

城隍神位入壇正中致祭祭畢仍奉　城隍神位還廟

城隍廟舊在縣北門內乾隆三年建嘉慶六年重修董工者典史張裕莊二十二年知縣張兆棨徙建城東正街光緒五年知縣陳國棟重修廟無專祀惟祭　厲壇則祀之其祀典所有而民間亦得私祀者凡爲　關帝廟四十九（一在東二保李子坳場首乾隆時建嘉慶十六年重修一在東二保李子坳場尾乾隆時建同治十二年重修一在東四保黃泥坡場乾隆時建咸豐十一年重修一在東六保團寶市一在東八保上甲偏岩場一在東八保中甲箐口場一在東八保下甲長岩場乾隆四十四年客民陳祖康建邑人劉士典捐黃連壩山土入廟有乾隆五十五年廟碑一在南三保納水溪場一在南四保團包嶺舊有場今廢乾隆三十二年建一在南六保青巖場一在南七保毛壩場乾隆初建一在西四保涼霧山場一在西五保大丫口曰復興場嘉慶十七年建一在西七保三步街明季建嘉慶時邑人魏光裕等重修一在西七保興隆場乾隆二十八年建嘉慶十六年重修一在北三保茅田草壩場乾隆時建一在北三保封碑壩舊在奉節晃天壩場後場廢徙此一在北四保土牆壩場一在南坪一保巡檢署東竝祀城隍神一在南坪三保長堰塘場乾隆四十三年建一在南坪四保野茶壩場一在南坪六保汪家營場乾隆二年建一在南坪十保同興場同治五年建一在南坪十一保磁洞溝同治元年建一在南坪十二保太平場道光二十二年建一在南坪十二保涼水井乾隆時建一在建南一保楓香壩一在建南二保巡檢署右同治元年建一在建南三保白楊渡場光緒初建一在建南四保蘿蔔店乾隆初建一在建南五保興隆場一在建南六保太平鎮一國初建一在建南七保箭竹溪場一在建南八保白楊塘場一在建南八保魚筌口場竝乾隆時建一在建南九保雞公嶺嘉慶初燬於火一在建南十保陽坡地一在建南十保小河場乾隆三十九年建道光二十四年重修一在忠路五保永興場一在忠路八保中正場乾隆二十一年建一在忠路十一保樂義場

乾隆二十一年建一在忠路十三保長順場道光十五年建
同治九年重修一建一在忠路十四保復興場嘉慶六年建一在
忠路十五保見天壩一在忠路十六保小沙溪場道光四年
建一在忠路十九保大沙溪場一在忠路十九保椒園場一
在忠路二十一保黃泥塘場一在忠路二十二保雙
河口場一在忠路二十五保老屋基場道光八年建

文昌廟十

一在南八保白石寺一在西三保百祿山光緒元年建
一在西八保水井頭乾隆五十八年建有祀田一在南
坪十二保太平場一在南坪十三保虎頭寨同治時建一在
建南十七保箭竹溪一在建南十保小河場一在忠路八保中
正場道光七年建咸豐四年重修舉人潘澍之有記一在忠
路十一保樂義場嘉慶三年建一在忠路二十五保老屋基
場

城隍廟六

一在忠路明忠路土司舊廟也一在東一保
馬橋屯明初建有天啟二年磬 國朝道光
二十八年廟燬二十九年邑諸生部鼎朱華重修一在東五
保下甲朱砂屯明初建有成化八年鐘崇禎十五年磬國
朝乾隆四十八年重修廟碑一在西二保木棧屯廟後古木
高十餘丈數百年物也一在西六保三渡屯明初建上屯明

不廟燬改建下屯一在南坪十三保衙門坪即支羅屯明嘉
靖時建 國朝嘉慶二年同治元年屢著靈異 縣境明代
立屯屯有城隍廟今廟存者馬橋
朱砂木棧三渡支羅五屯而已

祀典所無而民間相治以祀凡專祀觀音者十有五

一在縣治城隍廟左一在東八保
觀音洞乾隆二十年建天然石像
中有石筍水涓涓下滴一在南三保蚖蛟坪一在南坪五保
一在南坪十保髼壩一在南坪十五保七藥山下明天啟時
建 國朝乾隆時重修寺中有塔一在南坪十五保七藥山
中塘乾隆中邑人項國佐建一在建南三保錦水口一在建
南四保蘿蔔店東十五里猴洞一在建南六保太平鎮西三
里寺旁石壁有仙人足跡一在建南八保李子洞嘉慶時建
一在忠路十六保太平山嘉慶十一年建一在忠路二十保
響水洞一在忠路二十二保石廟子道光十一年建一在忠
路二十五保老屋基場旁五里

雜祀諸佛者六十有四

一在東一保覆虎山
曰法光寺下有石洞
故一名巖洞寺洞口古柏四銀杏一皆數百年物也有明崇
禎二年鐘寺始於宋代明季燬於賊 國朝雍正五年重修

衛諸生譚偉有記嘉慶初土人掘地得銅佛八高三尺祀之
寺中咸豐四年蜀兵駐寺代樹見異蛇而止同治元年粵賊
至寺聞佛靈異不犯而去貢生冉復初詩云輭紅飛不到林
泉小住祇園別有天滿座莊嚴空色相半生文字結因緣尋
眞幸入瑯環地攜酒同參玉版禪便欲移家依古洞年來愧
乏買山錢一在東二保李子坳曰太平菴有雍正十三年鐘
磬一在東三保下甲曰鳳凰寺一在東三保上甲曰雙溪寺
明崇禎六年建一在東四保東五保東七保南四保交界之
金字山曰金字山寺順治時僧慧性建有康熙二十一年二
月十九日碑雍正元年乾隆十四年鐘土人稱慧性嘗遇虎
隨之至山虎忽不見遂結廬以居後以木象虎祀之寺中一
在東六保團寶市後曰石龍山寺山高二百丈有石龍臥地
鱗角宛然南坪巡檢周鵬齡詩云媧皇補天後賸石遺邊城
一朝化為龍蜿蜒風雷驚阿誰好事者蘭若峙崢嶸階前露
之而不飛復不鳴臥龍扶漢鼎大星落前營幼安隱遼東皁
帽從諸生置身潛見間何如此堅貞我來寓山寺喜與神物
鄰問石石不語望雲空冥冥飛騰會有時何年為點睛一在
東七保龍潭山曰龍潭寺一在東七保上甲曰復興寺一在

東七保中甲八角廟曰迴龍寺一在南六保夾壁曰迴龍寺
有明天啟元年磬 國朝雍正元年重修一在南六保青巖
東祥鳳山曰祥鳳寺明季建一在南七保毛壩南六里曰青
龍寺明代古刹也一在南七保張家壩曰興隆寺亦古刹也
有乾隆三十年施田碑記記稱明崇禎十六年夷向王三姓
施龍孔水田以作常業龍孔即施南土司舊治也一在西三
保乾谿山曰石峯寺前明古刹 國朝嘉慶二年燬於賊光
緒十八年重修一在西五保姜家溝曰迴龍寺乾隆三十三
年建一在西六保轎頂山曰蓮池寺明末僧鐵眉居此 國
朝同治七年重修一在西六保龍泉山曰龍泉寺明正德九
年建同治元年燬於賊未幾重修一在北一保鐵鑪寨曰龍
泉寺乾隆時建同治元年正月寺尼元善廣勝遇賊不屈死
一在北一保曰櫻桃寺寺外櫻桃大數十圍數百年物也一
在南坪二保營上曰五龍寺有明萬歷十六年鐘十九年碑
一在南坪三保潮陽洞曰潮陽寺諸生牟建岳嘗游寺中寺
僧問生何欲生答以詩云問余何所願願得五畝田田中多
種秫得秫不賣錢釀成千日酒一醉周三年一在南坪三保
尖角崗曰古鐘寺山高數十仞狀如鐘亦明代古刹也一在

南坪四保曰靈安寺一在南坪五保曰興隆寺一在南坪五保巾子山曰靈感寺一在南坪八保曰興隆寺一名冷水寺里人張盛豪捐有祀田百畝一在南坪九保五果壩曰佛興寺乾隆時建一在南坪十一保磁洞溝曰萬利寺明代古刹也一在南坪十四保中壩屯龜山曰碧雲菴有明嘉靖時鐘二其一嘉靖二年造文曰湖廣施州衞中千戶所胡百戶下大中壩屯堡據此則中壩立屯當在明嘉靖已前國朝雍正二年碑一文多漫滅寺前雙溪繞流峭壁萬仞寺後古松一大數十圍數百年物也一在南坪十四保松木屯曰松木寺明萬歷四年建一在南坪十四保擂鼓屯曰石牛寺有明正德元年鐘國朝乾隆初徙建許家營一在南坪十五保佛寶山曰白雲寺明萬歷時建國朝乾隆四十八年重修一在佛寶山右曰雙龍寺明正德時建萬歷十三年重修寺左有古杉大數十圍中空如屋一在佛寶山左曰龍鳳寺道光時建一在建南一保曰歸源寺建南土司舊治也嘉慶初並祀城隍神寺中縣丞王三錫聞歸源寺鐘聲詩云山光淡淡水溶溶不知是蓬萊第幾峯紅日一輪方掛樹白雲萬疊又聞鐘妙音不信人間有仙樂疑從世外逢試問歸源源在否

空留餘韻繞蒼松一在建南三保曰伏龍寺一在建南五保曰潼潤寺有明正德元年鐘一在建南七保雲臺山曰雲臺寺一在建南八保石灰窯曰興隆寺乾隆時建一在建南八保老廠溝曰迴龍寺一在建南八保水沙壩曰龍輻寺一在建南九保雞公嶺曰迴龍寺古刹也有乾隆三十八年邑人易仲先捐田碑一在建南九保魚泉壩曰同輔寺乾隆三十七年重修一在建南九保中壩曰靈感寺乾隆五十四年建一在建南九保六甲曰廣德寺乾隆初建一在忠路一保土司故城內曰楚藩寺一在忠路一保土司故城外曰福田寺一在忠路四保曰迴龍寺一在忠路十二保小谷溪曰迴龍寺一在忠路十三保曰長興寺一在忠路十三保曰鐵牛寺一在忠路十四保黃土池曰石箐寺一在忠路十五保尖山溝曰青峯寺一在忠路十五保曰雲梯寺一在忠路十五保見天壩曰培龍寺一在忠路十六保小沙溪曰燈明寺明監察御史何金枝有記一在忠路十六保沙溪土司舊治曰大松寺寺旁古松生石隙中土人以松之榮枯驗物力之盛衰一在忠路十八保觀音山乾隆初建寺前有池曰甘井四時不竭又前有井曰香泉足供千人飲啄一在忠路十九保大沙溪曰把水寺寺在溪中小阜上一在忠路二十二保白果壩曰興陽寺一在忠路二十五保金峯山曰金峯寺一在忠路二十五保寨公山曰興隆寺一在忠路二十五保孫家塘曰把水寺一在忠路二十八保繼長壩曰潮音寺乾隆二十一年重修

雜祀佛道者三

一在南一保鍾靈山曰朝陽觀有明崇禎九年鐘一一在南坪十保擧巢曰太平觀一在忠路二十七保攬板磴曰三教觀

利川舊隸施州明以前禨祥統於施州至國朝始可紀述因據舊志並聞見所及者次其年月著於篇　順治六年春大饑斗米直銀四兩民有數日不舉火闔戶自縊者　乾隆四十三年大旱民多餓死者　嘉慶三年秋有年　咸豐七年夏五月初八日大風雨有物長丈餘入城中曾家堰狀如牛目光如炬水墳起濃霧四塞良久始散　同治元年春二月十五日地震三月二十八日地復震有聲自東而西秋八月縣西八十里龍洞溝起蛟山崩水漲壞民田無算　光緒七年春正月邑人明邦樂劈竹中有蛇長尺餘夏六月邦樂舉家食菌中毒死　十二年秋七月某日夜星隕如雨　十三年夏五月十一日大雨水溢縣西八十里龍洞溝有物如牛水隨之上下人以爲龍云　十四年夏五月縣西忠路二十六保天雨粟雨果雨菌雨茄內如朽米炭灰是年蜀黍作人禽牛馬形　十五年秋七月學宮泮池霧起騰蟲向空飛

八月久雨害禾稼冬十月十五日天大雷雨雹虹霓見山崩縣西建南十保天雨豆　十六年春夏久雨大饑道殣相望民多流亡鬻子女者　十七年春又饑秋有年　十八年秋大有年　十九年夏四月初九日夜大雨雹壞廬舍害禾稼

利川縣志卷之十

武備志

營制　鋪遞　兵事

利川舊介在土司之間元以前武備無攷明永樂初設巡防荊瞿九永施守備一駐施州嘉靖四十四年支羅峒長黃中叛討平之遂割半置所立屯以百戸二鎮之爲支羅鎮守百戸所今所稱上下支羅也移荊瞿守備駐南坪卽今南坪巡檢駐處其後仍駐施州歲巡歷荊瞿南坪明史土司列傳隆慶元年都察院議金峒安撫土舍覃璧爭印相殺及磁峒不當轄四川俱下撫按官勘報五年巡撫劉愨以覃璧平條議五事一金峒世官不宜遽絕貸覃勝降安撫爲峒長聽支羅所百戸提調磁峒今隸南坪十一保則磁峒當於是時改隸南坪而金峒距支羅不遠也

明申飭邊防奏議云施州衛諸夷皆由七藥山南坪出沒重孽劫掠爲患故四川奏將九永守備加勅專鎮施州欲以杜前患也而卒不免者蓋未得禦夷之機括也施夔相去五六百里令守備深居施州城內而土夷遠出州境地方警報豈得遽知及知焉能驟到而禦之彼蜀於各該地方設有南坪等二十四堡各有官軍民壯快手守禦似矣而亦不能禦止之者則又不得其人與其地故也蓋巽省

職卑土人所輕本省職重土人所畏禦彼出入猶之悍僕在逃必見其主而後降他人執之鮮有不以力相抗者矣查南坪堡乃諸路之衝要各堡之總會也其公署牆垣經畫規制視各堡爲雄壯完固合將荆瞿守備移鎮南坪堡於施州衛推選指揮一員千百戸數員其瞿唐二衛所指揮千百戸撥分一半俱赴南坪駐劄以聽守備行事施州衛仍分撥衛軍管領守堡其奉節雲萬忠酆等州縣各將原守各堡民快數百名委官管押即於彼處戮力防守悉聽守備官常行操備如此則諸夷憚重職之尊嚴畏官軍

之衆盛自將消其劫掠之奸而不敢任情出沒矣其守堡軍糧施州衛將就近堡坪上三屯并馬橋壩牢站二屯輸納施州倉屯糧照數扣貯支給免其六七日遠運上倉瞿唐忠州所聽彼處自處各州縣民快工食則循用各堡舊規守備官往鎮南坪之日其廩給服役俱出自各州縣應辦於地方無事之時仍往來巡歷所屬等衛則出自各該所夫守備之設本所以衛地方也若置之於緊關之地則可以爲干城保障之寄否則勢遼隔而緩不及事亦爲徒設無補也何用設施州衛志申潮傳稱部議目爲迂闊越

三年土寇黄中叛討平之議善後悉如所議據此則荆瞿守備駐南坪在黄中既平之後馬橋壩屯在縣東八里牢站屯在縣西十里今名木棧屯坪上三屯疑即今南坪一保之馬道屯十二保十三保之支羅屯十四保之松木屯元里屯中壩屯擂鼓屯大坪屯其十四保之五屯疑當時止有一屯後始析而爲五也　中壩屯碧雲菴明嘉靖二年鐘文有中壩屯擂鼓屯石牛寺明正德元年鐘文無擂鼓屯則荆瞿守備駐南坪時當止有中壩一屯也

國朝康熙三年廢指揮千百戸設施州營游擊一守備一千

總二把總四以把總一駐支羅今名衙門坪吳三桂平復以把總一駐箐上縣東八里法光寺雍正五年碑稱施陽箐上覆虎山法光寶剎法光寺在縣東馬橋屯一名巖洞寺則箐上距寺當不遠施州營塘汛自衛城南與施南司交界凡二塘北自衛至所繞忠路司凡六塘雍正十三年改土歸流設府縣改施州營爲施南協轄左右二營其右營守備一千總二把總五外委千總把總五額外外委二駐縣境者一曰分防右營守備駐忠路每歲俸銀十八兩七錢六釐薪銀四十八兩蔬菜燭炭銀一十二兩養廉銀二百兩心紅紙張銀一十二兩坐馬四匹銀四十兩八錢共銀三百三十一兩五錢

八釐原額馬兵戰兵守兵一百八名馬兵每名歲支馬戰餉二十四兩米三石六斗折銀二兩五錢二分馬乾銀十兩二錢共銀三十六兩七錢二分戰兵每名歲支銀一十八兩米折銀視馬兵共銀二十兩五錢二分守兵每名歲支銀一十二兩米折銀視馬兵共銀一十四兩五錢二分分一汛七塘曰忠路汛汛兵三十五名曰乾谿壩塘（忠路五保郎永興場）曰堰水塘（忠路二十保）曰沙溪塘（忠路十六保一曰小沙溪以別於大沙溪）曰楊坡地塘（建南十保小河場南五里）曰石灰窰塘（建南八保）曰水田壩塘（建南七保） 一曰駐防縣城千總每歲俸銀一十四兩九錢六分四釐八毫薪銀三十三

兩三分五釐二毫養廉銀一百二十兩坐馬二匹銀二十兩八錢共銀一百八十八兩八錢原額馬兵戰兵守兵八十八名每名歲支銀視守備分防八塘曰火鋪塘（東四保）曰石板場塘（東六保郎下馬溪）曰長峑塘（東八保）曰高穴口塘（東二保一名小塘）曰九渡屯塘（南二保）曰三渡屯塘（西六保郎三步街）曰大小箐塘（北二保）曰大坡槽塘（北二保一名石板水） 一曰駐防建南汛把總每歲俸銀一十二兩四錢七分一釐薪銀二十三兩五錢二分九釐養廉銀九十兩坐馬二匹銀二十兩八錢共銀一百四十六兩八錢原額戰兵守兵四十六名每名歲支銀視守備分防二塘曰白

洋渡塘今名白楊渡（建南三保）曰清灘溪塘（建南五保郎永興場） 一曰駐防南坪堡把總每歲俸薪養廉坐馬銀視建南把總原額馬兵戰兵守兵六十九名每名歲支銀視守備分防九塘曰孫家壩塘（忠路二十五保）曰潭丈溝塘（南坪十一保上磁洞溝）曰繼長壩塘（忠路二十八保）曰張家村塘（西五保大丫口南二里）曰爛井壩塘（南坪十五保）曰磁洞溝塘（南坪十一保）曰瑪瑙寺塘（南坪十二保太平場北五里）曰老支羅塘（南坪十二保）曰大坪屯塘（南坪十四保中壩屯） 一曰協防官渡汛外委千總每歲養廉銀一十八兩馬戰餉銀二十四兩米折馬乾銀視馬兵共銀五十四兩七錢二分原額馬兵戰兵守兵四十名每名

歲支銀視守備分防十塘曰山女峑塘（忠路八保十字路東一里）曰馬槽壩塘（忠路九保）曰下道子塘（忠路十保龍嘴河北一里）曰大木峑塘（忠路十二保牛滚坡東二里界黔江）曰小谷溪塘（忠路十二保）曰回子坡塘（忠路十四保）曰後鄉塘（忠路十五保界酆都）曰黑溪塘（忠路十三保長灘壩東十里）曰沙子溪塘（忠路十三保長灘壩西六里） 一曰存城外委把總駐忠路每歲養廉馬戰餉米折馬乾銀視官渡外委千總 一曰額外外委駐清灘溪每歲馬戰餉銀二十四兩米折馬乾銀視馬兵共銀三十六兩七錢二分其後兵額數裁兵力亦稍薄矣

利川改土歸流時地多未闢山高林密是生虎豹豺貙行旅

不通鋪遞率多迂遠其後土田日闢戶口殷繁通衢所在皆是人趨便捷鋪遞亦以次改設其東路自縣前鋪至火鋪塘鋪三十里鋪司三名又三十里至下馬溪鋪鋪司三名又三十里至長崟鋪（崟集韻音詮山巔也俗作岕縣境又有地名偏崟山女崟俗亦作岕）鋪司三名又十五里至石板頂卡門界恩施縣（咸豐四年粵賊之警施南協副將某以千把總三分駐石板頂長崟邑人李賢康捐修卡門內屋三間爲官吏憩息處光緒七年知縣陳國棟重修）又十五里至恩施之羅鍼田鋪皆舊鋪也其西路自縣前鋪至官屋基鋪二十里鋪司二名又四十五里至三步街鋪鋪司二名又二十五里至老屋基鋪鋪司二名又二十里至孫家塘鋪鋪司二名又二十里至忠路縣丞駐處鋪司二名又一百一十里石門坎鋪鋪司二名界四川石砫廳茱子壩又七十里至石砫梔杆壩鋪自忠路折而南三十里至蕉園鋪鋪司一名又二十里至沙溪司鋪鋪司一名又五里至界牌界咸豐又三十五里至咸豐活龍坪鋪其北路自縣前鋪至小箐塘鋪二十里鋪司二名又四十里至南坪巡檢駐處鋪司二名又二十里至野塷壩鋪鋪司二名又三十里至打杵坳鋪鋪司一名又三十里至箭竹溪鋪鋪司二名又十五里至木城鋪鋪司二名又二十五里至建南巡檢駐處鋪司二名又三十

里至界牌塝界四川萬縣騾馬洞又七十里至萬縣龍駒壩鋪多改設其舊鋪已無復能舉其地者

利川兵事可攷者始於劉宋世祖大明中建平蠻向光侯寇暴峽州巴東太守王濟荊州刺史朱修之遣軍討之光侯走清江清江去巴東千餘里時巴東建平宜都天門四郡蠻爲寇諸鄉民戶流散百不存一（宋書南蠻列傳　宋世祖大明中清江以水名尚未置縣以去巴東千餘里求之則光侯所走之清江當在今恩施利川兩縣地）

唐成汭青州人更名郭禹襲歸州入之自稱刺史秦宗權故將許存奔禹禹以剽卒三百畀之使討荊州部將牟權於清江禽權取其眾（唐書成汭列傳　唐省鹽水縣入清江縣則利川亦清江縣地許存討牟權於清江當爲今恩施利川兩縣地）

宋乾興初順州蠻田彥晏率其黨田承恩寇施州暗利砦縱火而去夔州發兵討之俘獲甚眾（宋史蠻夷列傳　宋史地理志清江六砦熙寧六年五月省施州永興砦置夷平砦疑宋之施州亦如今之直隸州自有轄地不僅領縣也施州既有轄地則清江非附郭縣其舊治無可攷　宋史地理志無暗利砦疑施州所轄不止永興暗利二砦永興以省入清江見清江注暗利以破寇見蠻夷列傳而施州注不著所轄之砦亦可見宋史疏漏利川疑以暗利得名則暗利砦當在縣境）

明洪武十七年散毛等峒蠻時寇掠爲民患景川侯曹震命施州衛及施南宣撫覃大勝招之　二十三年忠建施南叛

蠻結寨於龍孔涼國公藍玉遣指揮徐凱將兵攻禽宣撫覃大勝殺獲男女一千八百餘人械大勝及其黨八百二十人送京師磔大勝於市餘戍開元給衣糧遣之明史土司列傳忠路建南施南三土司地皆在利川　施州衛志徐凱字子安合肥人都指揮使洪武二十三年從藍玉征散毛鎮南等峝五月施南司土官覃大勝等亂玉命移兵討之禽大勝及其黨男婦八百二十口解磔大勝於市與明史微異

成化元年僉事鄒文博按部至施時有川寇餘黨竄入衛地博命指揮童鐘督施南宣撫覃彥昇禽獲孫士奇胡清等三十餘人悉平之施州衛志

嘉靖九年施州賊黃馬丫等百人流劫雲萬奉節川東道檄

衛往討衛以馬丫乃忠路仇人檄安撫覃正剛禽之施州衛志

嘉靖三十三年龍潭安撫黃俊素貪暴據支羅峝寨以睚眦殺人繫獄會白草番反俊子中請立功爲父贖罪又自求爲副指揮賄當事者許之俊出益驕乃與中及羣盜李仲實等恣行於四川之雲陽奉節開副使熊逵等計禽俊與仲實俊死於獄中自縛出降執餘黨譚景雷等自贖帝命追戮俊梟示仲實等論斬中謫戍而賞有功者明史土司列傳　支羅今爲南坪十二保十三保地　施州衛志支羅土寇黃中叛楚撫谷虛中檄參政曹三錫洪逵副使吳邦彥王紹元指揮湯世傑王楹楊某討之中聽撫檄解院磔於市餘黨悉平與明史異　衛志又稱衛經歷汪澤欽縣人黃中負固攻圍數月不克澤上寨作質誘之降及下寨擒之餘黨磔殺澤今寨上高家猶存一云中降川兵妒之迫澤墜巖死據此中之聽撫澤之功最其死亦烈云

萬歷四十一年忠路土司覃寅化霸佔民田相仇殺撫夷同知章守愚檄指揮唐符勘治寅化伏辜立土漢界碑施州衛志　章守愚衛志職官作童守愚

崇禎七年施南東鄉二土司以兵隨指揮鄧宗震唐堯德僧寂明剿流寇至巴東平陽壩敗績寂明死之十二月下施南土司覃艮士衛獄艮士之黨以兵圍衛城脅指揮唐復元出艮士所過殘滅殆盡施州衛志

國朝順治四年五月李赤心率十三家營入施州衛肆屠掠與土司戰於城南大破之移駐容美李赤心者即李自成黨李過號一隻虎降福王賜名赤心　五年赤心復自容美移駐施南司有朱經略者招之赤心始去王觀興者十三家之一也僞荆國公其弟昌僞襄陽侯初駐巴東赤心既去觀興遣其黨劉太倉駐施州衛殘酷百端會觀興至衛人哭訴乃移太倉駐南坪謂之劉營並施州衛志　巴東縣志順治五年十月王光興及其弟昌率羣賊駐南坪昌酷虐光興屢戒之少止未幾昌病死光興即觀興據此則觀興駐南坪在太倉之先而南坪始受昌之酷虐繼被太倉殘暴其民尤苦也　六年赤心之黨李來亨高必正姚黃先後至

施州衛擄人口索金錢贖之　八年劉體純號二隻虎者至擄無所得盡褫男女衣縱之行時鳳衛伯牟文綬家居詐賊來王檄檄之去　十年孫可望兵自貴州至大索　十二年體純忿文綬欺已自西山以兵侵衛西山卽茅麓山在興山縣境觀興詐稱救衛體純擄衛民劫牟村時文綬已死毀其家　十三年正月觀興逐太倉駐南坪老營謂之王營旋移駐馬秦村竝施州衛志　王營今名營上馬秦村今隸恩施在縣境黄連溪之泉　十四年體純復入施州十一月百戶陳世凱率鄉勇敗之堰水　十六年川陝總督李國英以兵平忠路賊竝陳氏紀略　康熙十三年吳三桂據雲

南叛偽號周衛守備署游擊賈進才率官民降利川復陷於賊三桂敗竄寇數萬由施入黔一路搶掠利川被禍最烈十七年三桂死駐施偽總兵李春儒率衆投誠利川復反正　二十年譚宏據四川天成山叛宏張獻忠餘黨投誠後封慕義侯三桂叛應三桂三桂敗復降是秋不自安復叛利川復陷於逆明年賊平竝施州衛志

嘉慶元年教匪之變四川奉節賊入利川縣境知縣陳春波與恩施令尹壽圖奉節令周景福督率鄉勇士民擊賊於縣西長堰塘樓子坳斃賊千餘人獲四十餘人賊奔復追殺二千餘人獲二百二十餘人縣境肅清　二年奉節賊楊秀潑湯永禮等兩股合併凡萬餘人入縣境知縣陳春波復與恩施令尹壽圖奉節令周景福千總劉尙魁外委劉文玉擊賊縣北南坪獲賊首邱大才賊目楊士秀等復殺賊首曾海青等三十餘人餘賊燒斃無遺春波等以功超擢有差邸鈔

咸豐十一年九月十五日廣西賊陷來鳳縣城戒嚴知縣楊宗時舉行團練設卡防堵四川守備況倫福丁鳴岐以兵四百自夔州至防縣西建南同知周會文自縣募勇三百以防恩施乾壩

同治元年正月廣西賊石達開至來鳳號稱十萬分擾縣境從九品銜于東庠諸生郜典等以團練禦賊死四月總兵鄭陽和朱升開周達武率湘軍至駐縣城防賊八月解嚴湘軍始去　二年七月石達開逆黨李幅猷至四川黔江掠及縣境鄉民有死者

利川縣志卷之十一

營繕志

城垣附故城　公廨　關隘　墳塋附義山

利川舊無城嘉慶元年教匪之亂知縣陳春波始建土城周三里三分爲門四道光元年知縣王星楡重修二十八年粵匪犯湖南知縣常懿麟議修石城以調漢陽解任中止歲久城多傾圮惟存四門光緒三年知縣陳國棟重修東門西門九年知縣徐嘉禾重修北門復修南門

縣境故城可攷者一曰廢亭州在縣治西後周資田郡鹽水縣弃治此明一統志很山廢縣在衛城西一百八十里很山漢縣隸武陵郡武陵郡即今湖南辰州沅州二府地明衛城即今施南府治距辰州沅州千餘里很山不應在此今利川縣治在施南府治西一百八十里爲亭州舊治明一統志蓋誤以廢亭州爲廢很山縣也一曰明荆瞿守備舊治在縣北六十里南坪堡今南坪巡檢駐此一曰廢施南宣撫司凡三一在縣東南八十里青巖舊治也一在縣東南九十里夾壁一在縣東南一百二十里龍孔並徙治也一曰廢忠孝安撫司凡二一在縣東南三十里曰老司城舊治也一在縣東二十五里曰忠孝村徙治也一曰廢忠路安撫司凡二一在縣西南一百二十里曰忠路城今縣丞駐此一在忠路城東南五里城

滷壩舊治也忠路二十四保忠路溪旁曰舊司壩忠路二十六保曰獅子壩有石獅二相傳忠路土司又嘗治此二處一曰廢劍南長官司在縣西北一百八十里歸源寺今建南把總駐此寺西三十里白龍灘其上爲中部營亦劍南土司舊治也一曰廢支羅百戶所凡二一在縣北一百二十里舊寨壩一在縣北一百五十里衙門坪即上下支羅肖長舊治衙門坪又爲 國朝康熙時支羅把總舊治一曰廢沙溪宣慰司在縣西南一百九十里小沙溪西石龍堡南坪十四保中壩屯有解學城相傳 國初縣境未入版圖邑人解學建城以衞鄉里城色赤土人稱爲紅欿牆亦故城也

利川公廨凡十三一曰知縣署在縣南門內乾隆五年知縣湯應求建道光二十八年知縣常懿麟重修三堂咸豐七年知縣高炳臨重修二堂光緒四年知縣陳國棟續修三堂十八年知縣黃世崇於頭門外創建東西轅門一曰訓導署在學宮旁乾隆四十二年訓導戴廷杞修一曰縣丞署在縣西北一百二十里即忠路土司舊治也一曰南坪巡檢署在縣北六十里南坪堡明荆瞿守備舊治也一曰建南巡檢署在縣西北一百八十里距劍南土司舊治五里一曰典史署在縣署西一曰城守千總署在縣北門內一曰右營守備署在縣丞署東一曰把總署凡二一在南坪堡一在歸源寺即劍

南土司舊治也一曰外委千總署在縣西二百二十里官渡一曰外委把總署在守備署旁一曰額外外委署在縣西二百四十里清灘溪其非縣所得轄而公廨在縣境者曰施南府同知署舊在縣西一百六十里小河嘉慶元年同知朱炘建行署於縣東門內歲久傾圮光緒十七年同知唐貞吉徙建行署於縣西七十里汪家營

利川與恩施咸豐四川之奉節萬縣雲陽石砫酆都黔江彭水九廳縣接壤四境皆山號爲奇險其關隘可守者凡二十一曰石板頂卡縣東一百五里界恩施縣羅鍼田兩峯逼峙

一徑高懸凡八百餘級嘉慶初教匪之亂知縣陳春波修春波有卡門聯云鳥道千尋盤峻嶺螺峯兩面夾雄關　光緒五年知縣陳國棟重修爲縣境第一險要一曰馬鬃嶺卡縣東南九十里界恩施縣濫泥壩其險亞於石板頂一曰黃連溪卡縣東北九十里界恩施砦灣同治元年補修卡右曰大花尖左曰九枝岸石壁峭立一曰雲頭山卡縣南一百二十里界咸豐小村咸豐時設一曰高岡卡縣南一百五十里界咸豐石坑壩嘉慶初知縣陳春波修以防教匪咸豐十年武生冉國珍歲貢生陳麟監生鄒宏遠裴德玉以鄉勇守卡同治元年賊至知有備而去二年

賊至咸豐沙子場知縣黃調佑駐卡督防賊不敢犯監生陳文超詩云百年樂利不聞兵狂寇鴟張隔縣驚官爲保民親涉險人同奮志竟成城振團幸賴神君畫堅壁先摧豺虎聲地僻莫輕忘設險安危相較自分明　一曰張高卡縣南一百五十里界咸豐花巖峯亦奇險也一曰小卡大卡縣西南一百八十里界咸豐蠻壁一曰雁坎卡縣西南一百八十里界咸豐同治元年邑人譚正仁修一曰香溪巖卡一名巖口縣西南一百八十里界咸豐嘉慶時邑人何文林設知縣陳春波巡戍巖口詩云山城出宰六年餘寇警頻聞走羽書險捍高巖安塞壘平籌積粟濟軍儲狼烽入境三旬殄鳳劄銜音五馬除自愧才庸無以報披堅執銳不遑居書生佩劍整戎衣鳥道盤空上翠微密雪愁添鑾旆重污泥苦趁馬蹄飛小民勇悍能輕敵巨寇猖狂幸破圍憑仗國威朝滅

此歡王齊唱凱歌歸同治時知縣楊宗時檄邑人何成之率鄉勇二百五十人增築卡溪口拒賊一曰魚泉口卡縣西南一百九十五里同治時修一曰河涌塘卡縣西南二百九十里卽沙子溪塘界黔江酸棗鄉一曰牟角腦卡縣西南三百一十里界彭水閙地壩一曰麂子嶺卡縣西南三百三十里界石砫馬武壩河涌塘牟角腦麂子嶺舊無卡咸豐八年知府朱啟仁至縣境巖門頭諭邑人羅國鎮羅國祿羅國襲捐修三卡以防粵匪之自蜀入者邑人陳魁監修一曰馬桑坡卡縣西北一百八十里界石砫大丫口一曰石門坎卡縣西北一百五

十里界石硅柴子壩上有礮臺左右石壁嘉慶初修一曰小箐丫卡縣北二十五里界奉節鹿子壩一曰輭耳箐卡縣北九十里界萬縣磨刀溪一曰舊寨壩卡縣北一百二十里支羅百戶舊治也界萬縣風木村同治時邑人馬文奇修其非鄰界而重設關隘者二一曰大茅坡卡縣南七十五里卡外五里青巖即施南土司舊治至咸豐孔道也舊志又有青巖麻園夾壁三卡今三處皆無卡舊志誤一曰關口卡縣西北一百六十里嘉慶初修木城於此以防教匪故一稱木城卡距建南巡檢署二十里先是大府以施郡諸邑界連湘蜀地處邊鄙檄飭六縣按季移

營會哨以期弭患未萌於是利川與恩施會哨於縣東一百五里石板頂與建始會哨於縣東一百六十里恩施之珠捲門珠捲門在石板頂東五十五里與咸豐會哨於縣西南二百一十里咸豐之龍嵩河龍嵩河瀕縣境忠路水縣東南一百六十里咸豐之黑峝黑峝距縣東南毛壩四十里毛壩南五里喜生坡界咸豐與來鳳會哨於縣東南二百三十里咸豐之龍潭司羅家坪龍潭司羅家坪距縣東南喜生坡六十五里其後又以利川與四川之奉節接壤檄仿江夏輪巡虎頭湖故事按月輪巡於縣北七十里奉節之白楊壩縣北九十里奉節之梅子水白楊壩距縣北小箐丫卡四十五里卡外隸奉節梅子水又在白楊壩北二十里皆關隘也惟石板頂隸縣境其餘隸恩施咸豐奉節故附著於此

利川墳塋可攷者曰周巴蔓子墓在縣北九十里都亭山見明一統志曰蠻王冢在縣西二十五里鳳皇山下相傳蠻王作祟靜夜呼人應之者輒病死墓爲土人所掘今墓址猶存乾隆時施南府同知會稽商盤詩云施州城北都亭山懸巖百丈澀難攀上有墓門一十二云是蠻王葬此間高岸爲谷谷爲陵古往今來幾廢興此冢亦遭人所發但存塚木經枯蘇當年曾作西南長姑縋壁壘堅無兩花鈴蘆管散雲煙漆繭離題埋土壤苗疆尺寸納　天朝蠟壁高羅部曲消孟獲何曾縱復反尉佗敢稱生前驕陰風吹冷荒郊月刀扇搖歌聲已歇杜宇難平望帝心幽篁空灑湘妃血安得蒙莊語髑髏殘魂剩魄莫生愁牧兒夜火穿秦壟義士冬青表宋邱君不見纍纍道左今無數玉魚石馬知何處有酒堪呼泉下人一尊且酹劉伶墓曰宋鴻博詹邈墓

在縣西十五里楊家溝詹邈墓一云邈之祖墓曰明施州衞經歷汪澤墓在縣北一百二十里上支羅施州衞志土寇黃中負固攻圍數月不克澤上寨作賃誘其出降及下寨擒之餘黨磔殺澤今上寨高家猶存黃中爲上下支羅峝長上寨卽上支羅峝今名舊寨壩下寨卽下支羅峝今名衙門坪舊寨壩在縣北一百二十里澤家當在此縣志府志以爲墓在城東六十里幷誤曰明萬歷墳在縣東南七里官渡壩屯隍廟前墓碑剝蝕僅存萬歷年號故名曰明沙溪宣撫司黃中和墓在縣西南一百九十里石龍堡曰明總兵向有功墓在縣西北一百五十里衙門坪有碑曰明鳳衞僉事文綬墓在縣西北二十四里散木其在

國朝者曰浙江提督謚襄敏陳世凱墓在縣西三十里陳

家灣曰松江提督牟大寅墓在縣西四十里木瓜塘曰雲南易門縣知縣李耀瑚墓在縣西一里大橋南曰城守千總楊敏賢墓在縣西二里河嵩曰秦州州判夏曰瑚墓在縣西二百二十里甯家山曰平武知縣潘潤之墓在縣西七十里李子壩

縣境義山凡四一在縣北門外周十里高三十丈有奇山下土坑一嘉慶二年教匪入境死者積屍無算悉委坑內後為土人墾種道光九年典史章模長洲吳錦捐貲買坑禁墾種一在縣西門外道光十三年監生彭祝盛捐置周二百八丈

五尺舊志稱七百二十丈者誤也一在彭祝盛捐置義山西光緒十三年康茂林捐周一百七十七丈五尺一在縣西四十里曰千人冢明季死於流寇者葬此今不知其處一在縣南門外曰黃州公山濱縣河一在縣西門外周三百九十八丈五尺光緒十九年知縣黃世崇訓導汪國椿捐置世崇有記舊志稱縣東三十里圜包嵩相傳 國初有乞者歿土人淺厝之後羣蟻銜土壘冢日久成小阜號曰螞蟻墳乞者姓名無攷豈明之遺老與

但有方輿勝覽無方輿攬勝此必有誤

利川縣志卷之十二

山水志一

利川山國其西自蜀之石砫入境者曰都亭山曰七藥山東自咸豐入境者曰星斗山凡都亭以北之山皆都亭支山也七藥以南之山皆七藥支山也星斗以西之山皆星斗支山也其非都亭七藥星斗支山而西自石砫入境者曰雞鳴山萬縣入境者曰中壩山彭水入境者曰大木寨山北自鄷都入境者曰五鳳山曰掛子山東自咸豐入境者曰雲頭山曰太平山因並詳其道里附以攷證其舊志所載而今無可徵

者闕焉

縣境都亭山名最古後漢書南蠻西南夷列傳注清江縣水源出清江縣西都亭山通典清江縣有都亭山明一統志巴國將軍蔓子自刎葬其身於都亭山明史地理志施州衛北有都亭山方輿攬勝後周置亭州因都亭山為名是也其山出自石砫大山坪石砫志稱廳境無地不山土人止呼大山坪為山東西綿亙五百里自大山坪東北至大丫口分為兩山一曰大山即七藥山一曰小山即都亭山兩山之間曰壩自大丫口東至縣境石門坎凡四十里曰太平壩小山自石

門坎又東十里其下曰白楊塘有洞曰檀香洞其水入洞中伏流四十里至龍洞溝爲清江水源故知小山爲都亭山也白楊塘有六角石高十餘丈廣數丈都亭山自白楊塘又東十里其下曰魚筌口有西流水自山隙流入石硿之黄水焉又東十五里其下爲石灰窰駐有塘兵又東十五里其支山北出曰三家寨山曰雲臺山上有佛寺其下爲鷂子池曰石龜山有石如龜又東十里其下爲髩壩壩中一山特立高數百仞曰朝宗山嘉慶初林之華之亂官軍駐此樹旗於山俾諸軍望爲進止故一名插旗山又東十里其下曰同興場場

後有山曰獅子山又東十五里其支山北出爲箭竹山

箭竹山在都亭山北二十里其下爲箭竹溪又北二十里曰貓鼻山又折而西二十里其支山南出曰關口山曰石穿山在關口山左截然一山中穿如門可通輿馬（廪生趙鳴里移家石穿山詩云岩嶤木城南五丁鑿不穿石壁穿何時樵徑逢飛仙巉巖豁然開洞達年復年有時咽尊罍有時籠朝煙松竹風裊裊藤蘿月涓涓谿流自清淺飛鳥相囘旋結廬謝車馬闤闠絶喧闐讀我有用書談經不談元舉家樂其樂一醉共陶然）曰容貌山四面壁立三重惟東北一徑可通同治時官軍建卡於此曰果老山相傳唐方士張果嘗煉丹於此（廪貢生賀春元詩云開元奇蹟著唐書朝罷歸來紙作驢誰識懸巖幽絶處當年張果煉丹居）關口山舊有木城嘉慶初修以防教匪其支山西出曰四方山又西十里曰界石丫山又西十五里曰轎頂山其下爲建南巡檢署其右曰老林口有古楓一高十丈枝葉團結如蓋行人多憩息焉又西十五里曰馬牙山曰白楊山其下爲白楊渡有場其支山南出曰貓兒山曰天馬山曰三台山曰飛水巖山峭壁千仞飛瀑不息又有曰七孔子山曰睦家寨曰朱家崗皆奇險爲居民避亂處又西十五里爲檬子丫山又西十里至石板灘瀨建南水

又東十里爲轆耳箐山有卡咸豐時修卡外隸萬縣其下曰

三仙洞可容數百人又東十五里瀨磁洞溝水其下曰筲箕灣（自石灰窰以東至筲箕灣凡七十里介在都亭七藥兩山之間竝曰髩壩）

都亭山自筲箕灣折而北十五里曰方家山又北十五里曰高士山左曰木耳山右曰大垉山又北爲太平場其東曰舊寨壩支羅百戶所舊治也又北三十里曰船山瀨萬縣龍駒壩水山峭壁如船一徑可通明嘉靖時龍潭安撫司黄俊據支羅俊子中以支羅叛卽船山立僞署中平置支羅百戶治此山上平廣故一名衙門坪嘉慶二年同治元年士人避賊山上賊不敢犯故一名船頭寨山東有石

高數丈中空如鎖邑歲貢生張宗顏船山石鎖歌云天船泊在絳河邊偶戀紅塵下大千上帝聞之勃然怒遣將五雷追不旋帝曰此船深負我墮落塵網烏乎可以後不許天漢橫特命六丁將船鎖鎖向人間不計年鎮以天符永不還苔錢疊印封條固鑄鈕又倩古藤纏猶恐容易毀仙迹罡風一吹化爲石神工鬼斧牢關鍵大手巨靈莫能擘從此維舟不借繩寒涎之子漫相矜陸地行舟莫須有似此船兮見未曾遙望羣山如疊浪有時風撼舟疑盪昂頭勢欲浪中移賴有銀錨作保障昔年倡亂首黃中跳踯船頭妄逞雄沈舟不解公無渡妖血一腔染船紅際此澄清數百載小醜跳梁風俗改相與枕藉乎舟中滿載稻粱深嘉乃何須利涉泛江鄉伙伴同舟有蓋藏共濟而今忘禁錮浮家端不羨艅艎我來欲向帝天請鎖鑰北門誰管領卬須何處索解人扣舷一曲脫毛穎山右老鷹洞常有蒼鷹數百飛繞洞前半日始去環山居民數百戶其田產稻極佳世所稱支羅米也

七藥山俗名齊嶽山其下爲南坪堡明申潮邊防奏議所云施州衞諸夷皆由七藥山南坪出沒重虁是也又爲忠路前江後江水源所自出明史地理志施南宣撫司西有前江發源七藥山西南流與後江合入四川彭水縣界蓋誤以忠路安撫司前江後江爲施南宣撫司前江後江語在沿革表石硅大山至大丫口始名七藥山山西隸石硅東隸利川其支山南出爲周家巖山

周家巖又南十里山西隸石硅東隸利川其下爲土溪河

又南十里曰獅子岩其東爲乾溪壩塘其支山西出曰鶯嘴山曰鍾靈山又南二十里曰楚石嶺又南十里曰二成巖自土溪河至二成巖山西隸酆都東隸利川又南四十里至龍口灘忠路水其自二成巖東出之山曰香爐峯山曰道士山曰巖門頭山亦七藥山支山也

七藥山自大丫口而東曰馬桑坡卡嘉慶時修以防教匪又東二十里爲紅山丫口又東北二十里山南爲清水塘北爲白楊塘自大丫口至白楊塘凡四十里山西北隸石硅東南隸利川自白楊塘以東山南山北並隸利川又東十里山南爲上石廟旁有獅子洞高數丈深廣可容數千人中有石樓石牀石几又有石如鳥獸魚龍狀其支山南出

曰烏雲山曰鍾靈山與烏雲山對峙曰雞公嶺山又東十里山南爲中石廟又東十里山南爲下石廟又東十里爲雙嶺一名爛井壩駐有塘兵其旁曰虎頭寨有古檜高九丈大數十圍數百年物也其支山南出爲佛寶山

佛寶山爲忠路前江後江水源所自出山高比於七藥山上有前明佛寺　國朝乾隆時重修寺前有自生石塔高十餘丈大數十圍又東十里爲五馬山其下有汪家營場爲縣境最繁富處又東三十里曰大丫口山曰大龍門山曰小龍門山其東曰涼霧山有場曰中和山高三千丈上

有寨可避亂下有仙女洞相傳昔有二貞女隱此又南十里曰龍泉山又西南十五里曰五峯山其右爲繼長壩曰鐵爐山曰龍口山曰蜂桶山曰白玉山與中和山對峙皆以形似名又西南十五里曰七星山其支山曰馬鬃嶺高數里舊有寨明末土人避亂於此曰新建山高十里上有古樹二中空可容數人奕棋曰獅子山有石如獅又西南十里曰金峯山又南十五里曰大高山瀕雙河口自金峯山迤西曰燕子崟中有石穴春燕巢此燕多則歲豐否則歉曰獅子山曰青龍山其下爲老屋基場又西南三十里

曰城迤壩山相傳忠路土司初治此又南十里曰尹口山又東南十里曰龍橋坡山瀕忠路水自佛寶山西南二十里曰寒婆嶺其支山西出曰風背巖曰象鼻山曰奎星山曰馬鹿山曰鳳皇山瀕小河即忠路後江水也又南二十里曰中保山上有寨咸豐時邑人王温理修又南十里曰寨公寨母山上有石人二高數丈又西十里瀕溪麟河又西二十里曰百丈坡山折而南十里曰仙女崟又東南二十里曰石馬山有石如馬故名

又東十里山南爲龍洞溝清江水自都亭山發源入檀香洞伏流至此始出又東十里山南爲珠椿門又東十里山北有太平洞可容數千人又有大風洞小風洞洞中有風夏涼冬温其泉清洌可飲又東十五里山南爲野茶壩其支山南出爲金子山

金子山相傳昔人拾金於此故名山形如巾故一名巾子山旁有龍洞巖洞中容數百人可避亂又有塔山矗立如浮圖然其右曰大洞山瀕太極圖水又東十里曰一品山上有古刹曰文明寺僧清遠嘗寓此有寨咸豐初邑人譚英升修費萬金避亂入寨者二千餘人又南十里曰長堰

塘嘉慶元年教匪楊秀瀣湯永禮包承福犯境千總陳炳章敗賊於此其旁曰楊柳洞賊潰積屍滿野里人置屍洞中故一名萬人洞又南十里曰土地坡山其支山東出曰小箐丫山有卡曰滴水山其下爲滴水灘又南二十里曰鐵爐寨上有龍泉寺乾隆時建又南十里爲縣治瀕清江水

又東二十里其支山南出曰火燄山下有透骨泉曰望龍山其下爲南坪巡檢署明代南坪堡也爲施州衛重鎮語在武備志又東二十里至昌平入奉節縣境山南隸奉節北爲縣

境磁洞溝中有天池山池水四時不涸
七藥山自昌平東北逕白楊壩灘田溝梅子關凡二百六十里至安平灘甿江自昌平至安平竝隸奉節
星斗山自咸豐智信里入縣境山東南隸咸豐東北隸恩施西隸利川有寺曰三邑寺土人言山上視星斗較近故名咸豐志謂高聳雲霄形如春筍其支山南出曰芭蕉山凡四十里瀕施南水自星斗山又北二十里曰馬鬃嶺高十餘里上有卡其支山北出爲金字山團寶山西出爲鍾靈山高峯山乾谿山

金字山在馬鬃嶺北二十里高數千仞上有佛寺寺前有池產魚四足五爪有角土人謂之龍魚其東爲麻露山形如螺有井四時不涸水可愈疾井後石筍屹立其北有香爐寨高萬仞廣數里嘉慶時教匪之亂同治時粵匪之亂居民多避賊於此又東北三十里曰團寶山上有天然石龍故一名石龍山有寺曰石龍寺其下爲團寶市縣東一大聚落也又東北爲大洞灣一名兆歲洞高數十丈深十餘里每歲春分有風自洞內出主歲豐自外入主歲歉洞中可容數千人自馬鬃嶺西出三十里至濫泥壩迤南二十里爲紅椿山其下爲紅椿溝其支山南出爲大茅坡山有卡又南爲青巖山知縣袁景暉詩云昧爽下青巖竟日行空谷仰觀雲出岫俯視泉流瀑鳴鳥自往還林花開樸遨定有羲皇人出入友麋鹿何當一過訪味茲林泉福明月撫青琴長歌招隱曲施南前江水發源於此山下有場卽施南土司舊治也又西南爲鷹山卽夾壁山爲施南土司徙治處自青巖山南出曰銅鑼山四壁峭立與人和寨對峙曰後寨山皆昔人避賊處也自紅椿山折而北十里至冷水坪又北十里爲元包嶺山又北十五里爲李子坳山又折而西十五里爲鍾靈山舊名中嶺山上有朝陽觀明代古廟也有崇禎九年鍾

鍾靈書院得名以此其東曰八寶山其北曰木梳山其南曰鄧家山産白石似玉故一名韞玉山又西十里爲鳳皇山如鳳舒翼上有寨可容千人同治時多避賊者又西十里爲高峯山高出羣峯山左爲革井溪水源山右爲九渡河水源其旁曰石馬箐有石象馬而無足土人云石歲久爲妖害禾稼斷其足妖乃絕山下曰龍合塘廣數丈一日兩潮潮濁則雨清則晴又折而北十里爲上土地坡又西北二十里爲下土地坡其支山北出曰乾谿山高千餘丈上有石峯寺明鐵筆和尚居此燬於兵燹近始復修曰獅

子山曰金鐘山曰鷂鷹巖皆以形似名鷂鷹巖上有洞同治時鄉民避賊洞中者千餘人又北十里瀕板栗溪水自馬鬃嶺折而東二十里爲偏埡有場場旁一里蜇字巖文如蝌蚪其支山曰香花嶺春時多花芬芳異常又東二十里爲雲霧山其右曰蜂子山多蜂巖洞皆滿土人取以釀蜜曰巖蜜味極甘能療病又東十里爲道東山其下爲道東坪又東北三十里爲石板頂。山上有卡楚蜀孔道也又折而西北二十里爲老土地山又西北二十里爲黃連山有卡其下爲黃連溪卽清江水也自三邑寺至黃連溪凡一百四十里皆高山東隸恩施西隸利川

雞鳴山西自石砫冷水溪入縣境迤北三十里至石板灘瀕建南水其支山東出二十里爲善字巖山其北曰鳳皇山在蘿葍店西二里曰張武寨。高百仞廣數十畝有建南土司行署故址在蘿葍店東北三里

善字巖山又東十里爲土地丫山又東十里爲馬桑坡山瀕箭竹溪水自馬桑坡折而北十五里爲王母山又北二十里曰銅鑼山其下曰子母山有石人二高數丈狀如子母曰雙鳳山又北爲建南土司舊治卽今歸源寺瀕建南水建南把總駐此

中壩山西自萬縣螺髻山迤邐而來入縣境中壩屯爲中壩山高數萬丈中有小徑可通山腰望仙洞建有層樓其支山曰軀蛇山曰鷹嘴巖皆以形似名自中壩山迤東隸萬縣其南爲五龍關又東入縣境爲元里山其下爲元里屯又東隸萬縣其南爲新場又東入縣境爲雉雞山山南左爲擂鼓屯右爲松木屯松木屯有大界寨界雲陽萬縣高數十丈可容數百人昔人多避亂於此乾隆初縣令會雲陽萬縣勘界至此故名擂鼓屯有王台寨。壁立千仞上有石牛卽古石牛寺也自雉雞山折而南二十里至九台坡界萬縣地壩灘瀕磁

洞溝水

大木峯山西自彭水入縣境爲灣灣塘山南隸黔江北隸利川又東二十里北有鹽水溪又東二十五里爲毛岡坡山又東二十五里爲大木峯。山駐有塘兵又東二十里爲大牯牛山又東爲九條嶺南隸咸豐北隸利川其下爲魚泉口又東十五里瀕龍嘴河自灣灣塘東至龍嘴河山北有河卽忠路水也

五鳳山北自酆都天崘山入縣境又西爲尖峯山又西爲天心山高萬丈山下中空有石橫度人迹罕到故一名天心橋知縣黃世崇改名天仙橋石砫廩生秦淮月詩云大造費苦心建成橋堪度人竟舍不由毋乃

非正路我嘗問土人若茹還若吐黃侯一旦來似聞山靈訴天既能生物適用乃其素人不知所用遂謂天枉鑄物豈終無用斯人何其錮無用以爲用莊生解尤誤試看橋之上直接雲與霧不露斧鑿痕豈許俗人步君家黃石公或可許遺履其中往來人就此應大悟仙乎復仙乎橋名宜改故正如七絃琴忽與鍾期遇又如千里馬忽得伯樂顧天下有用物不與知者晤埋滅風塵中廢材知無數所以楚卞和抱璞哭朝暮斯橋何其幸品題得佳趣從此橋下人各起登天慕

其東曰二仙巖其西曰獅子山自五鳳山南出十五里曰兩扇巖又南二十里曰人頭山又南十里至核桃壩瀕小谷溪水東隸酆都西隸利川其支山南出二十里曰紅龍山土色赤高五里同治初鄉民壘石爲寨以避賊其前爲井坪場瀕忠路水

掛子山自酆都河口場入縣境折而西二十里北隸石砫南隸利川其下有黃河壩場其支山南出曰香花嶺其下爲後郷塘曰香鑪山在香花嶺南有石如鑪故名石硿麋生秦淮月望香鑪石贍左生興讀詩云是石頗不頑玲瓏殊可愛天予睡鴨形日臥山之背不琢復不雕呈此自然態我有一瓣香渾欲炷其內借問山之阿可能相承載曰鹿銜山在香花嶺北秦淮月望鹿銜山寄田生化成詩云昔我游鹿銜謂帶麑鳴意今我望鹿銜頗與鹿門類豈果孟襄陽宜爲聖主棄毋亦我棄人甘居又其次今年星使出大持衡文器鐵網臨深淵珊瑚搜羅備日前苦勸駕書諒登籤記胡爲不肯行似魯兩生志嗟予年就衰棘闈且七至滅沒倒影餘應短英雄氣山中爾何人年華猶未季竟作壁上觀不展臨風翅吾道其南乎孤我平生思鹿銜山有靈無乃竊竊議又西南十里爲麂子嶺卡又西南三十里爲羊角腦卡又南十

五里瀕忠路水其支山東出曰耳子山曰梁家山雲頭山東自咸豐小村入縣境又西二十里爲高崗山並有卡咸豐時設又西十里爲雷音山懸巖萬仞有石徑二廣盈尺長數丈行者股栗山南爲咸豐大村又西十里爲張高山高四里山南爲咸豐花巖坎有卡極險同治元年賊自來鳳至守卡者先遁至今人以爲憾又西五里小卡又西五里大卡並同治初修又西五里中山山南爲咸豐臘壁相傳爲臘壁土司舊治其支山北出曰丹鳳山瀕大沙溪有沙溪土司行署今名官屋基曰寫字巖在響水洞旁巖石有字文曰爲

善最樂歲久石剝蝕而字不滅又西十里觀音山其支山北出曰屏風山與龍橋坡山對峙相傳忠路土司嘗駐兵於此又西十五里排山嶺產茶味甘其支山旁出曰螞蝗山山東爲山羊寨廣數里號爲奇險明季鄉民避亂於此道光時劇盜冉姓者據寨擾民縣丞繆廷瀚率鄉民往捕凡數月始逐之出境今寨無居民多禽獸人莫敢至曰靈臺山上有積雲峯其下曰羊角嶺曰香鑪嶺並以形似名曰凌雲山曰石東山曰折巖山曰陽雀山曰瑪瑙山曰獅子山自排山嶺南出曰官營山一名香溪巖又名巖口石壁若城嘉慶時邑人何

文林設卡於此曰石洞山有洞容數千人可避賊洞口多石燕又西十里其下爲小沙溪場又西五里至江口瀕忠路水有巖峭壁千仞同治時費姓黎姓譚姓句姓捐金鑿石壁成磴凡數千級可通車馬

太平山東自咸豐馬鞍山入境又西北十里曰尖峯嶺其下爲石龍堡沙溪土司舊治也其東有古刹曰大松寺又西北十里大寶山上有積雪不消望之如玉山然瀕忠路水

利川縣志卷之十二

山水志二

利川有名之水四一曰清江水古鹽水一名夷水後漢書南蠻西南夷列傳注施州清江縣水一名鹽水源出清江縣西都亭山宋書南蠻列傳大明中建平蠻向光侯寇暴峽州巴東太守王濟荊州刺史王脩之遣軍討之光侯走清江明史地理志施州衛東北有清江一名夷水下流至宜都縣入於大江是也明史地理志又云清江自四川黔江縣流入亦曰黔江黔江志稱黔江水一曰官渡河源出牂牁夜郎逕湖南永順散毛唐崖諸土司入境一曰阿蓬水亦名太平水自施州清江縣西南入境見寰宇記又南逕酉陽彭水

涪州入江所云清江縣西南入境即縣西忠路水無能下流至宜都縣入江明史所云清江自四川黔江流入者誤也凡都亭山七藥山東南星斗山北諸水皆入焉一曰忠路水即明史地理志所稱前江後江水而誤爲施南土司前江後江者也語在沿革表凡七藥山西南星斗山西北諸水皆入焉一曰施南水即明史地理志所稱前江後江而誤以忠路土司前江後江當之者也凡星斗山以西諸水皆入焉一曰建南水凡都亭山以北諸水皆入焉利川後周置鹽水縣而縣西南革井溪舊亦有鹽水舉利川者輒曰革井莫明其所自始革井水西南流會忠路前江後江水逕蜀之黔江彭水

入江與清江水之東北流逕恩施建始宜都入江者有別是革井本非後周置縣鹽水而得𣓁鹽水之名久矣因序次邑中諸水備論之如此而以其餘諸水附焉

清江水源出縣西一百四十里小山即都亭山東流入檀香洞又伏流四十里過七藥山東出爲龍洞溝河

檀香洞在檀香巖下一名老龍洞其西爲白楊塘土人以粃糠投洞中流至龍洞溝始出故知檀香洞爲清江水源也

又東南十里左受大魚泉水

大魚泉水源出金子山北流二十里至潮陽洞又西北伏流三十里至大魚泉又西十里過小魚泉爲沈家河又西十里逕珠捲門有永濟橋普濟橋竝乾隆時建又西十里爲高橋廣二丈長五丈康熙時建道光時重修又西入清江潮陽洞舊可洩水洞旁田慶有秋道光時洞淤田漸廢今則春夏水漲民皆輟耕洞產魚鯉最良村人多業漁者

又東南五里右受爛井壩水

爛井壩一名雙嶺子駐有塘兵其水東南流十五里逕後壩沙子壩汪家營入清江後壩旁有魚泉洞源出茅壩石

灰窑中產陽魚秋冬則涸汪家營有場施南府同知署徙此繁富甲於一邑其旁有橋

又東南十里爲石梁河左受觀音河水

觀音河源出金子山西北流十里逕野椽壩又南二十里逕黃家村爲觀音河有觀音橋又南二十里入清江

又東十里逕抱龍橋俗名泡桐橋又東十里至白龍灘舊有天然石磴曰雙仙橋相傳有白龍潛其下橋前有碑字漫滅灘下一石高一丈狀如龜又東南十里逕白果壩有橋又東十里爲太極圖水中有小山水左右環抱如太極圖然又東十里逕涼霧山有場涼霧山旁曰三洞峽中有二潭一曰木琴一曰箭竹其水能占晴雨又有蟠龍洞中有寺石柱狀如蟠龍同治時居民壘石洞口避賊賊不能入又東十里至兩會塘右受繼長壩水

繼長壩水有二源一出涼風丫東流至繼長壩之雙河口爲激雪溪有太平橋乾隆四十四年建道光十一年重修一出七里溝會水杉園之水東流至雙河口又東北二十里逕濫壩又東北二十里逕三步街有眾安橋道光時重修縣丞繆廷瀣歲貢生覃梓彬竝有記右受板栗溪水有朝陽橋又東北二十里有普濟橋同治時修知縣鄧師韓

題名歲貢生鄭盛僑有記右受濫泥壩水至兩會潭潭產鯉大者重十餘斤入清江

又東北十里至散水又折而東南十里爲三渡峽有義渡同治時邑人譚英槐牟維芹劉子忠置曰三義渡又東南二十里逕下義村又折而南二十里逕蔓坡至縣治西右受九渡河水

九渡河水源出高峯山北流十五里逕九渡塘兩岸峭壁有橋曰永濟橋嘉慶二十五年邑人吳啓光等修知縣王星榆有記又東北十五里逕官屋基有水源頭之水入焉

又東十里入清江

又東十里過西門大橋橋廣十餘丈光緒十二年邑人牟仲山等捐貲重修又東逕縣治南有義渡左受巖洞灣龍洞坳諸水

巖洞灣水源出縣東北巖洞凡爲洞二十餘高或七八丈或四五丈惟乳泉洞名最著邑諸生藍易青有記洞中石乳下垂大合抱長八尺千餘年物也水涓涓不竭甘美爲諸泉冠知縣袁景暉游乳泉洞詩云名山綜三百所到止一二攬勝愧未曾探幽予素志見說城北隅滉瀁滴空翠革井民氣清衙齋適無事歲屆上春初況值雪新霽佳日放晴和灑然陶胸次薄言命駕往侍從屏游騎荣畦桑圃間觸處皆生意螺峯插碧霄聯珠排滿地攬衣陟山腰巖洞闢幽邃玲瓏石乳垂淅瀝聲稠墜漱齒清且甘煎茶沁肝胃淵源有自來其出應無匱山與泉俱壽安知億萬季因思抱道儒體深用不敝卽小可喻大此理信非味短歌不求工聊作洞游記南流會諸洞水逕縣東門匯爲會家堰龍洞坳水源出縣西北龍洞廣數丈袤數十丈清泉不竭南流逕縣西門入於會家堰又南入清江光緒十九年知縣黃世崇建清江閣於會家堰東祀奎星有老民言龍洞舊多魚道光初居民常以小舟入洞取魚其後洞口淤人不能入水漲時魚往往自洞中出云

又東北十里逕縣治東有官渡橋乾隆時建光緒十年重修

又東至兩會灘右受忠孝水

忠孝水源出金字山西南流十里過大井溝又西十里逕元包嶺又西北十里逕忠孝村忠孝土司舊治也又西五里逕李子坳場又西北十三里逕馬橋壩有明代古橋橋左有碑文曰崇禎十二年春善士蔣汝相妻陳氏建又二里至兩會灘過兩會橋入清江水灘中有洲狀如魚

又東北二十里至落水洞邑人張楚雙游落水洞歌云秋山新霽明秋陽石徑迤邐松風涼我行直隨溪水長宛如長峽夾車箱峯巒漸覺結束忙金甌不缺嚴關防水勢阻遏方披猖如蛇赴壑馬脫韁到頭忽然類面牆只恐障塞成懷襄山靈自具調停方豁開石洞羣龍藏銀濤捲入冰壺漿餘沫飛濺游客裳萬斛瀉落無何鄉尾閭

洩海非荒唐我聞廬山南斗旁飛瀑上跨三石梁造化忌蹈霤同章詭異乃與相頡頑又聞濟水初濫觴伏見直貫河流黃平沙出沒聲湯湯豈有奇狀殊尋常茲山空中自洪荒楞腹不覺巨吻張一口吸盡狂瀾狂雷轉猶聽鳴饑腸朝宗萬派歸扶桑江淮河漢兼湖湘凡水恥與同波揚別開間道趨谷王我欲犀燃牛渚光水怪下燭逃商羊心夷嬾復冒垂堂磐石小憩聊徜徉舊調不復歌滄浪作詩紀勝投奚囊筆底亦似翻銀潢創體聱牙雜慨慷日夕山鬼啼幽篁歸途緩緩倦鳥翔蓮山十里迴相望遙峯萬疊空青蒼

左曰涼風洞四時有風自洞中出右曰乾洞產硝中有硝竈數千光緒十年有採硝者十餘人秉燭前行數十里懼而返又伏流一里爲鰱魚洞相傳洞有鰱魚𩵋大如榼又伏流五里至響水洞洞中水聲震天又伏流十里至觀彩峽峽中水有五彩將雨則見三面峭壁萬仞峽

口有石寨高數百丈有洞中有石隙可覩天日寨上平廣同治時入寨避亂者數千人又伏流十里至黑洞始出爲雪照河水清潔如雪雪照河旁有羅吳壩水源出金字山龍洞道光二十年知縣王本立命歲貢生李明桂諸生甘受和修石橋水上號曰王公橋附貢生甘雨和有記右受高橋水

高橋水源出石板頂西流十五里逕長峑場又西十里逕四方洞過高橋至春木廠又伏流三十里入雪照河

又東流十里逕羅家橋又東五里左受滴水灘水

滴水灘水源出奉節兩會壩南流逕見天壩入縣境爲滴水灘又東五里過桂花橋入清江

又東十里爲黃連溪北隸奉節南隸利川又東入恩施縣境逕宣都縣入於江清江入恩施縣境又東南流五十里至馬砦又東南三十里至屯浦始通舟楫又東六十里至施南府治

忠路水有三源一爲後江水一爲前江水卽明史地理志所誤爲施南土司之後江前江也語在沿革表一爲革井溪水利川一名革井以此後江水源出佛寶山七藥山支山也左曰黃廠溝右曰土溪合流爲雙河口有接龍橋嘉慶十年邑人瞿德彰林先元修又西三十里逕雞公嶺有迴龍橋乾隆三十七年修光緒十五年邑人吳邦盛重修又有吉興橋繼

志橋繼志橋乃光緒八年邑人瞿鍾靈之母全氏捐金重修者也雙河口下游有洞曰跳魚洞雞公嶺前石穴亦曰跳魚洞茲產魚又西二十里過拱橋至小河有場場首曰復興橋嘉慶時修有施南同知廢署署前曰同善橋光緒八年修分受高灘后河諸水又西五里至迴龍壩又伏流而南四十里至百丈坡始出爲後江水坡有巖產細鱗魚卽陽魚也又東有天生橋兩山對峙山巔忽合平坦如橋然又東逕迴龍寺過吼虎灘一名響水灘又南逕龍門口一名跳魚洞繞忠路土司舊治西今忠路縣丞駐此右受土溪河落水洞諸水

土溪河源出乾溪東南流二十里逕十字路場至落水溪又伏流入後江落水洞源出馬鹿池南流四十里至落水洞又伏流入後江水旁古樹一高三丈落水洞上游有橋三一道光八年邑人鄧其才修一咸豐七年董玉書修一同治三年王永清修

又折而南過永濟橋與前江水合橋修於乾隆時同治八年大水橋圮縣丞鍾覲光重修諸生黃庭芳有記前江水源出佛寶山前南流爲大后河過高洞巖又南爲青岡河有小后河水流入焉又南逕花臺至大魚泉曰泉塘產陽魚中有伏

流右受允角灣水有石拱橋又南五里過高橋又南十里右受獅子壩水

獅子壩水源出寒婆嶺東南流十里逕柞坪又東南二十里逕中和山爲獅子壩又東南十五里入前江

又南十里過兩會橋爲兩會河又西南十里逕老屋基場爲八鄉水以土著馬向覃田孫冉陳黃八姓名有福壽橋一名永興橋乾隆十七年邑人黃天穎修又有橋曰汨灘橋又西南二十里逕孫家塘右受溪麟河水過溪麟橋爲木壩河有渡又西南二十里逕忠路土司舊治與後江水合爲兩會塘

又東南二十里至尹口與革井水合革井水源出高峯山山水源二一東北流爲九渡塘水入清江一西南流爲革井水西南流二十里至兩匯口右受盤河水又西南五里爲納水溪有場溪旁多水碓置輪急湍中水激輪轉碓自舂一輪可轉五六碓舂碎石極細浸池水中澄爲油陶戶以油塗器燒之堅緻如古瓷溪旁雙峯山峭壁千尋山半有響泉洞響聲如雷同治元年土人多避賊洞中又西十里至革井溪爲革井水溪旁山半有大魚泉一名大千洞有伏流自洞中出產陽魚道光時有楊姓者設筌取魚一日丐至楊咲以豆屑明日得魚剖其腹豆屑猶存自

是無敢設筌者清流激湍兩岸崇山壁立僅見天光一綫舊有鹽井後廢又西十三里至乾溪又西十里入卯洞又西伏流十五里始出乾溪水一南入涼風洞伏流而東二十里至上石門始出一未至卯洞二里南入落水洞伏流而西十餘里至烏泥始出水漲則落水洞不能消洩始順流入卯洞中先是卯洞歲久淤廢水不能洩農田常有水患道光十六年蜀人李長發劉天柱捐金疏修自是無水患民頌之至今又西右受雙河口忠路溪諸水

雙河口水一源出廣東坡西南流二十五里至雙河口一源出金峯山南流二十里至雙河口舊有場今廢又西南

十五里與忠路溪水合忠路溪舊有場其西曰舊司壩忠
路土司初治此又西南入革井水
又西南十里逕改沙井至烏泥右受下坪水有橋同治五年
修又南五里爲小峽左受乾河溝大沙溪諸水
乾河溝水源出雲頭山西流二十里至上石門一石中空
若門廣數十畝有潭潭之兩旁壁立萬仞其上有石橫度
仰望若橋號曰天心橋潭中有天然石犀左受高洞水石
受涼風洞伏流水又西二十里過中石門右受黃泥壩水
又西五里過高橋觀音橋爲漫水右受響水洞水順治中

明都督僉事邑人陳世凱駐此以拒十三家賊又西與大
沙溪水合大沙溪水源出中山東北流十里逕官屋基舊
爲沙溪土司行署右受旋塘基水又東北逕大沙溪場有
復初橋監生李通衢修又東北十里中有印寶山土人比
之湖口孤山上有把水寺又東北至漫水與乾河溝水合
又西北十里過觀音橋至小峽入革井水
又西北十五里過龍橋有石高五十丈廣倍之峙立水中號
曰砥柱石龍橋者咸豐八年邑人吳溫如修橋西有瀑布泉
又西北至尹口入大峽與前江後江水合爲忠路水又西南

二十里右受胡家塘水又西南二十里爲白沙峽有洞號爲
奇險又西至江口有石如尾閭俗稱天心洞一名天仙洞中
有壽聲祭禱輒驗有義渡嘉慶時邑人羅富雄楊繼儒楊正
明置右受小沙溪水
小沙溪水源出觀音山西南流二十里逕香溪巖南隸咸
豐北隸利川又西北十五里逕小沙溪場溪中有潭曰桂
花潭其南五里石龍堡爲沙溪土司舊治又西南十五里
至江口入忠路水
又西十里逕下道子塘左受咸豐龍嘴河水有義渡又西十

里逕雅魚地有義渡其南爲魚泉口東界咸豐西界黔江同
治時設卡於此以防賊之自蜀入者有義渡咸豐四年邑歲
貢生翁懋揚通維置又西二十五里出大峽至官渡始通舟
楫中有百丈峽產沉香有渡道光時邑歲貢生翁懋置外委
把總駐此又西十里至龍口右受小谷溪水
小谷溪水自酆都核桃壩入縣境南流三十里逕鮓魚灘
至龍口入忠路水旁有石峯卓立皎潔如玉曰玉筆石有
義渡道光時邑人曾正位楊通維置
又西十里逕拼坪場有義渡光緒元年邑人陳魁等置又西

五里右受銅鈴溪水又西十里逕黑溪塘又西十五里右受長灘壩水有場曰長順場有義渡又西十里有河涌塘義渡葫蘆塘義渡渡口義渡馬二河義渡又西十里逕彎彎塘入彭水縣境又西逕郁山鎮彭水縣治過涪州境入於江

施南水有二源一曰前江水一曰後江水卽明史地理志所稱施南土司前江後江而誤以忠路土司前江後江當之者也前江源出青巖爲明施南土司舊治有橋曰步青橋邑人劉玉成修同治十三年巴縣舉人熊澤鄉有記東南流二十里至兩河口與後江水合後江卽咸池壩水西南流二十里

至兩河口與前江水合又南十里逕麻園右受夾壁水

夾壁水源出車落坪兩山壁立中有小溪上有迴龍寺爲明施南土司徙治處明史地理志施南土司後徙夾壁龍孔是也凡東南流四十里逕麻園入施南水

又南二里右受白蠟坪水又南三里左受案板溪水有橋曰涼亭橋右受咸服溪水又東南十里逕毛壩場又東南十里至兩河口左受張家壩水

張家壩水源出馬鬃嶺南流十里右受土洞河水又南右受濫泥壩水又南右受王家保水又南右受杉木溪水又東南三十里左受堰塘灣水又南十五里左受羅家溝深溪茶塘溪諸水又南五里左受芭蕉溪門扇溪諸水又西南二十里爲張家壩又西南十里至兩河口入施南水其北十里曰龍孔明施南土司自夾壁徙治此

又南入咸豐縣境又南三十五里至咸豐黑洞爲龍潭河又西北至龍嘴河入於忠路水

建南水源出都亭山西北流二十里逕水田壩右受箭竹溪水

箭竹溪源出貓鼻山西南流二十里逕箭竹溪場過拱橋

入建南水

又西南三十里逕雲臺山果老山有天生橋天然石橋也長十丈廣二十丈左受石硅黃河壩水

黃河壩水逕都亭山北右受魚筌口西流水又東流二十里至馬桑坡入縣境又東十里入建南水

又西北十五里左受王母山水右受雪山坪水又西北五里過大龍灘有巨魚長二丈見則年豐又有古鐘時隱隱有聲又西北五里逕楓香壩場有義渡左受楊柳池水右受梅家溝水又北五里逕歸源寺爲建南土司舊治旁有建南把總

署又北五里過觀音峽逕建南巡檢署有渡中有沙嘴署前曰懷清橋節婦王家溢妻張氏修右受關口水

關口水源出關口山西南流十里右受界石丫茶園坡水又西二十里過西板橋逕西方山入建南水

又西十七里爲臥牛潭潭中有石如牛又西三里逕烏龜石鯉魚洲爲白楊渡有義渡有石屹立水中作鐘磬聲曰老鴉石旁有西望亭邑人夏鼎建又西右受簝葉溪水有橋又西十里爲白龍灘有義渡相傳建南土司射龍於此其上曰中部營土司舊治也又北左受太平鎮水

太平鎮水源出王母山西流十里至太平鎮右受龍頭溪水又西左受分箐溪燒鋼溪水又西逕亮丫口爲白石溪左受清灘溪水溪旁有興隆場額外外委駐此又西十里過桂花橋又西十里逕蘿蔔店過八硐橋至白龍灘入建南水

又西至石板灘入萬縣境又西逕雲陽縣境至新津口入於江（自萬縣境西流三十里爲獅步河又二百三十里爲雲陽四口場又六十里至新津口入於江）

其至恩施境始入清江者爲水二一曰下馬溪水其源三一出毛坪寺北流十五里逕黃泥坡場至巖兒頭一出金字山蓼葉坪東流十五里逕冉家溝至巖兒頭一出朱砂屯東流十里至巖兒頭又東五里逕團寶市又東七里爲下馬溪又伏流十五里至恩施小溪河一曰活水溪水源出龍潭潭深不測土人以水清濁驗晴雨凡伏流一里至獅子巖始出爲活水溪又東三里會箐口水入響水洞又伏流三十里至恩施小溪河自巖洞下墜如瀑布然又伏流十五里至恩施觀音巖又東五里至恩施馬寨河入清江（黃泥坡右二里有水龍洞爲歲旱禱雨處洞中有龍潭石砫一玲瓏細膩曰蟠龍砫）

其至四川石砫境始入建南水者曰西流水源出七藥山西北流逕魚筌口過都亭山入黃水又

東二十里入建南水

其流入四川萬縣境而至雲陽新津口入於江者爲水三一曰磁洞溝水源出七藥山懸流十餘丈四時響震聲聞數里曰響水洞上有乾洞春夏則水自洞出與響水洞合流入磁洞溝又東北十五里過迴龍橋（光緒五年修）至昌坪入奉節境又東北五里左受解家壩水

解家壩水源出中壩屯南流爲解家壩有捲洞橋順治時邑人解學建又南右受萬縣風木村水又南入磁洞溝

又東五里南爲奉節浦子嶺北爲萬縣柿子壩又東十里南隸奉節北爲縣境元里屯又東二里南隸奉節北隸萬縣又

東五里左受大石壩水

大石壩水源出萬縣新場南流爲深基溝紆曲縈迴一綫中盤兩岸平疇沃壤有道周橋其西南曰烏龜石石激水懸飛瀑萬丈如練下有洞廣三畝深莫測又南爲大石壩入磁洞溝

又東二十里南隸奉節北爲縣境松木屯擂鼓屯又東入萬縣地壩灘又東北至雲陽新津口入於江一曰磨刀溪水源出都亭山北流六十里至龍駒壩西隸萬縣北爲縣境上下支羅一曰舊寨壩水源出方家山北流四十里至龍駒壩東

隸雲陽萬縣西爲縣境上下支羅又東北至雲陽新津口入於江　其流入四川奉節縣境而至雲陽新津口入江者曰南坪水源出七藥山東流逕南坪有南坪巡檢署右受營上穿洞河水營上者卽明永歷十三家營王觀興逐劉太倉所駐南坪老營也有天然石橋旁有清泉人汲之則濁水上沸隱隱有聲如龍吟又東爲雙河過楊柳橋又東過周公橋入奉節境會梅子水至雲陽新津口入於江　其流入四川奉節縣境而至巫山大溪入江者曰土牆壩水源出老林溪南流十里右受三溪口水又南右受奉節大河壩小河壩諸水

又東南左受銅礦溪水又東二十里逕土牆壩場入奉節縣境又東南二百里至巫山縣大溪入於江　其流入四川酆都縣境者曰清溪水源出五鳳山西流十五里過天仙橋綠楊橋又北逕見天壩至河口場入酆都境　其伏流而不知所入者曰長堰塘水源出高家朔東流會王五壩弔水井楊柳水諸水爲長堰塘水有場曰德勝場嘉慶元年知縣陳春波以鄉勇破敎匪於此又東入深塘曰小落水洞爲伏流（小落水洞舊納水無滯咸豐時洞淤每夏潦積水如湖市井幷在水中）

利川縣志卷之十三

藝文志

藝文有志昉於班史大率紀錄書目卷數譔人姓名間附論說以經史子集爲序而金石文字有足備掌故者亦得列入利川山陬少文學有宋詹鴻博邈著作無聞
國朝陳提督世凱以軍功起家洊歷專閫雅好文事所著
聖諭十六條宣解三卷
詔予頒行今其書佚不傳惟陳氏紀略一卷附見族譜中亦頗有殘闕未爲全書其官修書則乾隆中知縣湯應求警心錄同治中知縣何蕙馨縣志十卷警心錄久佚縣志成於倉卒規模略具而已此外邑人著述纔十餘種耳宋元以前金石闕如今其存者自有明始因略分二類以年代爲序始著述終以金石焉

牟氏紀略一卷 明錦衣衛指揮僉事右軍都督同知牟國卿撰　國卿爲鳳衛侯文綬第三子是書敘述文綬生卒事實鼎革後文綬諸子仕履頗詳證之明紀　國史劉澤清列傳亦多符合當不誣也

上諭十六條宣解三卷 國朝浙江提督陳世凱撰　是書援引經史所載有關營伍可爲法戒者依類附著康熙二十五年奏進　詔予頒行

陳氏紀略一卷 陳世凱撰　施閏章序云覽古命世之英多歷試於艱難而後成天下之膚功當其窮蹙困踣幾不得苟活與傭販者伍及功建名立天下以偉人歸之說者謂有天幸要非智勇深沈經百折出萬死而不挫則尺寸不能以偉成譬若楩枏松柏之材天固老之以待用向使其材不勝用則凋急雪而隕崩崖其不爲槁莖腐草者鮮矣陳公贊伯之以戰績顯也余舊聞而偉其人有故人高使君尙乎分巡溫處二州說溫鎭陳將軍不去口既相見抑抑禮讓如儒生語及戰陣事惟上頌　朝廷之福親王貝子督府將將之能及師武臣之力無一語自伐請至再乃出紀略一冊夫功業待時而建者也勇略不待試而具者也公委岸不過中人生而雄武有畫地爲陣之意明末寇大擾其先公蒙難憤不共天聚鄉人殺賊殲其渠羣賊必欲得而甘心公脫身獨走衝虎豹披棘莽饑三日夜至生啖野彘墜眢井深穴中伏匿得免可謂萬死餘生矣然終不肯黃項老牖下轉徙川蜀　國家拓定蜀土仗劍效順始以敢戰聞久之協守杭城多善績杭人頌焉會滇閩搆逆溫處連陷金與衢且剝膚督府今大司馬李公謂公才可大用親王貝子試可決策推轂一二歲間大小三十餘戰卒復溫處而綏靖金衢遂以總兵鎭溫州當是時賊衆所在數萬東陽義烏之間蠶食豕

突而金衢故浙西門戶也溫處又所以屏翰金衢而閩海之衝也公料敵決勝於處則先奪桃花嶺於溫則率其子紀先破石塘皆二郡最要害處既得迎刃節解二郡遂平公既負勇敢戰數以寡殲衆直擣中堅或仿陰平入蜀故智騰鳥道繞出山背皆身先士卒或免胄冒矢石大呼而入間舉一礮摧鋒折纛應聲而倒賊望之披靡呼爲陳鐵頭及其師旋則又以身殿全軍無恙昔人有言使遇高帝萬戶侯豈足道哉捷聞　天子大悅於是以左都督加世職又　特簡浙江提督公感涕霑膺未嘗不追痛出萬死而重被　國恩也客請其本末乃略紀之以勸有功示後裔且志諸王督府之知人善任使也夫功臣宿將多漁獵子女玉帛以侈娛樂公懲少賤仳離不置歌兒舞女戢部曲毋淫掠又多方從他將贖釋俘婦於戲豈非智仁勇廉者哉　世凱輯有陳氏族譜凡十卷其第七卷紀略第八卷詩文第九卷闕行第十卷著述世凱七世孫奮烈所藏族譜闕第八第九第十三卷紀略卷末闕數十字卷首無序疑施序舊列所闕第八卷中茲從舊志中補錄如此閏章又有贈世凱詩云漢家飛將舊橫行枹鼓年來臥不驚劍倚龍泉輕萬馬身先虎穴拔孤城銷鋒

海國歸樽沮錫土天書別姓名共
說軍前容揖客醉餘緩帶夜談兵

警心錄 知縣湯應求譔

匹馬從軍圖題辭一卷 嘉慶時六品軍功吳三才輯胡永貴序云吾鄉吳君桂亭昔并儒士甲

予冬與余遇於柏鄉道中把晤甚洽訂金蘭交同載馳數旬日得其五年前隨剿教逆事甚悉入都後過從彌殷偶出匹馬從軍圖一冊謂余曰此我三載激義奮勇之苦衷也君既稔聞矣盍縷言之貽我後人俾知王事勤勞郎愚賤編氓亦分無可逭余嘉其志且所歷多奇境爰爲之敘其顚末序文冗不錄其序注云嘉慶元年宜昌長陽縣人林之華覃家曜爲首犯順據黃柏山號白蓮教二月施南來鳳人胡敬忠又聚衆於旗鼓寨桂亭自請團勇剿賊孫中堂由川來攻勒福制軍關將軍分兵圍擊桂亭守李家河李家河爲施郡要區水淺易涉賊屢攻不失八月來鳳賊平張苗子據宣恩縣龍馬山以叛桂亭奉檄往攻賊拒斑竹園桂亭追至千師營大兵至賊降桂亭將隨剿林之華聞四川教匪四起利川與蜀

毘連兼有悔教者恐復變二年春桂亭同里條請邑令設備如法八月初八日奉節縣人包雲飛句結利川悔教之陳大朋楊士秀等聚衆猖狂於九江河地方南坪汛守疏防賊入境會川楚兵攻九江河爲賊敗利川戒嚴九月初一日桂亭奉邑令檄護城郭嗣請官兵四十名駐汪家營以四十名稱四百鼓舞里人未及三日會者千餘人桂亭捐貲各給號袖初三日移守野檬壩是夜賊撲長堰塘陳守備卡桂亭往援詐呼四川將軍兵至賊不戰而退拒山峽桂亭疑賊不下馳馬登眺見峽東賊分三隊掩護三坑峽西有茅屋數椽旁有小山凸以轎盛箱籠似以財物見誘後伏賊衆於兩山之間令長矛手先犯其峽西長矛手至小凸突出五人殺之茅屋火起伏賊蜂出桂亭乘勢督兵進擒二十餘賊獲礮一兩山伏賊紛逃追至紙賽溝殺賊甚衆有四逸者俱經各卡盤執就戮捷 聞以縣令陳能團練鄉勇剿賊萬餘 特旨超升知府桂亭亦蒙 欽賞六品自是賊不能復聚林之華自黃柏山衡卡而來欲句合包雲飛等不料逆黨剿除甚捷林之華乃由奉節之柏楊壩上齊嶽山逃出萬縣之磨刀溪桂亭隨慶提督追賊至十字路會額侯大隊兵合剿賊敗

奔逃分兵追出石砫西陽州雲陽萬縣轉咸豐宣恩恩施建始長樂等州縣至長陽之朱里寨寨如舟浮水面東北林壑重繞西南山連不斷前有兩峽後有五峯寨與諸山路僅一綫寨西曰西灣高萬丈有鈌可入寨北大巖口露出茅徑桂亭始設卡西灣鈌處賊圍卡三匝寨後尖峯賊亦堅守巖密自十一月圍至十二月上浣有澧州秦姓者謂桂亭曰大巖口旁有隙可乘兼以草樹錯出援之以升可以越寨因以語提督命之去秦秦姓繫布而升隨以布汲上健卒五十三人賊大驚吠秦姓健卒以犬吠賊出郎火賊卡破大巖口桂亭隨慶提督由大巖口督兵勇接應賊黨從千嶺尖徑衝大巖口賊首逸出長城寨上兵勇墜滾木雷石以擊逃賊桂亭督兵勇入大巖口要道正値木石雨下賊衆紛衝於前因貼山以自固衆大喝截賊首尾極力橫攻賊俱墜巖林之華死於亂軍令俘獲檢驗首級覃家曜逃出歸州歸州額侯令桂亭隨慶提督追餘匪三年正月初一日到歸州賊踞中堡寨兵勇日夜連攻至十七日破賊寨獲覃家曜額侯及慶提督領兵赴蜀桂亭回里越五年賊既平桂亭入都冀以捐貲出仕有達人謂桂亭曰人有一事可以千古此生已足桂亭遂蕭然有

歸志云據此三才始末可以想見 卷中永貴七言古詩一首胡萬青五言律詩三首劉正元七言絕句四首蘇兆登七言律詩二首初彭齡五言排律一首唐方耀七言古詩一首李鼎元七言律詩二首孫炘七言古詩一首吳嵩梁七言絕句一首法式善五言律詩一首王開雲七言古詩一首李宗翰七言絕句一首胡大成七言古詩一首劉彬士七言律詩二首張問陶七言絕句一首譚驤七言古詩一首陳用光五言律詩二首甘家斌七言古詩一首顧時雷五言律詩二首陳蘭瑞五言律詩一首王洲初七言古詩一首藍光垣七言古詩一首陳中孚七言古詩一首嚴烺七言絕句三首邵騄七言律詩一首胡啓榮七言古詩一首譚元七言律詩一首丁瀚七言古詩一首陶章潟七言律詩一首徐起滑七言古詩一首何淩漢七言古詩一首向肇隆七言律詩四首又有名珍者五言古詩一首闕其姓張問陶詩云夕陽芳草接晴川回首戎旌尚懍然一卷陰符三尺劍圖成也抵畫淩煙諸生段治邦云三才墓在所居宅後墓前礲石所刻匹馬從軍圖題辭尚存

利川縣志十卷 同治四年知縣何蕙馨撰　蕙馨序云昔朱晦翁宰南康下車伊始他務未遑先問志書誠以一邑之中疆域之遠近戶口之盈虛風俗之貞淫奢儉與夫山川草木物類賴有志焉然後守其土者得以按冊而稽儒者出治必先知其所重也癸亥秋不佞承乏茲土縣志未有成書思欲輯成一冊以備掌故奈兵燹後牒訴倥偬軍需旁午不遑及此今年春重修省志疊奉憲檄調取縣志挍羅討輯經始維艱聞邑人吳楓橋明經昔年輯修郡志曾與其事徵文攷獻體例悉諳因延請操觚編輯越半載而稾乃脫於是重加訂正用付剞劂以備上憲採擇後之官斯土者儻有如朱子其人循其舊而圖其新不下堂而展卷瞭然亦可為觀風問俗之一助焉

五經典要家禮折衷大事辨惑韻學經緯軍機十要楓橋詩鈔循陔雜著圖書集雅 歲貢生吳江撰見江自撰楓橋生壙記書并佚

種菊書屋詩稿一卷 監生陳文超撰

教子篇一卷 女士謝明月撰　明月幼從女師李楊氏受學長嫁黃氏取古人教子之義推廣言之凡二十七章年七十五歿子華科頗能傳其母教

亦樂齋詩集一卷 僧伴雲撰無錫王庭楨武進王國均南豐胡昌銘高涼李增榮竝有序　世崇序云僧與佛有異乎曰異僧者佛之徒曷以異異乎其僧而不僧者也恩施僧鑑空以詩名凡官斯土與搢紳之有文字癖者無不交鑑空而鑑空亦忘其為僧出入冠帶之場儼然僧而儒者予以會勦建始獄至施耳鑑空名一日晤諸城北萬壽宮談移晷出示所為亦樂齋詩凡七卷予選存十二而進鑑空語之曰若知佛氏宗旨乎絕倫物捐名實清淨寂滅以虛無見性者其大較也後世經梵代興大抵皆儒而釋者依託所為非佛氏本旨況詩歌乎若習佛幾四十年卽世所傳經梵棄之不講而專意於詩其諸僧而不僧者與且夫儒以孔孟為宗孔孟先仁義後勢利近世儒者或不知仁義為何物而相率趨於勢利之途其儒而不儒孰甚夫儒而不儒則得罪孔孟不可以為人僧而不僧又未始非歸儒之機然則交鑑空者非徒重其詩亦重其僧而不僧而已因書以為序且以質諸讀鑑空詩者　鑑空利產以其居恩施故亦稱恩施人

馨山詩集八卷雜錄二卷 諸生黃庭芳撰　庭芳詩集雜錄頗有表章邑中人物列女之作亦可貴也

熙朝約編二卷 諸生段治邦撰　是書採輯東華錄　國史館列傳仿資治通鑑為編年體尙屬簡易

子史集成二卷 段治邦撰　是書採輯子史中諸分類編次亦類書中善本

列女便讀一卷 諸生賀際彬撰　際彬奉母命取列女傳編為四言韻語以訓幼女石砫諸生譚一亭云同治壬戌之亂里中烈女奉　旌入祠者皆能讀列女便讀者足見是書有益閨閣不少

春草堂詩稿一卷 諸生謝鵬翱撰

右著述類二十三種

朱砂屯城隍廟鐘 在縣東四十里明成化八年正月造文多漫滅廟又有崇禎十五年磬

五龍寺鐘 在縣北六十里營上明萬歷十六年把總黃宗潤造文稱大檀把總功德主黃宗潤妻牟氏男黃正德黃正芳黃正軒　萬歷十六年十二月二十六日捐修殿堂餘剩蝕不可辨識　寺又有萬歷十九年十月初四日黃宗潤黃宗湖黃宗江黃宗正捐田碑記文亦多剝蝕

馬橋屯城隍廟磬 在縣東七里明天啓二年五月十六日田自仁造　廟又有鐘二一為康熙五十六年造一為乾隆四十二年三月初三日湖北施南府利川縣東一保造據此則縣境分四汛八十三保當始於乾隆初年

法光寺鐘 在縣東五里馬橋屯一名巖洞寺明崇禎二年十月初八日僧寂貴造　文稱湖廣施州衛下廻龍山法光寺住持寂貴施州信官向文雄向德清譚志金譚汝清譚思延譚思倫譚思玉譚思榮牟文元牟文爵牟文奉牟

海林年海超年海後年海通年世逵年世萬年化文年化龍總府年海龍年文綬餘多漫滅施州衛志年海龍官漢中守備年文綬官淮安總兵其餘十九人仕履無攷又鐘文有施州衛無施南司所列年海龍年文綬衛志作都亭里人足知縣治爲明施州衛都亭里而非施南土司地寺又有磬一國朝康熙五十五年造鼎一乾隆十七年造

朝陽觀鐘　在縣南十五里鍾靈山明崇禎九年十一月十八日閔文中撰文　鍾文稱觀名朝陽黎民朝禮善哉淩人發力捐貲鐵鑄洪鐘中嶺縣立音透玉虛福臨大地記又稱湖廣施州衛都亭里乾鎔山淩汝明鑄鐘乾鎔山在城西二十里益足爲縣治即都亭里之證

燈明寺記　在縣西南一百八十里小沙溪明監察御史何金校譔未署年日　記稱沙溪黃轍官鳳翔總兵夫人覃氏生子四俱貴顯　忽作出塵之想爲寺於林中額曰燈明長齋奉佛處之晏如　沙溪黃氏譜轍宣撫司黃中和子生子四天燦天煒天熠天熺仕履弁見選舉表轍爲永歷時鳳翔總兵時金枝棄官隱於沙溪此記當是永歷時譔

金字山寺碑　在縣東南四十里金字山國朝康熙二十一年二月十九日立　碑稱慧性姚姓清澤詹姓清澤父應學畀銀五十兩買山立廟碑前文曰大明國湖廣省荆州府枝江縣第三都人詹應學碑後文曰皇上壬戌年二月十九日立寺又有乾隆十四年鐘文曰金字山先朝叢林　聖朝定鼎有姚師循虎跡而至姚師即慧性葢慧性清澤買山建寺在　國初定鼎之後壬戌爲康熙二十一年時譚宏據四川天成山叛利川陷於賊故碑稱大明國不以康熙紀年寺又有雍正元年鐘文曰湖廣忠孝安撫使司田昌祚鎮守江南蘇松等處地方水師總兵官都督府世襲拜他刺布勒哈番陳天培湖廣忠路軍民安撫使司覃建侯湖廣施南等處軍民宣撫使司夫人田氏長男覃禹鼎據此則是時禹鼎尚未襲職也

法光寺碑　在縣東五里馬橋屯一名巖洞寺雍正五年十月初一日衛生員譚偉譔　碑稱施陽箐上覆虎山法光寶利創自宋時越歷千載疊閣崢嶸古柏環抱際明末兵燹棟燼梁灰幸茲四海雍熙寺僧圓善募化十方維新殿宇碑末署湖廣荆州府施州衛護理正堂印務支羅分府王倬施州衛農官石汝印　施南府舊志康熙四年設流衛把總四員一駐支羅湖北通志吳逆平後分防箐上把總一員疑支羅把總移駐箐上王倬分防箐上故仍署衛支羅箐上距寺當不遠施州衛農官無攷　寺右古柏四銀杏一皆數百年物碑稱寺創自宋時當不誣也

掛子山界碑記　在縣署前乾隆四十四年知縣李延渭譔　記稱利川忠路汛舊屬土司其西北與蜀爲鄰乾隆元年改土歸流而後鄉塘掛子山外之沙子關爲利川鄷都兩縣界厥後鄷民彭長清越佔沙子關會哨處且踰掛子山大嶺訟數十年不決丙申歲大府檄宣恩知縣賈公思謨會鄷都知縣詹公士适履勘議未定戊戌歲復檄施南知府汪公獻琛荆州通判王公壽會直隸忠州知州甘公隆濱覆勘延渭與鄷都知縣張公偉從之始知掛子山自北迤邐而南止於毛灘河凡二嶺西爲外嶺東爲內嶺中有平岡岡左右爲巢有溪曰馬尾鴨溪俱自北而南匯於毛灘河自毛灘河至關刀巖西南爲簡家塝河河東有後鄉塘汛隸施南營河西爲鄷都境於是仍從賈公之議以掛子山內嶺爲界自北迤南至毛灘河內嶺以東屬利內嶺以西屬鄷其西南之後鄉塘仍舊界遂定閱兩月因公赴南坪十三保踰齊岳山而西中有磨刀溪凡十餘里爲四川萬縣境又西凡三十餘里復爲利川境詢之居民僉云磨刀溪舊屬利川乾隆十年川民控爭乃改屬萬縣云　記文蕪冗舊志多所刪改并易譔記人爲賈思謨茲據原碑節錄而當日立界事實具見於此

知縣陳象渭德政歌碑　在縣東乾隆五十二年立　象渭官利川五年因案被議解任邑人爲譔德政歌以紀其裁夫價革規禮勸課士修學宮瘞枯骨造津梁神聽斷諸善政辭俚不具錄

歸源寺鐘文　在縣西北一百八十里乾隆五十年八月建南巡檢王懋仁譔　文稱乙巳仲秋歸源寺僧心慧以是廟爲土司舊署利邑名區不可無鐘以賓之因廣募衆善虔鑄洪鐘懋仁距改土歸流時不遠所云土司舊署當不誣

也

施南協副將樊繼祖礮臺碑 在縣東六十里石椿坪嘉慶二年立 邑貢生甘雨和記稱嘉慶二年賊二千人距石椿坪西村莊坪東有土嶺俯瞰坪西繼祖用礮殪上轟擊之賊死者過半繼祖復燬廬舍追逃匿殲賊無遺邑人念繼祖功泐碑以志碑文漫滅舊志紀嘉慶初縣境長堰塘南坪兵事所據皆邸鈔以茲碑證之則石椿坪實被賊而繼祖之功未可滅也

重修武廟碑記 嘉慶三年十月 知縣陳春波撰 記云利川荒遠舊隸土司 國朝改土歸流始於乾隆元年設縣治二年於城東建關帝廟與先師孔子埒崇祀典迄今逾六十年棟宇垣墉日就傾圮余下車伊始既進邑人士謀葺文廟而新之繼即欲修武廟中以寇警鄰封軍書旁午弗果嘉慶二年春苗逆已平楚北邪氛亦漸殄爰謀諸寮宷捐俸倡修衆志允孚不徵而集擇其能者任之召匠人示以圖中爲殿棟楹皆施以大木階上下弁砌以石殿之後爲三公祠設重扉構精舍居僧以伺香火遠廚廁使不褻殿前拱以樓衞以牆洞開三門爲兩廊翼以囘欄鐘鼓在亭僕馬

在廄蓋規模比舊略具矣經始於丁巳之夏落成於戊午之秋翬如翼如廟貌一新於以見帝之英風浩氣充塞兩間實能佑啓我民而我民亦慕義甚勤有以上副 聖天子昭假振興之至意是皆可書也於是書倡修之同官銜名於石董事及捐助者則別泐一碑以爲捐輸者勸

重修城隍廟碑 嘉慶七年施南府同知朱炘撰 碑稱利邑自裁汰土司設立縣治廟貌增崇由來已久丁巳秋教匪擾邊蟻附鴟張翦除撲滅動以萬計惟神憫罔之無知證劫灰之有數俾枉濫游魂潛歸假息天札無聞厲疫不作民實賴之顧廟歷年遠頹朽日多董事者捐金募修經始於嘉慶六年五月迨十月落成 碑又稱廟自乾隆三年移建歷今六十餘年據此則今城隍廟非設縣時所建其故址無攷

徙建文昌廟記 嘉慶九年八月勒石無撰人名 記稱利邑文昌宮舊矣經歷歲月棟宇圮壞 前邑侯陳公暨學博張公就西關外以四百餘金置廟基草率將就嘉慶七年 皇上特崇文昌祀典與武廟比隆多士擬於黌宮左旁度基址建宮廟司訓張公身任其事率先捐俸鳩工庀材旣落成於是綜其始末勒之貞珉張公直隸荊門州當陽縣人名定模

九渡河永濟橋記 道光元年知縣王星楡撰 記稱九渡河源出西南諸山迤邐東注逕 鍾靈之麓以匯於城南大河高峯夾峙一綫中盤每夏秋霖潦暴集則盛漲決潛浸灌激隄岸行人病之舊有木橋歲久而圮里人吳啓光等始議甃石爲之經始於嘉慶二十五年冬成於道光元年秋凡閱十月而工畢費銀六百四十兩皆民捐勿假官帑

義祀所記 在千總署左道光二十八年十二月千總羅渭鷹譔 記稱利邑自乾隆五年立城守汛歷今百有餘年嘉慶中有楊公敏賢者卒於官無子遂葬斯土渭鷹念其精魂無依詣墓一奠有老兵愴然泣下追述汛兵之比於若敖氏之鬼者已九十餘人乃於營左間房略爲修葺鏟石爲牌鐫姓名其上額曰義祀所春秋致祭云

知縣吳人彥德政碑 道光十九年知縣常懿麟譔 碑稱利邑泉寒土瘠戶鮮蓋藏災歉頻仍茫無善策深山之舟楫之利旣未可重價以招商四境皆枯槁之餘復不能臨時以捐富今歲霪雨爲災卒然饑饉特資義倉平糶以濟時艱而義倉之舉實創於前縣吳公平糶事竣士庶思公遺愛共立壽石懿麟仰慕仁型樂贊成之因爲之記

楓橋生壙記 在縣東三里官渡壩咸豐八年十月歲貢生吳江譔 記稱楓橋居士生平赴棘闈六入巴蜀七囘梓省棗九中間訪友於豫收債於秦肄業於鄂城葬師於新蔡馳驟縱橫以有涯之歲月盡消磨於南船北馬不但此也薄游日久雜嗜復多凡所過之名山大川勝蹟奇蹤靡不游所遇之高人逸士書客琴師靡不交以及金石圖書法物清玩靡不物色眼界閱歷得江山之助非不寬且深也而齒亦加長矣訖養歸來力反前轍作補牢之計於戶後隙地小築別舍榜以循陔陔前舊有女貞木一株濃陰如蓋四時不凋可以納涼曝背爲老母策杖間游地左右壘石爲山種

忘憂草開以雜卉藥苗以供游時瞻矚潔膳之餘杜門卻軌深自閉塞後漸不為當路所識閒居無事追憶舊聞捃摭成編輯有五經典要家禮折衷大事辨惑韻學經緯軍機十要楓橋詩鈔循陔雜著圖書集雅各種都無體例不過如敝帚自珍消閒送老而已年六十慟失慈顏服闋後又喪偶歲月浸尋親友日稀於是手治一邱以俟二人莊子曰勞我以生佚我以老息我以死以云勞備嘗之今老矣幸能自佚究未知何年而息也他日兒輩作記恐不實因自敘其略且為之銘曰浮生若寄忽忽六旬聞道已晚不成乎名預為壽藏依彼平林左龍右虎氣聚沙明偕我內子祔於祖塋永奠安宅以安吟魂冥王召否不拒不迎委懷一順化聽之而行滔滔前世杳杳來生誰毀誰譽一任斯人

乳泉洞記 同治時邑諸生藍易青撰

記稱吾鄉乳泉洞在城北一里踞峭壁之腰高廣二丈有奇深倍之豁然高朗洞之顛有鐘乳石一長八尺大可合抱上銳下廣有甘泉而洌隨乳頭下溜一池承之涓涓若鳴琴然冬夏不竭嗜茶者爭取焉洞口平衍有石磴可坐千人俯視全城在目晦明風雨遠眺尤宜云

知縣何讚馨德政碑 同治四年歲貢生吳江撰

碑稱公以同治二年視事斯邑甫半載有以聽訟頌者曰如鑑之空如衡之平鷹鸇逐惡雀鼠息爭有以安民頌者曰內修政事外應賓客征馬沿途嗷鴻安宅有以好士頌者曰勤於課士重以賓興兵燹遺民多絃誦聲會有寇警公立團練設防堵籌軍糧賊蹂躪旁邑不敢犯縣境歲偶歉公躬歷四境勸富民毋閉糶復分俸餘市米平糶凡數十處所全活無算

徙建鍾靈書院記 在鍾靈書院 同治六年七月知縣鄧師韓撰并書

記云利邑為古夜郎地僻在一隅山川叢薄道里閒關向稱楚輿區焉有明以前夷獠雜處或楚或蜀隸治非一逮 國朝定鼎以來版圖日廓生齒日繁加以四方流民僑寄其中衣冠嗜好漸染華風然猶屬土官撫治羈縻之使勿動而已乾隆初改土歸流修城郭建公廨定賦稅增學校浸浸乎一名區大邑矣余以乙丑仲冬權篆斯邑下車之始首覽民風興懷樂育每見志切觀光者寥寥無幾文藝淹貫者亦不多得心竊異之爰以公退之暇延諸人士詢及書院始知有其地而無其居存其名而殁其實且遭歷年兵燹百廢未舉因陋就簡以迄於今亟與諸人士倡謀營建首捐廉以為邑中之樂善者勸卜地於城南鳩工庀材築基開域為構講堂三間齋廊二十四間布階拾級週以墉垣暨塗暨茨煥然一新凡十閱月而工竣顏曰鍾靈書院存舊志也

知縣潘滋稷德政碑 在鍾靈書院 同治九年八月舉人潘澍之撰并書

碑云利邑自設縣以來閱百餘年守是邑者後先相耀惟我潘公下車伊始首詢學校聞前令重建書院未觀厥成例請學額尚緩其議慨然任之不數月棟宇巍然講堂齋廚靡不精潔延山長以勤課試而增廣學額以次申請准行吾邑地係山區石田雜出課稅錢糧例從輕減百年來積弊踵生胥隸掯索以希一肥顧棠藉端而滋控屢經牒訟流連不決公至廉得其情乃一洗而例定之於正課三百餘兩外罔敢浮征凡規費濫派等項盡為革除至若社倉設而荒歲之流離無嗟義學立而貧幼之子弟蒙化檢驗建亭汎流疏道徙奎閣於向陽禁淫祠於行媚撫字心勞三載於今邑人士仿蘇子瞻刻韓魏公黃州遺愛故事舉公所以為民者勒諸貞珉或曰德政之銘前有吳何二公今更為之毋乃褻乎余以為碩卿之才不勝其德故其治或弛而少張仲香之德不勝其才故其治或張而少弛吳則民愛之何則民畏之以視我公之不競不絿不剛不柔而敷政優優其難易必有能辨之者於是聞吾說者皆大喜曰諛辭託之先生吾儕小人且躋公堂而進一觥

知縣潘滋稷德政碑 在縣東九十里長慶場 同治十年諸生周龍章撰

碑云蓋聞單父琴鳴共仰絃歌之化峴山碑勒常牽父老之思前賢之善政猶存當代之徽猷宜誌慕惟仲翁仁憲大人才非百里德被羣黎遙遙世胄本花縣之一支蕩蕩治功協蒲邑之三善初則涖任通山頌聲早播繼而下車革井仁政尤多設義學修社倉教養兼舉黜淫祠興檢驗存歿均沾學額本無多賴申詳而永廣書院未告竣督子庶以落成準薄斂以完糧書吏無容苛取本至公而考試多士屢荷旁求下士情殷雖白丁亦無慢保民念切視赤子其如傷懲刁棍之猖狂廢空害馬禁胥徒之騷擾村靜吠尨致令萬戶愚民喜見青天之日遂使六房猾吏愁聞白晝之雷蓋公之歷年也久故民之被澤者深鴻恩

溢八十三保駿惠徧百千萬民黍雨沾濡奚翅屬毛離裏棠陰覆庇罔弗洽髓淪肌召父杜母之稱非虛譽也黃寬陳平之化何多讓焉由是政平訟理允推製錦之工吏瘦民肥已見棼絲之飭琴堂之牙角都消草野之謳歌斯徧謂神君出宰雷封鸞鳳暫棲枳棘看循績遙傳日下鵾鵬終奮雲霄然口碑雖已載道非石碣不能銘勳以故士民雀躍城野鳧趨近悅遠來各輸阿堵之物前歌後舞同登薦福之碑庶可彰我公之德政於不朽亦足見斯民之愛戴於無窮矣茲模

又有德政碑三一在縣南八十里青巖一在縣南六十里偏峑場一在縣西三十里涼霧山場

改建文昌廟記

同治十二年五月訓導徐崇文撰記稱利邑文昌宮在學東隅嘉慶年間建但規模稍隘奎樓卑狹因商諸同人建奎星樓於明倫堂坎位前修文昌宮其原地改為節孝祠庶一舉三善備焉

修路記

在縣東一百五里石板頂光緒七年十一月施南府知府王庭楨撰記云傳曰司空以時平易道路言不平者必使之平未易者必為之易也由楚入川之道隸施南者三邑首建始次恩施次利川利川自縣境與恩施交界

之石板頂起歷關口長峑高磏高鑪背偏嶺子下馬溪團寶市砵砂屯三步巖黃泥坡火鋪塘白雀山下土橋楊柳寺張爺廟等處至縣治凡百有十里又自縣之北城起歷櫻桃樹大青洞塘房小青了海羅口紙房壩牛角峑石板水十字路南坪街五龍寺核桃樹齊岳山毛壩等處至輭耳箐止九十有二里其西即四川萬縣之南浦雄關也昔制府合肥李公入川嘗經其地喟然曰施郡路多崎嶇而利川之石板頂齊岳山尤高始知蜀道之險無逾於此蜀省向稱富庶南浦雄關以北蜀人甃石為道廣平如砥藉非因其富庶而又得人經理安能履險如夷若是惜乎施郡地瘠民貧不能踵行逾年制府還督鄂以庭楨守施南郡於叩辭日言及之迨抵施周歷各邑果如所言遂以修路請期年而東道告竣因與利川陳大令國棟商治西道大令就地集貲廣選工匠簿書鞅掌之暇親督役夫以課其成崎嶇者剷平之狹隘者推廣之泥淖者壅築之迂曲者更改之其寬則四五尺不等因地之勢也利川民素殷實顧惜費如金無以倡之則出納皆吝乃自制府捐廉俸飭分給各縣以資津貼利川得分銀三百兩其紳富譚翠山等相顧喜曰大府垂念行旅捐廉佽助吾儕小人其敢吝乎於是一捐再捐共得錢九千餘貫皆踴躍樂輸者而督工委員田少尉鳴玉王少尉學涵紳首牟瑞廷等撙節費用實力奉行故工匠皆願効力計東西二百二里共長二萬二百丈一律統修石路內石梯一萬一千五百四十四級石板頂卡門乃恩施交界處向有石牆今已坍塌重新累石加修石垛高二丈二尺長二十五丈厚七尺以堅厚之木為門上刻利川要隘四字與南浦雄關東西對峙既資捍衛亦壯觀瞻自開工以迄工竣閱兩載餘計用錢九千七百七十餘貫庭楨親至其地者二因歲修無款捐廉二百貫大令亦捐廉三百貫合成五百貫發殷富生息以為將來修補之用大令欲記其事之顛末刻諸石以垂不朽庭楨曰此皆石也皆可不朽何記為顧天下事不患其工之鉅視督率者之何如不患其費之繁視糾輯者之何如是役也有制府之捐以倡於前有大令之勤以率於繼有殷富之慷慨輸助員紳之不辭勞瘁以贊其成而向之由是路而以為苦者今則蕩平正直皆欣欣然願出於其途因樂敘其事以告後之人使知此道之修之所由始而思以時平易之以無廢前功云至勸捐督工員紳與捐資殷富名氏及支用數目詳具縣碑

團寶市義學記

在縣東六十里光緒八年施南府知府王庭楨撰記云從古聖王行政皆重學校至宋時始有書院之設以助學校之不足至後世則又增以義學蓋書院所以課秀士義學則以啟童蒙使窮鄉貧戶子弟皆得以就學亦古盛時鄉塾黨庠之遺意也利川縣中汛團寶市向無義學同治四年前縣何大令蕙馨以軍需餘款二百緡付太學生邊華春經理以為興創義學之資凡六年積至五百餘緡其後經理者不洽輿情訐訟至郡乃另擇正紳覃大章周道五周龍章蕭開緒劉寶山周徽五李純五李賢壽董之八年市東夏天富捐地一區覃大章等集資建堂舍中奉 至聖蓋至是而團寶市之義學成矣市紳乞予記其事予惟 義學之設有裨村氓而山區則尤急嘗見崇山峻嶺居戶零星愚者目不識丁秀者欲習詩書以不能負笈遠游中止惟近有義學庶鄙屋茅檐皆可送兒入塾讀書識字以消其獷悍之氣閒有聰俊子弟四五年即能搦管作文者亦可進而肄業邑書院由是登膠庠掇科第義學之功大矣吾尤願董事者久而勿倦則義學誠足為立學之助也與

施南府知府王庭積德政碑在縣東六十里團寶市光緒八年八月監生學大章等立

重修團寶市石龍寺記在縣東六十里中洲團寶市山高聳百餘丈舊有寺曰石龍建自明洪武初迄今五百餘年矣寺之所以立與其所以得名則以內有靈石如龍每值歲旱鄉民聚禱於其前甘霖立霈僧曰有功德於民則祀之其立寺而名之也固宜光緒二十年知縣黃世榮撰　記云蓋聞無往不復者天道之循環也雖廢亦興者世德之維繫也即如團寶市山頂石龍寺守創自前明洪武初年係冉公如龍者建修始有廟宇並無異姓名目逮國朝雍正二年參化合族議其基宇翼廠事者則有若歲貢生冉大進即光儒等並將寺基及前後左右荒熟陸地下齊街心俯冉姓一手施入暨乾隆三十二年又有冉正體及邇周大坤等施八壹脫河魚穴塘陸地一分又約合族補修先後續舉參列姓名曰意以此山巒靈山有石龍前臨金字山有閣文風與其秀毓一家不如榮分衆姓始末原由各有碑誌以示來茲似此締造已歷兩朝後先輝映洵不誣矣詎料年湮代遠廟宇者壞創舊碣一切改觀冉姓追億前功殊難釋

懷以致訴訟予泰守茲土當飭諭局紳朱兆書黃丈學等核實調息另舉正紳接管並公議賠刊此碑叙厥從來以示不泯兼以備案入卷夫而後往者復焉廢者興焉而數百年之功德亦因此而可焉詠因衆紳耶冉姓之請而述之以此爲之記

重修城隍廟碑在城隍廟光緒九年十月知縣陳國棟撰碑稱利邑自乾隆初年改土後有城隍廟建於北關規模狹隘嘉慶二十二年前任張公兆棨始改建東關丙光緒四年重修七年竣工國棟捐廉錢二百串以爲之倡共費錢四千四百九十餘緡紳耆始末詳具於此

知縣陳國棟德政碑在縣東六十里團寶市光緒九年立無撰人姓名碑稱吾利疆域毘連巴蜀纖橫千數百里幅員遼闊甲施郡諸邑公至則督紳耆儲社穀存於官廠者半存於鄉廩者半清整鍾靈書院錢穀事無巨細躬親寓目而董其事者弊無由作延請宿儒造就人材加廣賓興培植士類復留心採訪聞有節烈孝義無不隨時

請　旌至於修葺黌宮武廟城隍廟捐廉以爲之倡其培修道路也東接恩施北連夔萬首尾百數十里化危途爲坦途躬勘手量不避風雨云云文尤未全錄

鍾靈書院田稅出入條款記在書院光緒十年七月施南府訓導郭逢源撰并書記云利邑自我　朝改土歸流嘉慶中設有鍾靈書院然基宇狹隘經費省晉又經兵燹之餘講學寥寥同治五年瀘溪鄧公仰山蒞茲下車之始敬教勸學謂書院制度未宏無以道宣士氣乃相基定址庀材鳩工十閱月而告成又以其餘置田若干畝歲得租穀若干石爲之延山長立官師課以鼓厲而獎掖之厥後夏津潘公仲美復次第而綜理之而田產日增捐輸日廣人文日盛規模於是乎大備矣蜀江郁亭陳公接任歷年慮其散而無紀紛而莫理也乃悉心區畫遠定章程凡田產之遠近價值之多寡課租之豐約與夫經管之紳首姓名簿目縷晰條分彙爲一冊合紅契當約字據共五十二分存諸縣署以備考核至承管首士必選品端行方逐年挨換以杜弊端而歸實用而每歲所收穀石值錢若干量入爲出

至詳且悉今年春北平趙公楚江來宰是邑乃集書院前後田稅出入度支條款命諸紳首董工勒石昭示來許俾得備覽而周知予以光緒癸未司訓施郡年來主講於斯既樂賢侯之後先成美及諸君子之協力經營都人士之好義喜輸也爰執筆以紀列其條於左云

學田記在學署光緒十年十月訓導李鍾嶽撰記稱施郡七學均有學田利邑自道光年間鋪民羅亨祥捐有西門外水田一區每年分大穀二石又有中汛龍潭壩當田所收無幾光緒八年因製祭器臥碑命當主繳錢二十串贖回僅餘南坪六保大溪口田莊房圮塌招佃出押佃錢十五串補修完好每年納大穀三石豐歉無異利邑學田原始具見於此

金字山觀龍魚記在縣東南四十里金字山寺光緒十二年九月知縣徐嘉禾撰　記云歲乙酉余出宰利川甫下車披邑乘稱金字山有所謂龍魚者頭尾狀龍身紺青色鱗甲森然四足皆五爪山在城東四十里一笏插

天卓立參昴上有寺寺旁有洞水不深經大旱未嘗涸龍魚
窟其中邑人士相傳魚晴霽始出無意或逢之及設想縋幽
再四不獲一遇明年秋季屏簿書乘肩輿造其境陟山半卽
颼颼澈骨不可耐顧奚僮取篋中纊挾之乃溫至則陰霾四
塞洞口雲封同人皆意索余默禱山靈期得當而後返須臾
雲縫漏日光一綫射洞中而神物倏輪亙靚坡公不云乎率
然有請不我拒以今觀之益信抑余有說焉昔坡公元豐八
年十月蒞登州以海市歲晚不復出爲憾爰瀝誠致禱於海
神明日見之如春夏因作詩紀異余承乏邊陬幸際年豐民
樂所差堪自信者砥節奉公耳以視公之忠義文章奚翅霄
壤而神物鑒之亦馴擾不少拒其意
豈異也故記之以告後之官斯土者

文昌廟記

光緒十八年十一月知縣黃世崇撰訓導汪國椿書
記云利川文昌廟舊在城北歲久傾圮乾隆
季年始建廟西關外嘉慶九年訓導張君定模徙建明倫堂
西同治十二年訓導徐君崇文改建明倫堂東而以其故廟
爲節孝祠光緒十七年冬予承乏茲邑明年鄧生雲章請見
曰吾邑自乾隆初元改土歸流士大率以諸生終自張廣文

度地建文昌廟越九年而李君耀瑚舉於鄉又六年而李君
成進士其後潘君澍之又舉於鄉自徐廣文改建文昌廟而
邑中科第虛無一人聞之文昌爲文章司命其廟址關繫一
邑今若此其徙廟故處便予聞徐廣文之言曰濟南周太常
在江甯時於明倫堂左建青雲樓其縣遂擢大魁因仿建奎
星樓而徙文昌廟樓前其所以望邑人士者亘厚惜乎術之
未精而所以用其術者未善也夫 國家三年賓興慎選翰
詹科道之有道德文章者主試事所取士無慮千餘人而士
必經義策對斐然可觀然後可以邀主試者賞鑑於以捷禮
闈膺館選歷官清要極文人知遇之隆利邑僻在山陬其地
大半淪於土司改流纔百餘年學鮮淵源士無遠志雖取文
昌廟而變易之吾未見其有濟也於是月召多士扃試之示
以程式學日益進有聞鄧生喜復偕邑人士以前說請予喜
士之向學而鄧生之言殆非無徵也乃徙建節孝祠於施南
同知廢署而以文昌廟還其故
處因志其始末以告後之人

育嬰堂記

光緒十八年十二月知縣黃世崇撰訓導汪國椿書
記云利川舊無育嬰堂光緒十六年大府檄
湖北所在州縣興辦育嬰明年冬予來宰是邑又明年秋時
和年豐乃召父老詳愼商辦凡五月集金錢六千緡有奇招
商領錢生息設堂城東因利局中又立分堂三於忠路南坪
建南歲取息錢以爲育嬰經費其續收之錢卽以其息錢補
鍾靈書院脩脯膏火之不足堂成邑人士乞一言以記先是
予自漢川乞代寓居武昌嘗見僚友有購婢者詢其里居輒
曰利川竊疑是邑女多於男庶幾無溺女者旣下車訪之士
民僉謂己丑庚寅兩歲偏災邑民大半流亡鬻子女者相望
於道其後非偏災而鬻者如故嗚呼人情莫不私其子女其
哺養已及數歲尚忍鬻而棄之而謂此呱呱者必不肯付諸
一盆之水其誰信之抑又聞之中國自西人設堂傳教以來
堂中例得收養貧嬰中國民人見所未見輒謂教堂貧嬰常
有刳腹剖心之慘其聞者轉相傳述遂相與燬教堂以洩其
憤大府迫於西人之要挾不得不重懲吾民以弭釁而修睦
於是教案紛起而民間視西人教堂若陷阱然施郡六邑惟
利邑李子壩舊立天主教堂收養女嬰一百有奇死者大半
民間嘖有繁言屢煩有司文告茲堂旣成則貧嬰有歸教堂
無所收養民間不得藉爲口實庶幾弭患未萌而尤不可不

昭示來茲者也
因書以爲記

城西義山記

光緒十九年二月知縣黃世崇撰訓導汪國椿書
記云利川城北舊有義山以葬貧民之死
無所歸者歲月旣久荒冢纍纍葬者掘土動見白骨人皆慟
之光緒辛卯冬予量移茲邑邑諸生鄧雲章黃文學朱兆書
數以爲言越癸巳春始購得城西譚姓山一區視城北義山
廣袤不啻倍蓰旣立界爲義山條約俾垂入遠三生者請一
言以記予惟天下事之成否不視乎力而恆視乎其心心苟
必成雖力不足而終底於成況力非不足而心期於成則何
事不可成哉予聞邑義民牟維先嘗欲捐買城廂義山前令
大興陳君國棟天津徐君嘉禾知城北義山不足葬亦矢志
捐貲別購義山先後爲奸民所尼中止者二十年於茲矣又
聞奸民尼之者一曰不利居室一曰爲害先塋夫古者廬墓
相依無所謂不利居室也洛陽北邙王侯將相之冢相望其
子孫類多貴顯則叢葬無害先塋尤其彰明較著者奸民之
爲此言大抵藉以漁利耳夫以恤貧窮憫死亡之舉而奸民
敢漁利以尼之是三代所不待教而誅者也維先無足云隳

君徐君亦隱忍甘爲奸民所持無亦君子而過於厚者與予購譚姓山既成有欲仍前尼之者將以法懲之尼者懼而止豈予之力優於陳君徐君與則亦事難再緩而心期於必成而已他日此義山者或亦如城北之不足以葬則增購義山又有望於後之良有司因以語三生而書以爲記其購山之貲凡爲錢二百六十緡訓導沔陽汪君鹽商蜀其某邑人蔡正清共捐錢一百六十緡而予以俸錢益之

清江閣記

光緒二十年四月知縣黃世崇譔黃陂柳焱春書

記云光緒十有八年予既從邑人士之請徙建文昌廟故處明年復以奎星爲文昌之主改建奎星樓於城東曾家堰之上曰清江閣經始於是年冬十一月又明年夏四月落成凡費錢七百緡有奇予惟利川後周置鹽水縣其水源出縣西都亭山一名清江東流逕縣治南伏流入落水洞至雪照河過黃連溪入恩施縣境卽古清江縣也唐省鹽水縣入清江縣而鹽水之名廢人知恩施爲古清江縣而不知鹽水舊治實在利川鹽水之源卽清江之源予嘗登斯閣西望都亭水涓涓越七藥歷龍洞蜿蜒下駛澄清見沙石慨

然想見墨胎氏遺風官斯土者以水爲鑑則斯閣之成非惟有以助形勝快觀游已也因鐫捐貲者姓名於石而記其所以命名者如此至於鳩工庀材則諸生鄧雲章黃文學朱兆書翁鴻逵劉藜吳小雯彭選仁之力也例得並書

利川縣志卷之十四

列傳一

明

楊偉

國朝

湯應求　王蒿高　戴廷杞　高世俊　葉道傳　陳象渭　李寶第　涂一雲

陳春波　張定模　王三錫　王霖　李光第　張裕莊　韓厥田　張兆槃　王星楡

吳人彥　何蕙馨　張德符　潘滋榎

繆廷瀣　鍾覲光　李茂先　蔣溶江　杰趙岫雲

楊偉明嘉靖時衞百戶黃中之變暮夜譌言偉挺身偵探無事施城乃安蠟壁恃險負固偉冒死至寨曉以禍福遂詣軍門降以功擢廣西都司世襲支羅百戶年九十卒舊衞志

湯應求江西臨川舉人乾隆初知縣縣自改土後百廢未興前令以難治去官大府以應求令麻城有能聲調茲邑至則建公廨立學宮多方撫卹勸民耕作尤善決疑獄著有警心錄先是縣治初立商賈輻湊治旁草萊皆築室列肆以居爭地者訟累年不絕應求以次清釐立石治前民皆安之治最擢安徽鳳陽丞仍留利川任凡十年始去利人思之至今後應求三十餘年令利川者有王蒿高江南寶應進士徵咽匪置社倉建義學治績亞於應求當應求蒿高時訓導戴廷杞

縣丞高世俊葉道傳亦有政聲廷杞字酉山蒲圻舉人乾隆十七年任利川訓導時初設學廷杞日集諸生訓以經義自是人知力學擢鄖陽教授量移常德子孫仍留利因家焉世俊江蘇陽湖人道傳江蘇無錫人先後任利川縣丞幷以勤慎稱道傳尤愛士月必有課獎勵甚勤時施郡未有試院士以就試宜昌爲苦道傳輒資助之多以諸生名當時者

陳象渭字遇亭江西高安進士乾隆時知縣縣當川楚孔道兩行省大府道出縣境需夫役前令率取之於民不予值其不任役者則量出夫值輸之官象渭至會有嘓匪之役大府

不時拨縣需夫役尤衆象渭悉捐俸僱役羈候者半其值絶不以累民立石治前後令守之至今其他革規禮勤課士修學宮瘗枯骨造津梁神聽斷在官五載訟獄衰息以公事罣吏議去利人爲之歌曰公之節操凜秋霜片言折獄古賢良俾從吏議返故鄉行裝羞澁阮氏囊同臨祖道醉一觴匪吾儕之阿所好實厚德之難以忘時縣丞李寶第山東惠明人清靜不擾創建義學典史凃一雲勤於緝捕嘗捐廉置義山城北以瘗貧無所歸者民皆德之

陳春波福建侯官進士乾隆時知縣修學校集流亡循聲籍甚嘉慶元年教匪自四川奉節入縣境春波築城垣興團練數破賊於王家山黄泥坡石莊坪長堰塘敘功擢荆州府同知同時官利川者訓導張定模縣丞王三錫南坪巡檢王霖李光第典史張裕莊定模嘗陽歲貢重修學宫文昌閣勤訓課多所成就教匪之役率諸生佐縣令禦賊轉餉賊平以老疾辭不受賞大府賢之三錫河南泌陽拔貢教匪陷來鳳奉檄率鄉勇禦之與賊戰城下大敗之賊棄城守土堡又擊破之賊奔紅巖坨旗鼓寨復屢敗之絶賊餉道大兵至賊乃潰三錫之功稱最霖浙江山陰人修義學置學田教匪入境亦

以能禦賊稱光第山西歲貢清廉有守禮士愛民裕莊安徽桐城人勤緝捕民愛戴之

韓厥田山東淄川進士嘉慶時知縣清介有守勤政愛民十八年旱厥田齋祓祈雨甘霖立霈士民歡忭繼厥田令利川者爲張兆棨王星樞兆棨順天宛平舉人聽斷明决吏畏民懷興學校建書院士皆德之星樞安徽合肥進士仁恕清廉勤於聽政公餘集諸生講學課文多所成就修葺城垣奸宄斂迹在官三年以艱去父老泣送之

吳人彦字碩卿安徽涇縣人道光時知縣擒老僕一幕友二

涖任吏役多所裁汰輕刑薄稅聽斷勤敏無留獄既三年無
歉歲獄訟止息嘗勸捐義倉二十有五凡積穀三千六百石
政最擢宣威牧去明年縣大饑後令常懿麟出義倉穀平糶
多所全活邑人德之立石治東懿麟爲文記之人彥之後有
循聲者曰何蕙馨潘滋榎

何蕙馨字仲香河南息縣增貢生同治時權縣事安民愛士
聽訟勤能會有寇警立團練設防堵籌軍糧賊不敢犯歲饑
禁閉糶平市價全活無算著有利川縣志十卷蕙馨同時官
利川者有典史張符德字研儁河南桐柏人留心時務所著

保甲團練守卡事宜人傳誦之符德保甲團練守卡事宜云戶有門牌註明生故遷移保有團練必分大小遠近設卡十二處東有石板項其左大埡其右小埡東之北有黃連溪東之南有馬鬃嶺南界有黑洞西北兩處與川省臨縣接壤黔江交界有巖門頭彭水交界有爭角腦酆都石砫交界有麂子峽石門坎萬縣交界之轉耳箐拳節交界之小箐丫郎高山峻嶺之險要者皆設卡柵樵徑可通者均有把守其團練在公所操習鎗礟刀矛依班上卡不得擅離汛地以殷實公正者司其出納其經費亦由本地攤派不使臨時告絀以此三者爲保甲團練守卡之大略

潘滋榎字仲美山東夏津人同治時知縣修書院廣學額創
社倉興義學禁淫祠建檢驗亭清釐錢糧積弊邑人語循良
者以比吳人彥何蕙馨舉人潘澍之曰吳侯之才不勝其德
故其治弛而少張何侯之德不勝其才故其治張而少弛吳
則民愛之何則民畏之惟潘侯奄有兩侯之美聞者以爲知
言

繆廷瀣江蘇江陰人道光時縣丞膂力過人縣西北與蜀之
石砫黔江彭水酆都爲鄰嘓匪不時出沒倚山僻爲巢穴民
苦之廷瀣嘗自持械往捕毀其巢黃土池場者舊繁盛壬辰
歲饑嘓匪愈肆民多逃亡廷瀣立毀黃連廠賊巢招集流亡
勸民興學民皆安之後權咸豐縣篆禽治土豪彭某民感之
至今繼廷瀣爲縣丞有賢聲者曰鍾覲光李茂先覲光字介

侯廣東嘉應州人同治時縣丞爲治清靜不擾在官十二年
以病告歸民涕泣送之既去三年民思之甚爲建去思亭茂
先字春圃安徽霍邱增生光緒四年署縣丞愛士善論文時
有儒吏之目與覲光茂先同時官巡檢者有蔣溶江杰溶江
蘇陽湖人同治八年署建南巡檢有善政去之日民爲立去
思碑杰安徽黟縣人同治九年建南巡檢懲匪類勤緝捕不
受一詞民皆安之在官三年卒每歲忌日民祀之至今杰之
後官建南巡檢者曰趙岫雲亦有政聲

贊曰利川置鹽水縣始於後周至唐始省鹽水入清江上下

數十年中豈竟無一賢有司其姓名不少概見則以僻在蠻服朝廷異類視之特羈縻之使勿絶官斯土者類多遷謫不遭時之士居恆抑塞憤懣薄斯民爲不足治無所事事冀倖得代以去其下無甘棠遺愛之思其上無慶賞慰勞之逮雖欲無與草木同腐朽也得乎自宋迄明大半淪爲土司其所傳者楊百戶偉一人而已

國朝雍正十三年改土歸流迄今百有餘歲其政蹟卓然可傳者已二十七人藍我

國家激濁揚清振興吏治一命之吏爭自樹立以圖報稱萬一利雖邊遠巖邑此二十七人者亦庶幾漢代循良之選於戲何其盛與

利川縣志卷之十四

列傳二

周　巴蔓子

明　申潮 向得豪　牟文綬　牟大寅 從弟大襲

國朝　陳世凱 子天培養子紀 從父兄世奇　潘潤之

李耀瑚　夏曰瑚 弟鼎鼎 子昌平　潘澍之 張宗顏李明桂翁懋

冉大進 賀伯厚覃也煜王應墉 冉大璽冉復初冉益壽　吳江 鄧賢才劉盛芳

會以魯劉仕俸牟維 思覃梓彬劉雲富

巴蔓子周季人巴國亂蔓子爲將軍請師於楚許以三城亂平楚使請城蔓子曰藉楚之靈克綏禍亂誠許是三城將吾頭往城不可得也乃自刎以頭授楚使楚王以上卿禮葬其頭於荆山之陽巴國葬其身於都亭山 明一統志

申潮字汝信明嘉靖時歲薦南雍歸見施南將變謁選條陳五事上之一兵備宜專鎭施二守備宜移南坪三重覈軍糧宜復本色解施四宜撤靖州戍兵五塗堡宜增兵防部議免戍軍餘目爲迂闊授淮安府知事越三年土寇黃中叛會兩省兵討平之而地方受客兵害殆甚於賊始服其先見旋議善後悉報可先是有向得豪者歲貢生永樂十五年官交州

府同知洪熙元年黎利叛陷交州被執不屈罵賊死與潮升祀鄉賢中湖見舊志向得豪府志作施州都亭里人舊志漏

牟文綬字章甫明萬歷中以軍功授千總天啓二年四川重慶陷於賊文綬隨荆南道援重慶復其城獲賊首樊龍擢守備三年貴州大定黔西賊安邦彥之亂文綬隨鄖撫援黔獲其酋羅妙國戰數月黔城解嚴擢都司四年追獲賊首王夫頭擢游擊五年偕兄副將文祿兄子海錫破賊祿廣河文祿海錫戰歿六年調守徉很創立城池七年授參將崇禎三年調守古北口四年總兵毛文龍部校孔有德叛據登州遣其

黨圍萊州文綬率所部隨保定天津昌平三鎮及總兵祖大弼吳襄凡五營圍登州有德突圍走遂復登州萊州解嚴六年擢江北副將八年破張獻忠於磨盤山九年賊埽地王陷鳳陽文綬偕總兵楊御潘復之十年張獻忠羅汝才陷和州文綬偕總兵劉良佐往援破走之貢治通鑑綱目明崇禎十年張獻忠糾羅汝才馬守應劉國能等自襄陽順流東下烽火達淮陽從間道犯安慶連營百里詔左良玉馬爌劉良佐合兵往援大破賊賊走潛山太湖山中巡撫張國維檄良玉援山不應尋北去賊復出古湖敗官軍於酆家店殺參將程龍陳於王等四十餘人遂陷和州含山定遠六合攻天長破盱眙良玉令河南士民合疏留已竟不赴援已而總兵牟文綬偕良佐赴援賊始遁獻忠入湖廣國史館劉良佐列傳崇禎十年流賊羅汝才等自鄖陽東下敗官兵於宿松合其黨搖天動等衆二十餘萬分屯柏城之楝潭石井等處良佐同總兵牟文綬擊敗之桂牟河連敗賊於廬州六安據此則崇禎十年文綬已授總兵矣

十一年擢鳳泗總兵官右都督府右都督駐鳳陽十五年贈三代如其官十六年張獻忠陷武昌進偪長沙時吉王桂王惠王在長沙文綬間道援長沙三王入廣西文綬仍還鳳陽十七年李自成陷京師文綬附桂王圖恢復封鳳衛侯順治十年卒於家繼妻葉氏以英武著聞封一品夫人子國璽諸生從征登州戰歿國棟鳳泗前營游擊國卿錦衣衛指揮僉事右軍都督同知國俊錦衣衛指揮僉事舊志文綬事蹟甚略茲據文綬子國卿所撰牟氏紀略序次　縣西七里大塘牟氏藏有文綬明崇禎十五年誥軸內稱鳳泗等處總兵官右都督府右

都督舊衛志作淮安總兵誤又云援黔撫蜀業誠爛焉解萊復登功綦偉矣則國卿所撰紀略不爲無本　施州衛志順治八年劉體純擾衛境鳳衛伯牟文綬家居詐賊孫可望檄檄之去十一年體純念文綬歿已自函山侵衛劫牟村時文綬已死燬其家牟氏譜稱文綬歿於順治十年當不誣也中壩屯余氏藏有永歷三年鳳衛侯牟所給守備余應登劄付衛志稱鳳衛伯殆初封伯後晉封侯衛志特據初封言之耳

陳世凱字賛伯一字紫山順治元年

世祖章皇帝入正大統滇黔楚蜀尚阻聲教二年春明桂王總督何騰蛟開府澧州號召英俊世凱年十五襲外家黃氏百戶世職四年流賊餘黨李赤心高必正袁宗第劉體純等降騰蛟號十三家營與姚黃王友進呼九恩靳可摯馬朝等

搢武大定等往來剽掠川楚間世凱集里人團練堵禦賊不敢犯鳳衞侯牟文綬以聞擢都督僉事駐漍水十一年劉二虎眾至掠錢所得入世凱家劫其父守先去不屈死十四年十一月世凱出與賊戰斬劫父者首仍還漍水賊忽大至欲得而甘心勁弩如雨世凱被創走墜伏眢井中以免嘗餓三日夜有野彘奔至世凱拔刀砍之噬其肩咀血飲之採野蔬雜生彘以食賊退從家萬縣往來重夔間授忠州副總兵十六年王師入蜀偕從父兄世奇率眾至重慶詣川陝總督李國英軍前降時十三家賊攻磐石四十日城將陷世凱以其

眾往援賊遁忌者譖之國英謂世凱且反遣鎮將逮問世凱奉牛酒疾馳三十里外單騎迎謁鎮將喜慰勉以去十七年九月僞將軍陳雲貴高鶴鳴踞騾子城世凱奉檄往勦殺其副將城復授副將銜移駐萬縣僞將軍郝承義敗我六鎮官兵世凱往援獲承義械送京師僞東鄉侯楊炳印五龍欒水諸渠賊皆降復夔州十八年正月攻羊耳山大昌諸壘克之袁宗第走茶園坪據險以守世凱束甲裹氈攀藤葛達山顛擊殺僞總兵秦某賊驚潰多墜巖死者僞伯爵賀道寧降移師巫山江上劉二虎袁宗第復僭巫山城九月與賊屢戰十

五晝夜十月賊遁康熙元年正月進攻各寨多降者劉二虎自經死師至黃草坪禽僞益國公郝搖旗靖國公袁宗第洪督師新樂王等餘賊窮蹙詣楚督降李來亨走興山茅麓山二年正月

命秦楚蜀三省會勦茅麓山賊山高險我兵仰攻三月不能拔八月世凱率眾奪其三關來亨自焚死餘黨皆降敘功加總兵都督僉事銜以副將用十一年四月授杭州城守副將十三年春耿精忠附吳三桂以閩叛陷浙之江山龍游總督李之芳檄世凱率師討賊至龍游禽僞驃騎將軍饒大賓賊

從處州進僭金華世凱以巴圖魯副將隨副都統鄂申擊殺賊七千餘人俘一百七十餘人追奔二十餘里獲旗幟器械無算六月賊陷金華溫處世凱擊僞都督嚴光裕於金華破走之賊陷武義偕都司陳夢賜復之七月賊至雅坂力戰破之血染草木盡赤獲器械輜重無算捷

聞賜蟒緞雲緞授溫州總兵官又有安地湯谿義烏東陽之捷先是賊圍義烏東陽世凱既破賊義烏東陽圍益急賊勢甚盛世凱所部纔五百人既至東陽語諸將曰賊眾我寡若知我虛實則殆矣及其初至一鼓乘之所謂兵以氣勝也於

是乘赤馬擁綠纛登高阜以揮諸軍城中人見之大呼曰援軍至矣開門夾擊賊賊箭礮如雨下世凱不著兜鍪往來馳突破賊營二十有七所至辟易賊中號曰陳鐵頭自是聞世凱至則呼曰陳鐵頭至矣避之去又連破賊於金華山口鄭店村嶺下朱五圖曹八里店浦江縣荷葉口朱磯頭下畈泥山谷十一片賊總統徐尙朝衆數萬據金華十二里莊僞總兵王自福屯壽溪劫村堡僞總兵朱某踞竹園村世凱皆輕騎襲破之尙朝悉衆駐積道山以鹿角縛利刃爲營我兵不得入世凱以奇兵誘賊出殲焉尙朝走龍門大源世凱追擊

之僞游擊裘以觀以其黨三千人降金華平尙朝走處州世凱率降將裘以觀趨處州嚴軍律禁兵毋得入民居宣示
朝廷德威於是永康縉雲民爭迎我軍賊棄城守遁又有東渡桃花嶺之捷嶺高二十餘里左山右澗爲處州第一門戶世凱力戰破之軍至處州尙朝棄城走世凱賑饑困撫流亡招徠宣平兵民陷賊者僞都尉遲登雲以賊萬餘人涉河來犯世凱破之陳潭頭河水盡赤又破石漈梁石佛嶺靑蒙嶺靑田周村永嘉白塔諸賊復松遂進圍溫州十五年二月僞都督曾養性僞伯爵祖弘勳以賊數萬來犯世凱迎戰自夜

達曙賊潰世凱據將軍橋賊不得渡皆赴水死凡斃賊二萬餘人養性浮水跳而免石塘者入閩間道也地奇險賊矢死守之八月世凱夜抵石塘破賊寨九殲其衆復雲和龍泉遂昌僞總兵馮公輔以其衆四千人降溫州悉平時康親王率諸軍自仙霞關破賊進偪閩疆耿精忠降世凱還鎭溫州祀國殤瘞戰骨贖被難婦女撫孤卹寡戢兵安民時鄭克塽賊船沿海風潮來往十七年正月世凱大破賊於廟嶺殺五百餘人獲器械無算復招降鄭錦僞官林麒詹天樞陳彬科等凡千餘人敘功給雲騎尉世職十九年十一月署水陸提督

兼黃巖鎭總兵僞定北將軍劉天福都督劉祖漢黃炎等以其衆二千人降二十二年六月晉騎都尉世職十二月入
覲賜鞍馬貂裘朝服
溫諭再三二十三年正月授浙江提督二十八年十一月入
覲命回任以疾作未行十二月卒
賜祭葬謚襄敏著有
上諭十六條宣解三卷隨氏紀略一卷祀溫州名宦子天培浙江提督天開廣西江左營游擊天錫一名有年湖南提標右營游擊天輔一名光漢浙江台州協守備天德陝西長安

營守備養子紀磐石營副將天培紀最知名舊志世凱傳甚略茲據陳氏紀略序次國史館本傳陳世凱湖北恩施人初附明桂王爲忠州副總兵 本朝順治十六年川陝總督李國英率兵駐重慶世凱來降授副將銜康熙十年流賊李自成遺黨劉一虎郝搖旗袁宗第等據楚蜀間山寨合賊數萬犯巫山縣世凱城守卻之尋隨國英同西安將軍富喀禪進勦賊平敘功加總兵銜十一年實授杭州副將十三年三月逆藩耿精忠叛浙江總督李之芳統師駐衢州令世凱赴金華援勦甫渡江聞賊犯龍游即遣兵馳擊以通衢州餉道駐守金華賊犯武義亦遣兵擊之七月僞總兵閻徐由永康武義來犯世凱同副都統沃申迎擊發大礮二敗賊衆八月同總兵李榮擊賊於湯溪追至後大堡賊踞兩山拒敵即先分兵拒戰其後親攻其前禽僞監軍道徐福龍等九月僞都督陳重由東陽來犯世凱同都統瑪哈達往勦擊敗於山口村復敗之山河岸追至鄭店破賊壘十月僞都督葉鍾由浦江來犯世凱督同副都統石調聲等敗賊於丑都漕又敗僞總兵蔣魁於蔣家邨敗僞都督陳遙於張澤村僞總兵周彪犯義烏世凱敗

之於八里店進拔荷葉口賊寨生禽僞都司凌汝經等時溫州處州並爲賊踞之芳屢奏世凱戰功 詔授溫州總兵加都督僉事銜十一月僞都督徐尚朝合賊數萬逼金華世凱連擊於城南十二里莊乘賊甫集大呼先進斬僞前鋒葉應龍徐有功賊大潰追奔十餘里殲戮過半尚朝復與僞總兵馮公輔踞積道山立木城疊石寨屯賊五萬餘爲窺伺計世凱乘大霧進師破賊木城分兵三路攻擊斬馘萬餘尚朝等棄寨遁時大將軍康親王傑書由杭州進軍駐金華令世凱同瑪哈達李榮恢復處州十四年正月世凱復永康進攻縉雲尚朝等領衆拒戰我師分擊敗之復其城僞總兵沙有祥踞處州賊衆越桃花嶺結寨固守世凱同瑪哈達李榮三路進攻賊潰走奪嶺進至東坡有祥等聞風棄城遁遂復處州三月尚朝與僞總兵連登雲由溫州分兩路犯處州世凱同瑪哈達等迎擊於陳潭頭斬僞參將郭美才等禽僞參將陳亮等五月擊賊於十八都敗之進抵石塘僞參將鄭文登拒戰我兵分路馳擊斬馘八百餘復移師松陽之石佛鎮擊敗僞總兵陳得功等賊敗走遂率師從貝子傅喇塔進攻溫州十五年二月僞都督曾養性同叛鎮祖宏勳糾合閩賊及

平陽瑞安賊衆四萬餘來犯我軍世凱同提督段應舉奮擊禽僞副將何貴僞參將盧公義等五月傅喇塔奉 詔由處州進征福建世凱率兵從過三角嶺養性屯衆賊於得勝山下之古溪據險以抗我師世凱同副都統吉勒塔布等攻破賊營又以礮擊破江山賊艘道乃通八月副都統穆赫林勦登雲於石塘城堅拒未能下世凱同沃申等由旁徑襲擊連破其營二十八禽僞官四十九復雲和縣又招撫松陽縣等僞官二百餘僞總兵馮公輔等皆來降泰順縣亦復九月精忠降於康親王招養性宏勳歸福建世凱還鎮溫州十六年三月敘功加左都督給雲騎尉世職九月招降海賊鄭錦之僞副將林麒詹天樞等十二月招降僞都督陳彬等十九年四月分遣官兵敗海賊於南鎮雙頭洞十一月署浙江陸路提督降僞將軍劉天福等二十二年六月復敘功晉世職騎都尉十二月入 覲賜鞍馬貂裘朝服 諭曰自吳逆煽惑以來爾提兵征勦戮力用命埽蕩逆氛建立功績朕甚嘉之爲將之道務在戢兵愛民使兵民相安則地方受福爾亦可永保勳名朕每見功大者易生驕傲以致文武不和地方多事爾其以此爲戒二十三年正月擢浙江提督二十五

年四月疏言兵之所習惟戈矛鎗戟所尚推技石超躍好勇鬬很之心日月漸積罔識大義或遇敵退避不知報國或觸犯法網不顧辱親如叛逆耿精忠等皆由不知忠孝故也請飭直省將軍提督率所屬營伍照文職例講讀 上諭十六條俾荷戈將士咸知忠孝綱常永無匪行得 旨陳世凱身爲武職乃能洞悉理義詳切敷陳深爲可嘉自古武職名臣皆讀書明理精通韜略經史斯能保守功名克全臣節嗣後武職官員遇有閒暇俱應覽觀書籍於忠孝大義講究明悉其各交相勸勉以副職任世凱又譔擬十六條宣解援引經史所載有關營伍可爲法戒者依類附註爲三卷奏進 詔予頒行世凱又言舟山爲浙江門戶向以形似稱名第舟在水則搖曳不寧遇風則傾欹莫靜海外重地名此似非所宜請 御書新名勒碑作鎮得 旨兪允改名定海山又奏春秋丁祭 文廟應令武職一體行禮下九卿議行二十八年十一月入 覲命回任以疾作未行十二月卒得 旨陳世凱効力行間茂著勞績簡任提督居官素優忽聞溘逝深爲軫念下部議敘 遺令侍衛內大臣佟國維侍衛馬武賁茶酒 賜祭葬如例諭襄敏子天培龔世

職三十二年天培請効力兵部引見議以都司錄用得旨陳世凱向在行間勞績茂著其子陳天培著以游擊用仕至浙江提督其騎都尉世職世凱之孫恩遠再襲後循例停襲乾隆三十一年特予恩騎尉世職罔替世凱利川縣西北陳家灣人康熙時利川尚未置縣故國史館本傳稱恩施人

天培字篤恭一字敬菴襲拜他喇布勒哈番世職後改騎都尉世職康熙三十二年推授江西撫標右營游擊調宣化右營游擊擢直隸懷來路參將歷徐州副將以母喪解任服闋授江寧城守副將五十八年擢蘇松水師總兵雍正六年擢浙江提督十年入覲調勇健營總統提督駐甘州乾隆元年入

覲予致仕十四年卒子恩遠襲騎都尉世職官廣東潮州鎮游擊

紀總角習騎射比長膂力過人耿精忠之變浙江震動紀隨世凱披堅陷陳復浦江義烏永康縉雲括蒼甌江諸邑石塘者温州險要也賊據得之矢石如雨我師三進三卻紀發三矢殪三人賊御大呼先登賊棄險走督師貝子傅喇塔見而喜曰眞將種也署首功授游擊補寧村營守備時寧村初復閭里蕭條紀多方招徠流亡皆返歲饑捐俸賑貸全活無算初海寇數爲邊患紀悉心招撫民獲安堵其他若水潦禱甘霖免夫徭修臺寨百廢具舉兵民賴之累擢磐石營副將舊志天培世凱長子以世襲官浙江提督紀世凱養子以功授副將陳氏譜有天培無紀惟世凱所著紀略中有貝子稱紀將種之語舊志錄包秉彝贈提督陳天培紀略有貝子稱將種之語所敘仕履與陳氏譜天培仕履迥異當爲秉彝贈紀之作舊志以紀爲天培而加副將爲提督并誤

陳世奇世凱從父兄有勇略順治十六年隨世凱詣川陝總督李國英軍前降解磐石賊圍十七年禽僞將軍郝承義十八年破賊榛園坪康熙元年降諸寨賊世奇功最多授總兵官都督僉事

牟大寅字宏開利川著姓八曰牟氏冉氏張氏譚氏朱氏王氏鄧氏蔣氏皆土著也牟氏族尤鉅明劍南長官司牟酋鸞

鳳泗總兵鳳衛侯牟文綬最顯大寅於文綬爲從曾孫初附明桂王順治十六年大寅年十五隨忠州副將陳世凱詣川陝總督李國英降平川東賊擢副將康熙十一年授浙江金華副將十三年耿精忠之變以總兵官隨征時僞都督包大生據寨叛數擾浙境大寅輒破走之江西廣信玉山永豐叛兵土寇句合閩賊僞總兵李雲龍率眾五千犯常山開化大寅奮擊之陣斬僞參將張雄殺賊五百餘人獲僞劄器械無算十四年賊屯衢鄙隔河各路窺犯大寅敗賊於湯溪及周

寮時陳世凱鎮溫州號敢戰嘗深入賊壘大寅往援賊皆辟易軍中號曰牟老虎積功擢浙江定海總兵官左都督康熙二十年以覃恩贈三代如其官明年春擢松江提督未赴任卒於定海鎮署賜祭葬子登豫湖廣彝右營守備大寅從弟大龔康熙中副將事嫡母生母以孝稱年七十餘色養不衰後先居兩母喪涕泣如嬰兒鄉人重之汪家營牟氏藏有大寅康熙十四年署金華都督僉事管副將事康熙二十年鎮守浙江定海等處總兵官左都督兩次誥軸

李耀瑚字伯珊父光南乾隆五十四年拔貢侯選直隸州州判耀瑚少穎異年十四補縣學生嘉慶癸酉舉於鄉己卯成進士以知縣分發雲南庚辰春署景東直隸廳同知廳境轄三土司耀瑚恩威並用民夷畏服時多疫施藥餌活人無算道光辛巳充鄉試同考官得士最盛是年署安寧州知州久旱禱雨輒應旋補易門縣知縣捐廉置書院膏火田興水利勤理訟案無留牘有兄弟爭產者耀瑚躬往勸治不辭勞瘁訟者愧而止嘗以片言折疑獄民尸祝之戊子因銅課絀罣吏議去官貧不能歸里流寓雲南以終先是耀瑚以善事親

朱良一亦剿教匪有大功見五台篠澗平教良多遺憾未收入列傳青坨

聞郡守譚光祥舉孝行耀瑚婉辭以謝人尤敬之子煊安徽泗州五河縣典史日躋庚午舉人丙子進士刑部直隸司主事日乾甘肅洮州直隸廳同知日躋日乾寄籍雲南易門縣郡守譚光祥記舉人李耀瑚辭舉孝子事云施南屬縣六自設科以來惟來鳳得舉於鄉者一人癸酉鄉試利川李耀瑚得舉僉曰是固能文者宜其舉也既而有稱其孝者曰是固天之所以報也宜其舉也予聞郡之有孝子也亟馳書利人朱良一問狀且令利人臚舉其孝行以聞將旌之良一報予書曰耀瑚事親先意承志曲得歡心侍母疾衣不解帶者三年居喪毀瘠飲水如古禮服除親生日忌日輒流涕變食孝哉之稱人無間言奉明諭臚舉孝行鄉人將遂合辭以狀聞耀瑚知之造鄉人曰耀瑚少貧奉親無狀養且不能曷敢言孝敢以死辭良一竊見耀瑚避孝名出於至誠願無賜表閭之禮以安其心嗟乎欲報之德昊天罔極德罔極者昊天之本然不敢言報者人子之自盡孝爲庸德人皆可能卒不見

有能之者謂親德易報孝道易盡不知罔極之義不復竭力以求自盡也耀瑚養生送死盡禮盡哀如是聞採訪避孝名如避不孝名其不自以爲孝也出於中心之誠非故爲辭讓以鳴高也蓼莪詩人之意耀瑚其知之矣自今以後人子守身之道臨深履薄以持之人子顯親之道夙興夜寐以求之耀瑚其勉之哉顧吾謂如耀瑚者士林已不易覯施之人當何如愛慕而傳述之然而知者或不愛愛者亦不傳脫非名登賢書則孝子之名竟無由入於吾之耳然則耀瑚之得舉也正天之所以報其孝而表而出之以型世也夫天之表耀瑚表其行也非表其文也予懼既表之後人第知其文而不知其行而孝子之名終不見於當世也故爲文記之以告世之爲人子者

夏曰瑚字軒臣道光五年拔貢以直隸州州判分發甘肅旋署西寧府巴燕戎格理事通判凡二年倡立義學緝捕勤能卸篆士民涕泣送之甫數月復署巴燕戎格通判士民咸喜

道迎數十里大府賢之十一年署西寧府循化撫番同知興水利嚴保甲盜弭民安十三年署徽縣知縣十四年授秦州直隸州三岔州判會歲饑捐廉拯濟多所全活捐升知州以親老告歸五代同堂年八十有五卒弟鼎字竹泉江西候補縣丞署南康府經歷南康守某甚倚重之引疾歸以友愛聞卒年亦八十有五曰瑚子昌言刑部浙江清吏司主事鼎子昌平光緒元年孝廉方正四川候補縣丞署按察司獄父卒廬墓三年昌言子繩武昌平子雲廷并諸生

潘潤之字東里咸豐十一年拔貢以州判簽分四川隨赴黔

南軍擢知縣加同知銜同治五年奉檄採辦軍械以廉潔爲雅州守黃雲鵠所知光緒四年署鹽亭知縣始下車嚴定書役規費勒諸石多者以詐論大府韙之日坐堂皇勤訊讞縣無留獄會歲歉力請豁免捐輸撫字多方民以不困旋權什邡知縣授平武知縣平武山高水險漢夷雜處素多盜號稱難治潤之不動聲色連獲大盜數人治如律四境晏然嘗集貲葺黌宮增講舍添置書院膏火擇士之俊秀者肄業其中案牘暇親臨訓課一如嚴師自是士始知向學設位賓興館朝夕尸祝光緒十五年以勞卒於官年六十有九喪歸道所經爭迎宿其家哭奠如喪親然子元義光緒十一年拔貢竹溪縣訓導元勳諸生

冉大進嘉慶時　恩貢友教鄉里士林矜式先是林之華未變大進決其必叛戒鄉里爲守禦計其後賊至志不得逞里人德之嘗大進時以學行著者有賀伯厚覃世煜王應壎伯厚嘉慶十八年拔貢嘗充鍾靈書院山長多所造就世煜字育賢嘉慶時歲貢事母孝母歿三年不入內寢子列爵諸生亦以孝聞應壎嘉慶時　恩貢嘗售田以濟甥丁奇才之急人稱其義大進之族又有冉大璽冉復初冉壽益大璽字字

山道光時　恩貢復初字一齋同治初歲貢壽益字仁山同治初　恩貢并以力學聞復初經學尤邃知縣李希鄴聘充鍾靈書院山長壽益受知縣黃照知有國士之目嘗相從鄖陽縣署有武生某夜袖百金請託壽益力卻之又嘗拒奔女爲時所稱壽益子有林有恆并歲貢洪陶虞生洪陶子小陶增生邑人語家學者以冉氏稱首

潘澍之字扶風道光二十九年由拔貢領鄉薦文名籍甚時縣鍾靈書院絀於貲築舍湫隘不可以居同治初知縣鄧師韓[illegible]建書院聘澍之主講席多方訓迪自是士

始知向學澍之之先曰瑞 宗顏李明桂翁懋曾以魯劉仕俸牟維思覃梓彬劉雲富弁道光時貢生明桂字雲香敦品勵節有時名懋富而好善嘗施櫬修道路出穀平糶里人德之以魯性慈祥里有屠牛者牛逸至以魯室償其值而婉戒之自是里中無屠牛者仕俸性孝友維思以方正聞歿年九十有四梓彬雲富弁以事親稱孝子雲富嘗從邑人瞿交山受學交山歿雲富迎養其妻事之如母以魯子瑞泰光緒癸未歲貢孫燮鼎諸生亦能傳其家學

吳江字楓橋咸豐時歲貢喜任俠好交游晚歲有志著述同

治四年應知縣何慈譽之聘編輯縣志十卷嘗自為生壙記中所云輯有五經典要家禮折衷大事辨惑韻學經緯軍機十要楓橋詩鈔循陔雜著圖書集雅皆未及成書而歿人皆惜之江之時又有貢生鄧賢才劉盛芳賢才性孝友親歿廬墓三年累世同居長幼凡八十人翕然以和時以為難盛芳以謹厚聞為知縣潘滋楨所優禮

贊曰曩讀 國史館浙江提督陳襄敏本傳請講 聖諭與丁祭兩疏切切為武職勸忠孝計深遠竊嘗想見其為人迨作宰此邦其七世孫歷騎尉奮烈出示其所遺繡像白晳英偉稱其志氣其為一代儒將蔭及苗裔也宜哉兩牟並以武功名當時李夏潘三子袞然為世賢有司其餘經明行修皆可不朽然余尤服膺陳鐵頭云

利川縣志卷之十四

列傳三

施南土司　忠路土司　忠孝土司
建南土司　沙溪土司

施南土司元初置鎮邊總管府至元二十三年改忠義安撫司至正二年叛都元帥紐璘諭降之改施南宣撫司明玉珍據蜀改宣慰司明洪武四年宣寧侯曹良臣率兵取桑植容美洞施南宣慰使覃大勝弟大旺副宣慰覃大興容美宣撫司田光寶子答谷等皆來朝納元所授金虎符命仍以大勝

爲宣慰使授大旺剌惹長官以施南宣慰司爲從三品諸長官司爲正六品流官參用十四年置施州衛軍民指揮使司廢施南宣慰使十六年十二月置施南宣撫司仍以大勝爲之隸施州衛十七年景川侯曹震言散毛等峒蠻時寇掠爲民患命施州衛及大勝招之二十三年克散毛峒禽大旺等萬餘人置大田軍民千戶所大勝懼偕忠建土司叛結寨龍孔涼國公藍玉遣指揮徐玉攻之二十七年禽大勝餘蠻退走玉復分兵撥之殺獲男女一千八百餘人械大勝及其黨八百二十人送京師磔大勝於市餘戍開元給衣糧遣之永樂二年五月置長官司以覃添富爲之忠路覃氏譜大勝長子天富襲施南宣慰司天富當即添富先是洪武初諸土司長官來降者皆予原官蠻苗吳面兒之難諸土司地多荒廢長官多罷承襲至是添富以故土官子招復蠻民請仍設治所以其戶少降爲長官司隸大田軍民千戶所四年三月改施南仍爲宣撫司添富來朝故也其後領東鄉五路忠路忠孝金峒中峒五安撫司仍屬衛成化元年川寇孫士奇侵衛地宣撫司覃彥昇奉僉事郁文博指揮童鍾檄討之禽士奇及其黨胡清等三十餘人寇平隆慶二年土寇黃中既滅湖廣按察司僉事李堯德駐衛

誅中族宣撫司覃宗黨於中幷戮之萬曆十一年命施南宣撫及諸土司仍聽鎮筸參將節制以一事權從湖廣撫按之請也崇禎七年流寇日熾十二月命宣撫司覃良士討寇時良士有罪繫衛獄土官以兵圍衛脅指揮唐復元出良士於獄所過殘滅

國朝雍正時以覃禹鼎襲宣撫司禹鼎者容美土司田明如壻也有罪輒匿容美當事以明如之先從征紅苗有功置勿問十三年明如被逮自經死禹鼎以淫惡抗提擬罪改流以其地置利川縣明史地理志注施南宣撫司東有舊治後遷夾壁龍孔即今治夾壁在縣東南七十里龍

孔郎明洪武二十三年覃大勝偕忠建土司結寨處乾隆三十年十月南七保張家壩興隆寺施田碑云明崇禎十六年夷向王三姓施龍孔水田以作常業龍孔在興隆寺前距夾壁六十里當是初遷夾壁再遷龍孔龍孔夷姓藏有雍正六年七月二十六日施南宣撫司覃信票票尾滿漢印文曰施南宣撫司之印益足爲施南土司治縣境龍孔之證　施州衛方輿書洪武四年大軍克瞿塘中山侯遣黃述招覃大富入朝署長官司七年升宣撫十四年叛討平之二十三年定其地又云施南宣撫司自洪武四年覃耳毛始　忠路覃氏譜覃氏之先曰覃伯堅蜀之瞿塘人宋慶元中以從征吳曦功授施州行軍總管伯堅生普諸普諸生爾毛野毛化毛元初爾毛改鎮南五路都總管爾毛生川龍川龍生大勝大旺大興疑大富即大勝之譌耳毛即爾毛元初人方輿書以爲洪武四年誤

忠路土司明玉珍據蜀始置宣撫司明洪武四年改安撫司以覃世旺爲之二十三年廢施南宣慰司覃大勝之弟覃大旺初爲剌惹長官司以洪武二十三年廢忠路覃氏譜有大旺而無世旺疑世旺即大旺由剌惹長官竊據忠路安撫而大旺以前之忠路宣撫司無攷永樂五年忠路故官子覃英來朝以英爲安撫司忠路覃氏譜施南宣慰司大勝次子天貴襲忠路安撫司天貴死子英襲則英固施南宣慰司後也領於施南宣撫司賜印章冠帶宣德三年領劍南長官司嘉靖九年施州賊黃馬丫等百餘人流劫雲萬奉節川東道檄知馬丫與忠路爲仇檄安撫司覃正剛禽之忠路覃氏譜安撫司英死子飛熊襲飛熊死子德明襲德明死子萬勇襲萬勇死子正剛襲隆慶元年安撫司覃大章一日奏五上語多不實吏科給事中朱繪請究治之萬歷四十一年安撫司覃寅化以佔民田相仇殺撫夷章守愚檄指揮唐符勘立土漢[illegible]

余豁余之訛
印者當明也

寅化伏辜子奇勳襲忠路覃氏譜安撫司正剛死子大寧襲大寧死子之秉襲之秉死子寅化襲寅化死子奇勳襲　府志覃寅化施州衛人以征四川余崇明功官都督疑寅化官都督在未襲安撫司之前天啓中奇勳以隨督師王三善勦貴州賊功授總兵改宣慰司奇勳事實府志列之武[illegible]勳中於義未安[illegible]忠孝襲

國朝康熙元年進[illegible]國以征譚洪功襲安撫司承國死子世藩襲世藩死子建侯襲建侯死子[illegible]雍正十三年請改流其地入於利川縣梓楚徙江夏子雲騎尉世職官福建邵武營游擊梓楚死姪章繡襲官四川黎雅營都司章繡死子殿雄襲官澧州守備殿雄死子安邦襲施州衛方輿書舊司在施城南二龍壩因鄰侵改衞北今忠路縣丞駐處有土司故署覃氏裔居之即所改衛北地二龍壩在施城南其地名無攷

忠孝土司元初置大奴句管等處長官司至正十一年七月改忠孝軍民府十五年四月改安撫司明玉珍據蜀改宣撫司明洪武四年十二月改置長官司尋復爲安撫司以田墨施爲之周書蠻夷列傳蠻者族類蕃衍世爲寇亂魏人失馭其暴滋甚有冉氏向氏田氏者陬落尤盛僭號王侯田墨施當即田氏之後今利川冉氏向氏族類頗蕃當即冉氏向氏之後二十三年廢永樂五年忠孝故官子田大英招徠蠻民三百戶偕鎮南長官覃興等來朝乞襲舊職從之以大英爲安撫司領於施南宣撫司賜印章冠帶嘉靖中忠孝把事田方者率數十人稱入貢僞造

闗文擾驛傳應天巡撫以聞兵部議土司違例入貢且所過
橫索恐有他虞嚴禁諭之明季復改長官司以田永豐爲之
國朝康熙八年永豐子京襲改安撫司累授總兵十九年以
老乞休子昌祚襲昌祚死子璋襲縣東金字山寺雍正元年鐘文有湖廣忠孝安撫使司明善明善疑爲璋之字雍正十二年請改流其地入於恩施縣十三年
改隸利川縣璋從漢陽予雲騎尉世職璋死子世位襲世位
死弟世海襲官荆州水師營守備
建南土司明劍南長官司宣德三年五月置先是忠路安撫
司以前元故土官子孫牟會蠻擁蠻民據谿峝入請招撫設

官授以職事兵部以聞帝以馭蠻當順其情所授諸司宜有
等殺兵部議以四百戶以上設長官司四百戶以下設蠻夷
長官司元土官子孫量授以職從所招官司管屬從之令三
年一朝貢如故事如是以牟會蠻爲劍南長官司領於忠路
安撫司五年省後改劍南曰建南仍置長官司
國朝雍正十三年裁其地入於利川縣
沙溪土司黃中和都亭里人明天啓中以從征貴州陽雀寨
功授沙溪宣慰司中和府志列之武勳中於義未安中和死子極襲極死子
天奇襲
國朝康熙四年天奇歸順授宣撫司天奇死子楚昌襲初楚
昌入施州衛學爲諸生時諸司爭併民鮮知禮楚昌折節力
學有時名及襲職設官學公餘與多士講肄多所成就楚昌
死子正爵襲雍正十三年請改流其地入於利川縣乾隆二
年正爵從江夏予雲騎尉世職四十六年正爵死子恩榮襲
官福建延平守備
明史地理志施州衛領土司三十一凡宣撫司四一曰施
南安撫司九一曰忠路一曰忠孝長官司十三一曰劍南
蠻夷官司五皆無沙溪明史土司列傳與地理志同施州

衛方輿書土司十四有施南忠路忠孝無劍南施州衛志
國初土司十八有施南忠路忠孝沙溪無劍南雍正時會
典湖北土司十六有施南忠孝忠路無沙溪劍南沙溪土
司始於天啓時爲日尚淺故明史漏未列入劍南土司始
於宣德三年五年省其後改劍南曰建南其土司亦曾姓
也相傳建南土司舊治其裔曾屏山居之乾隆二十三年
屏山孫星五始捐建佛寺曰歸源寺今邑人知有建南曾
土司而不知有牟會蠻邑人明鳳衛侯牟文綬　國朝松
江提督牟大寅當爲明劍南土司牟氏族裔而邑中老民

亦無知有酉蠻者疑劍南省入忠路忠路土司私立建南土司卽以其族姓爲之名不達於朝廷故明史有劍南無建南而牟酋蠻之名不著雍正時會典無沙溪則沙溪土司改流當在雍正初年其曰雍正十三年殆據忠孝忠路兩土司改流時言之也

贊曰聞諸父老云施南覃氏據有夾壁龍孔時虐使其民民不堪命迫禹鼎以罪廢改流民獲再生而覃氏遂絶忠路忠孝沙溪三土司鑒於禹鼎自請改流內徙其子孫襲世職至今不絶詩曰既明且哲以保其身三土司有焉書曰天作孽猶可爲自作孽不可活其禹鼎之謂與

縣志者誌縣境之文獻方輿人情風俗以俾治斯土者備悉掌故亦舊政必告之旨也光鴻是年春奉檄宰是邦頗欲先覩爲快迺都人士僉以無成書應之爰孜孜焉訪得存板詳加檢閱而有殘蝕不完者奈何嗣經再四旁搜果獲舊刋原本幸窺全豹由是校對補鐫刷印成帙至斯志之編輯昉於何人重修續訂繼於何時篇首已序之詳矣毋待贅述第衛其書法例言及繫辭紀事求簡當無冗襍方之馬班記載諸作莫或異耳讀者欽賞有喻用志其雪泥於此時維

民國三年甲寅秋知利川縣事桐城王光鴻謹跋